Anne Wilson

Schnelle Dinner

Das Allround-Kochbuch für jeden Tag

KÖNEMANN

EINFÜHRUNG

Dieses Kochbuch bietet Rezepte für jeden Tag – gleich, ob Sie eine schnelle Mahlzeit zubereiten müssen oder ob Sie Zeit zum Experimentieren haben. Jedes Kapitel ist in drei Abschnitte unterteilt: »Grundrezepte« enthält einfach zuzubereitende Gerichte wie Minestrone, Hähnchenschnitzel und Schweinekoteletts mit Apfelkompott. »Küchenklassiker« umfaßt Rezepte, die sich seit langem bewährt haben, z. B. Coq au vin, Irish Stew und Gnocchi mit Tomatensauce. Aufwendigere oder ausgefallenere Gerichte finden Sie schließlich unter »Rezeptideen mit Pfiff«. Versuchen Sie einmal Fusilli-Artischocken-Frittata, Kalbskarree mit roter Pfefferkruste oder ein wundervoll leichtes Spinatsoufflé.

Darüber hinaus erfahren Sie, wie man italienische Nudeln selbst herstellt und richtig kocht. Sie erhalten nützliche Tips für Einkauf, Vorbereitung und Lagerung von Hühnerfleisch, Koteletts und Rippchen und für die Verarbeitung von Gemüse. Fotos illustrieren zudem, wie man ausgefallenere Gemüsesorten handhabt, und Schautafeln zeigen Ihnen die verschiedenen Pasta-Sorten und Fleischkarten.

INHALT

PASTA-VARIATIONEN

Diese Sammlung von Pasta-Rezepten bietet vielfältige Anregungen für köstliche Nudelvariationen. Außerdem enthält sie eine Anleitung für die Nudelherstellung und einen Führer durch die Welt der verschiedenen Pasta-Sorten.

PERFEKTE PASTA

DER GRUNDTEIG

Für einen Pastateig, der eine Vorspeise für 6 Personen oder ein Hauptgericht für 4 Personen ergeben soll, benötigt man 300 g Mehl, 3 große Eier, 30 ml Olivenöl (nach Wunsch) und eine Prise Salz.
Man gibt das Mehl auf eine Arbeitsfläche oder in eine große Schüssel und drückt eine Mulde in die Mitte. Die Eier aufschlagen, in die Mulde geben und (nach Wunsch) Öl und Salz hinzufügen. Eier und Öl mit einer Gabel mischen, dabei zunächst ein wenig Mehl unterrühren, dann das restliche Mehl allmählich von der Mitte nach außen mit den Eiern mischen. Mit der freien Hand das Mehl zusammenhalten, um ein Auslaufen der Eier zu verhindern. Den Teig auf einer dünn mit Mehl bestäubten Arbeitsfläche mindestens 6 Minuten gut durchkneten, dabei immer wieder drehen. Er soll weich und geschmeidig, aber trocken sein und leicht glänzen. Falls der Teig klebt, noch etwas Mehl zugeben. Bei der Verwendung von Hartweizengrieß beträgt die Knetzeit etwa 8 Minuten. Den Teig anschließend in einem unverschlossenen Plastikbeutel, unter einem Küchentuch oder einer umgedrehten Schüssel 30 Minuten ruhen lassen. Man kann den Teig auch in der Küchenmaschine herstellen.

ROLLEN UND SCHNEIDEN VON HAND

Den Teig in 3–4 handliche Portionen teilen. Eine Portion auf einer bemehlten, großen Arbeitsfläche flachdrücken (den Rest wieder abdecken) und mit einer langen, bemehlten Teigrolle von der Mitte nach außen ausrollen. Weiter rollen (stets vom Körper weg), dabei oft drehen. Die Arbeitsfläche nur mit so viel Mehl bestäuben, daß der Teig gerade nicht anklebt. Den zu einer Platte gerollten Teig in der Mitte falten und erneut ausrollen. Den Vorgang sieben- bis achtmal wiederholen, um eine etwa 5 mm dicke Platte zu erhalten. Diese nun zügig und gleichmäßig auf eine Stärke von 2,5 mm ausrollen. Falls der Teig dabei einreißt, die Löcher mit Teig vom Rand und etwas Wasser ausbessern.
Die fertigen Platten auf ein trockenes Küchentuch legen. Teig für gefüllte Pasta zudecken; Teig, der zu klassischen Nudelformen verarbeitet werden soll, zum Antrocknen unbedeckt lassen, während die anderen Portionen ausgerollt werden.
Für Lasagne werden die Teigplatten auf die erforderliche Größe zugeschnitten. Eine geeignete Methode für das Zuschneiden von Streifenformen, wie man sie beispielsweise für Fettuccine verwendet, ist das Einrollen der einzelnen Teigplatten wie zu einer Biskuitrolle, die man dann mit einem langen scharfen Messer in regelmäßigen Abständen quer durchschneidet. Der Abstand

beträgt 8 mm für Tagliatelle, 5 mm für Fettuccine und ungefähr 3 cm für Pappardelle. Überstehende Teigreste entfernen. Die einzelnen Streifen nicht länger als 10 Minuten zum Trocknen auf ein Küchentuch legen oder auf einem Besenstiel oder auf langen Holzlöffeln zwischen zwei Stühle hängen. Man kann die ausgerollte Teigplatte auch mit einem langen scharfen Messer oder einem Teigrädchen in Streifen schneiden. Damit diese gerade werden, kann man an einem Lineal entlang schneiden. Ein gezacktes Teigrädchen schafft überdies interessante Ränder bei Nudelformen wie Farfalle.

Den Teig nicht an einem kalten Ort oder im Durchzug trocknen lassen, sonst wird er bröckelig. Langsames Trocknen kommt dem Geschmack zugute.

RAVIOLI

Für 4–6 Personen benötigt man 1 Portion des Pastagrundteigs, etwa 1½ Tassen Füllung und ein verquirltes Ei zum Verschließen der Ecken. Ravioli können auf zweierlei Weise von Hand geformt werden: Entweder die Form aus dem Teig herausschneiden und diesen über der Füllung falten, oder auf eine Teigplatte, auf die die Füllung in kleinen Häufchen gesetzt wird, eine zweite legen und dann die Ravioli ausschneiden. Die erste Methode ist sehr einfach und hat nur drei Verschlußstellen, die von Hand fest zusammengedrückt werden. Mit zwei übereinanderliegenden Teigplatten kann man die Ravioli schneller ausschneiden, aber es müssen alle vier Ränder verschlossen werden; damit erhöht sich das Risiko, daß die Ravioli beim Kochen aufplatzen.

RAVIOLI AUS ÜBEREINANDERLIEGENDEN TEIGPLATTEN

Die Arbeitsfläche mit Mehl bestäuben. Den Teig in 4 Portionen teilen. 2 Portionen mit einer Nudelmaschine oder der Teigrolle zu sehr dünnen Platten von etwa 2,5 mm oder weniger ausrollen, wobei eine Teigplatte etwas größer als die andere sein sollte. Mit einem Küchentuch bedecken. Die kleinere Platte auf der Arbeitsfläche ausbreiten. Am Rand 2–3 Kästchen in der gewünschten Größe für die Ravioli markieren. Mit einem Löffel ein wenig Füllung in die Mitte der Kästchen geben und leicht flachdrücken. So kann man die Menge der Füllung pro Kästchen und den Abstand zwischen ihnen bestimmen, wobei die Füllung ungefähr ⅔ der Fläche jedes Kästchens bedecken sollte. Nun die Füllung gleichmäßig auf der Teigplatte verteilen und mit der Rückseite des Löffels flachdrücken. Entlang der Linien zwischen den Füllungen ein kleines geschlagenes Ei verstreichen. Die größere Teigplatte von einem Ende her über die erste Platte legen, so daß die Seiten genau übereinanderliegen. Festdrücken, damit sie nicht verrutschen. Die Platten nicht dehnen, sondern ihre natürliche Lage finden lassen.

Mit dem Finger die Schnittlinie entlang fahren, um die Platten zusammenzudrücken. Dafür kann auch die dünnere Kante eines Lineals verwendet werden, die gleichzeitig die Schnittlinie markiert. Entlang dieser Linie mit einem scharfen Messer oder Teigrädchen die Ravioli ausschneiden. Ravioli auf einem bemehlten Backblech oder einem großen Teller im Kühlschrank aufbewahren, während der übrige Teig und die Füllung verarbeitet werden. Nicht übereinanderstapeln, da die Teigplatten aneinander kleben können. Je nach Feuchtigkeitsgehalt der Füllung können die Platten bis zu 3 Stunden im Kühlschrank zugedeckt aufbewahrt werden. Die Kochzeit variiert je nach Teigdicke und Art der Füllung.

ROLLEN UND SCHNEIDEN MIT EINER NUDELMASCHINE

Die Maschine sicher an der Kante des Küchentischs festspannen. Den Teig in 3 oder 4 Portionen teilen, jede zu einer Wurst formen und mit einem Tuch bedecken. 1 Teigwurst mit der Teigrolle zügig ausrollen und mit Mehl bestäuben. Die Walzen der Maschine auf den weitesten Abstand stellen und den Teig zwei- bis dreimal hindurch drehen. Falten, so daß 3 Schichten übereinanderliegen, um 90 Grad drehen und noch einmal durchlaufen lassen. Ist der Teig feucht oder neigt zum Kleben, wird er so lange leicht mit Mehl bestreut durch die Maschine gedreht, bis er sauber durchläuft. Das Zusammenfalten und Rollen acht- bis zehnmal wiederholen, bis der Teig weich und elastisch ist und leicht glänzt. Dann den Teig nicht mehr falten.

Nun den Abstand zwischen den Walzen eine Stufe kleiner stellen und den Teig durchlaufen lassen. Den Vorgang wiederholen und jedes Mal die Stufe verkleinern, bis der Teig auf den gewünschten Durchmesser ausgerollt ist. Manche Maschinen rollen den Teig auf der letzten Stufe zu dünn aus, so daß er reißt. Um das zu verhindern, bei der vorletzten Stufe aufhören und den Teig mehrere Male durchrollen; dabei wird er jedes Mal ein bißchen dünner. Diese Methode ist auch sinnvoll, wenn der Teig bei der letzten Einstellung noch nicht dünn genug ist.

Jede fertige Platte auf ein trockenes Küchentuch legen. Teig, der zu klassischen Nudelformen geschnitten wird, sollte 10 Minuten unbedeckt trocknen; mit einem Küchentuch zudecken, wenn er eine Füllung erhält. Für Lasagne die Platte auf die gewünschte Größe zuschneiden. Für schmalere Streifen die entsprechenden Messer in der Maschine aussuchen und jede Teigplatte durchkurbeln. Bis zum Kochen auf einem Küchentuch ausbreiten und nur bedecken, wenn sie zu sehr trocknen. Lange Nudeln, beispielsweise Tagliatelle, können zum Trocknen auf einen sauberen Besenstiel oder auf lange Holzlöffel zwischen zwei Stühle gehängt werden.

PASTA RICHTIG KOCHEN

Es ist wichtig, einen großen Kochtopf zu verwenden (mindestens 1 l Wasser pro 100 g Pasta), damit die Nudeln sich beim Kochen und Quellen bewegen können und nicht verkleben, wenn die Stärke austritt. Wenn sich zuviel Stärke im Wasser befindet, können die Nudeln das Wasser nicht mehr richtig aufnehmen und deshalb nicht gut garen.

Kurz bevor man die Nudeln in das kochende Wasser gibt, kann für den Geschmack eine kleine Menge Salz und gegen das Zusammenkleben ein Schuß Öl zugegeben werden. Die Pasta mit einem großen Löffel so lange umrühren, bis das Wasser wieder sprudelnd kocht. Die richtige Kochzeit ist wichtig – eine Minute zu viel oder zu wenig kann einen erheblichen Unterschied ausmachen. Pasta sollte *al dente* serviert werden, d. h. zart gekocht, aber mit einem Widerstand beim Hineinbeißen. Wie köstlich auch eine Sauce sein mag – Nudeln, die zäh und nicht richtig gar sind, schmecken ebenso wenig wie verkochte, matschige.

Frische Eiernudeln sind in wenigen Minuten gar; wenn die Nudeln sehr fein sind, geht es noch schneller. Die Kochzeit bei gekaufter, trockener Pasta beträgt ungefähr 12 Minuten. Da die Kochzeit variieren kann, folgt man am besten der Packungsanleitung. Probieren Sie die Nudeln kurz vor Ende der Kochzeit. Sie sollten bißfest sein, aber innen nicht nach Kalk schmecken.

Die fertig gekochten Nudeln vom Herd nehmen und 250 ml kaltes Wasser zugeben. Nach 30 Sekunden abgießen und im Sieb abtropfen lassen. Ohne ausdrückliche Aufforderung im Rezept die Nudeln keinesfalls mit fließendem Wasser abspülen; dadurch verlieren sie an Nährstoffen und Geschmack. Auch das Sieb sollte man nicht zu stark schütteln; die Nudeln sollen noch etwas Feuchtigkeit aufnehmen, sonst kann eine Sauce plötzlich dickflüssig werden, weil die Nudeln die Flüssigkeit aufsaugen. Sind die Nudeln schon vor dem Servieren fertig, werden sie mit kaltem Wasser abgespült, damit sie nicht weiterkochen; dann in eine Schüssel geben, in etwas Olivenöl schwenken und bedecken.

GEFÜLLTE PASTA EINFRIEREN

Gefüllte Pasta möglichst in einzelnen Lagen anfrieren, ansonsten Backpapier dazwischen legen. Mit einem Küchentuch bedecken. Nach dem Anfrieren in einem luftdichten Behälter verpacken. Nach dem Herausnehmen aus dem Gefrierfach sofort kochen und nicht erst auftauen.

PORTIONEN

Vorspeise: ungefähr 60 g frische oder 90 g trockene Nudeln

Hauptgericht: 125 g frische oder 150 g trockene Nudeln

Hinweis: Trockennudeln sättigen aufgrund ihres niedrigeren Feuchtigkeitsgehalts weniger als frische Nudeln.

PASTA

Die richtige Kombination von Nudelform und Sauce ist wichtig. Röhrennudeln schmecken besonders gut mit dickflüssigen Saucen; zu flacher oder glatter Pasta passen dünne, feine Saucen. Frische Pasta wird gern mit schweren Sahne- oder Käsesaucen und trockene eher mit Tomatensaucen gereicht.

Cannelloni

Ravioli

Tortellini

Frische und getrocknete Spaghettini

Frische und getrocknete Spaghetti

Orecchiette

Ditalini

Risoni

Penne

Pappardelle

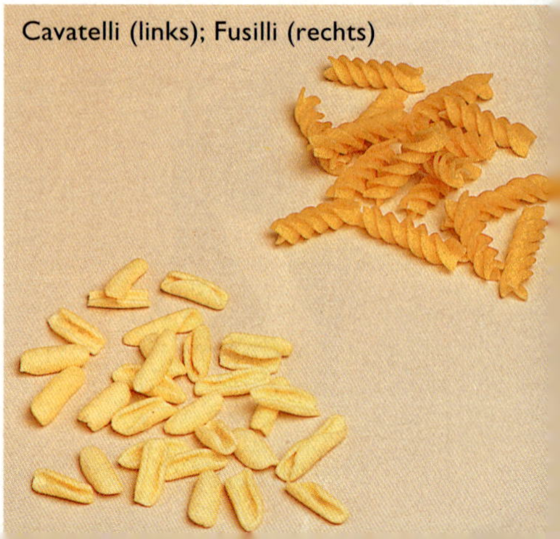
Cavatelli (links); Fusilli (rechts)

Frische Gnocchi (oben);
Gnocchi-Nudeln (unten)

Millerighi ciociari (breite Rigatoni)

Rigatoni

Linguine

Bucatini

Frische und getrocknete Lasagne

Vermicelli

Farfalle

Kleine und große Conchiglie (Muschelnudeln)

Frische und getrocknete
Fettuccine und Tagliatelle

Kurze Makkaroni

Bucatini pomodoro

2 EL Olivenöl • 1 Zwiebel, feingehackt • 2 Knoblauchzehen, feingehackt • 2 EL feingehackte frische glattblättrige Petersilie • 800 g geschälte Tomaten aus der Dose, kleingeschnitten, oder 1 kg reife Tomaten, enthäutet und kleingeschnitten • 1 EL Tomatenmark • 1 TL feiner Zucker • Salz und frisch gemahlener schwarzer Pfeffer • 500 g Bucatini • 10 g frisches Basilikum, gehackt • geriebener Parmesan zum Servieren

Für 4–6 Personen

ÖL in einer Pfanne erhitzen. Zwiebel, Knoblauch und Petersilie 3 Minuten bei schwacher Hitze weich dünsten.

TOMATEN, Tomatenmark und Zucker zufügen. Bei halb geschlossenem Deckel und niedriger Hitze die Sauce 30 Minuten eindicken lassen. Mit Salz und Pfeffer abschmecken.

NUDELN in einem Topf mit kochendem Wasser *al dente* garen, abgießen und abtropfen lassen.

SAUCE unter die Nudeln heben, mit gehacktem Basilikum und Parmesan bestreut servieren.

Linguine pesto

60 g frisches Basilikum • 2 Knoblauchzehen • 40 g geröstete Pinienkerne • 50 g Parmesan, gerieben • 200 ml Olivenöl • 500 g Linguine • geriebener Parmesan zum Servieren
Für 4–6 Personen

BASILIKUM, Knoblauch und Pinienkerne in einer Küchenmaschine zerkleinern. Parmesan zufügen und kurz mischen. Bei laufender Maschine Öl in einem gleichmäßigen Strahl zugießen, bis eine glatte Masse entsteht.
NUDELN in einem Topf mit kochendem Wasser *al dente* garen, abgießen und abtropfen lassen. Pesto unterheben, so daß die Nudeln gut bedeckt sind. Mit geriebenem Parmesan bestreuen und servieren.
HINWEIS: Pesto-Reste können in einem luftdichten Gefäß bis zu 1 Woche im Kühlschrank aufbewahrt und bis zu 1 Monat tiefgefroren werden. Dafür die Oberfläche des Pesto völlig mit Öl bedecken.

Farfalle primavera

230 g dicke Bohnen, frisch oder tiefgefroren • 200 g junger Spargel, ohne Enden, in 5 cm große Stücke geschnitten • 230 g Erbsen, frisch oder tiefgefroren • 100 g grüne Bohnen, ohne Enden, in 3 cm große Stücke geschnitten • 500 g Farfalle • 30 g Butter • 3 Frühlingszwiebeln, in 3 cm großen Stücken • 2 EL gehackte glattblättrige Petersilie • 300 ml Sahne • Salz und frisch gemahlener schwarzer Pfeffer • 50 g Parmesan, gerieben
Für 4–6 Personen

DICKE BOHNEN in einem Topf mit kochendem Wasser 1 Minute dünsten, dann Spargel, Erbsen und grüne Bohnen zugeben. Erneut zum Kochen bringen und die Gemüse 2 Minuten blanchieren. Sofort unter kaltem Wasser abschrecken und abtropfen lassen. Dicke Bohnen schälen.
NUDELN in einem Topf mit kochendem Wasser *al dente* garen, abgießen und abtropfen lassen.
BUTTER in einer Pfanne erhitzen. Frühlingszwiebeln hineingeben und 2 Minuten dünsten. Die blanchierten Gemüse unterrühren, bis sie heiß sind. Petersilie und Sahne zufügen und 2–3 Minuten erhitzen, ohne zu kochen. Nach Geschmack mit Salz und frisch gemahlenem schwarzem Pfeffer würzen.
SAUCE und Parmesan unter die Nudeln mischen und servieren.

Spaghettini mit Knoblauch und Chili

125 ml natives Olivenöl extra • 2–3 Knoblauchzehen, feingehackt • 1–2 rote Chilischoten, entkernt und feingehackt • 500 g frische Spaghettini • 15 g frische Petersilie, gehackt • Salz und frisch gemahlener schwarzer Pfeffer
Für 4–6 Personen

ÖL in einer Pfanne erhitzen. Knoblauch und Chilischoten einrühren und bei niedriger Hitze 2–3 Minuten dünsten, bis der Knoblauch sich golden färbt – nicht anbraten, da die Sauce sonst einen bitteren Geschmack annimmt.
NUDELN in einem Topf mit kochendem Wasser *al dente* garen, abgießen und abtropfen lassen.
PETERSILIE und die warme Mischung aus Öl, Knoblauch und Chili unter die Nudeln mischen. Mit Salz und frisch gemahlenem schwarzem Pfeffer abschmecken. Sofort servieren.

Minestrone

250 g getrocknete Borlotti-Bohnen, über Nacht einweichen • 2 EL Olivenöl • 2 Zwiebeln, gehackt • 2 Knoblauchzehen, zerdrückt • 3 Speckstreifen, kleingeschnitten • 4 Eiertomaten, enthäutet und kleingeschnitten • 3 EL gehackte frische Petersilie • 2,25 l Rinder- oder Gemüsebrühe • 3 EL Rotwein • 1 Möhre, gehackt • 1 Steckrübe, gewürfelt • 2 Kartoffeln, gewürfelt • 3 EL Tomatenmark • 2 Zucchini, in Scheiben • 80 g Erbsen, frisch oder tiefgefroren • 80 g kurze Makkaroni • Pesto und geriebener Parmesan zum Servieren
Für 6–8 Personen

EINGEWEICHTE BOHNEN abgießen, abspülen und in einem großen Topf mit kaltem Wasser bedecken. Zum Kochen bringen, umrühren, Hitze reduzieren und 15 Minuten bei schwacher Hitze kochen. Abtropfen lassen.
ÖL in einer Pfanne erhitzen und Zwiebeln, Knoblauch und Speck unter Rühren braten, bis die Zwiebeln weich sind und der Speck goldbraun ist.
BOHNEN, Tomaten, Petersilie, Brühe und Wein zugeben. Bei geschlossenem Deckel 2 Stunden bei niedriger Hitze kochen. Möhre, Rübe, Kartoffeln und Tomatenmark zufügen und bei geschlossenem Deckel 20 Minuten bei schwacher Hitze kochen. Zuletzt Zucchini, Erbsen und Makkaroni zugeben und mit geschlossenem Deckel weitere 10–15 Minuten bei gleicher Temperatur gar kochen. Würzen und mit etwas Pesto und geriebenem Parmesan servieren.

Unten, von links nach rechts: Farfalle primavera; Spaghettini mit Knoblauch und Chili; Minestrone

Penne alla napolitana

2 EL Olivenöl • 1 Zwiebel, feingehackt • 2–3 Knoblauchzehen, feingehackt • 1 kleine Möhre, feingewürfelt • 1 Selleriestange, feingewürfelt • 800 g geschälte Tomaten aus der Dose, kleingeschnitten, oder 1 kg reife Tomaten, enthäutet und kleingeschnitten • 1 EL Tomatenmark • 1 TL feiner Zucker • 10 g frisches Basilikum, gehackt • Salz und frisch gemahlener schwarzer Pfeffer • 500 g Penne

Für 4–6 Personen

Öl in einer Pfanne erhitzen, darin Zwiebel und Knoblauch 2 Minuten dünsten. Möhre und Sellerie zugeben und weitere 2 Minuten garen.

Tomaten, Tomatenmark und Zucker einrühren. 20 Minuten bei niedriger Hitze kochen, bis die Sauce eindickt; dabei zwei- bis dreimal umrühren. Basilikum untermengen und mit Salz und frisch gemahlenem schwarzem Pfeffer abschmecken.

Nudeln in einem Topf mit kochendem Wasser *al dente* garen, abgießen und abtropfen lassen. Die Sauce unter die Nudeln mischen.

Hinweis: Diese Sauce eignet sich für dickere Pasta-Sorten, zum Beispiel Rigatoni oder Bucatini. Auf Wunsch können kleingeschnittene schwarze Oliven zugegeben werden.

Rigatoni mit Vier-Käse-Sauce

500 g Rigatoni • 300 ml Sahne • 100 g Parmesan, gerieben • 50 g Butter, gewürfelt • 50 g Fontina, gerieben • 50 g Gorgonzola, gerieben • 50 g Provolone, gerieben • Salz und frisch gemahlener schwarzer Pfeffer
Für 4–6 Personen

NUDELN in einem Topf mit kochendem Wasser *al dente* garen. Abgießen, abtropfen lassen und wieder in den Topf zurückschütten.
SAHNE und 50 g Parmesan in einem kleinen Topf bei niedriger Temperatur erhitzen. Mischen und warm halten.
BUTTER, restlichen Parmesan, Fontina, Gorgonzola und Provolone mit den Nudeln mischen. Sahnesauce zugießen und sorgfältig unterheben. Mit Salz und frisch gemahlenem schwarzem Pfeffer abschmecken und sofort servieren.

Spaghettini mit Öl und Zitrone

125 ml Olivenöl • 1 Zwiebel, feingehackt • 30 g frische glattblättrige Petersilie, feingehackt • 1 EL abgeriebene Zitronenschale • 125 ml Zitronensaft • 500 g Spaghettini • 2 Eigelb • 50 g Parmesan, gerieben • Salz und frisch gemahlener schwarzer Pfeffer
Für 4 Personen

Öl in einer Pfanne erhitzen, darin Zwiebel und Petersilie bei schwacher Hitze 3 Minuten weich dünsten. Zitronenschale und -saft zugeben und 1–2 Minuten kochen.
Nudeln in einem Topf mit kochendem Wasser *al dente* garen, abgießen und abtropfen lassen.
Vorsichtig die Zitronenmischung wieder erhitzen, Eigelbe unterschlagen und sofort unter die Nudeln heben. Parmesan darüber streuen und mit Salz und Pfeffer würzen. Noch einmal unterheben und sofort servieren.

Gnocchi-Nudeln mit Thunfisch, Kapern und Zitrone

425 g Thunfisch aus der Dose, abgetropft • 80 ml Olivenöl • 2 EL Kapern, gehackt • 15 g frische glattblättrige Petersilie, feingehackt • 1–2 Knoblauchzehen, feingehackt • 1/2 kleine rote Chilischote, feingehackt (nach Wunsch) • 1 EL abgeriebene Zitronenschale • 3 EL Zitronensaft • 500 g Gnocchi-Nudeln • Salz und frisch gemahlener schwarzer Pfeffer
Für 4–5 Personen

Thunfisch in eine Schüssel geben und mit einer Gabel zerkleinern. Öl, Kapern, Petersilie, Knoblauch, Chili (nach Wunsch), Zitronenschale und Zitronensaft zugeben. Gut mischen und 30 Minuten ruhen lassen.
Nudeln in einem Topf mit kochendem Wasser *al dente* garen, abgießen und abtropfen lassen.
Die Thunfischmischung unter die Nudeln heben. Vor dem Servieren mit Salz und frisch gemahlenem schwarzem Pfeffer würzen.

Spaghetti puttanesca

2 EL Olivenöl • 2–3 Knoblauchzehen, feingehackt • 1 kleine rote Chilischote, feingehackt • 800 g geschälte Tomaten aus der Dose, kleingeschnitten • 1 EL Tomatenmark • 500 g Spaghetti • 3–4 Sardellenfilets, abgetropft und feingehackt • 2 EL Kapern, gehackt • 10 schwarze Oliven, entsteint und in Scheiben geschnitten • 2 EL gehackte glattblättrige Petersilie • Salz und frisch gemahlener schwarzer Pfeffer

Für 4–6 Personen

ÖL in einer Pfanne erhitzen, Knoblauch und Chili zugeben und bei schwacher Hitze 2 Minuten dünsten. Tomaten und Tomatenmark zufügen, unter gelegentlichem Rühren 20 Minuten kochen, bis die Sauce eindickt.

NUDELN in einem Topf mit kochendem Wasser *al dente* garen, abgießen und abtropfen lassen.

SARDELLEN, Kapern und Oliven zur Sauce geben, einrühren und 5 Minuten bei schwacher Hitze kochen. Petersilie unterrühren und mit frisch gemahlenem schwarzem Pfeffer abschmecken. Sauce sorgfältig unter die Nudeln heben und sofort servieren.

HINWEIS: Da diese Sauce einen intensiven Geschmack hat, reicht man das Gericht normalerweise ohne Parmesan.

Von links nach rechts: Spaghettini mit Öl und Zitrone; Gnocchi-Nudeln mit Thunfisch, Kapern und Zitrone; Spaghetti puttanesca.

Tagliatelle bolognese

60 ml Olivenöl • 1 große Zwiebel, feingehackt • 2 Knoblauchzehen, zerdrückt • 1 Selleriestange, feingehackt • 1 große Möhre, feingehackt • 15 g frische Petersilie, gehackt • 500 g Rinderhack • 250 g Schweinehack • 50 g Pancetta, feingeschnitten • 800 g geschälte Tomaten aus der Dose, kleingeschnitten • 50 g Tomatenmark • 250 ml Rinderbrühe • 125 ml Rot- oder Weißwein • Salz und frisch gemahlener schwarzer Pfeffer • 500 g Tagliatelle • geriebener Parmesan zum Servieren

Für 4–6 Personen

ÖL in einer Pfanne erhitzen. Zwiebeln und Knoblauch zugeben und bei mittlerer bis schwacher Hitze 3 Minuten gar dünsten. Sellerie, Möhre und Petersilie zufügen und 3 Minuten unter Rühren garen. Rinder- und Schweinehack zugeben. Fleischklümpchen mit einem Holzlöffel zerkleinern und 4–5 Minuten unter Rühren braun braten.

PANCETTA, Tomaten, Tomatenmark, Brühe und Wein unterrühren. Mit Salz und frisch gemahlenem schwarzem Pfeffer würzen. Bei halb geschlossenem Deckel und schwacher Hitze kochen. Wenn die Sauce zu fest wird, etwas Wasser zugießen.

NUDELN in einem Topf mit kochendem Wasser *al dente* garen, abgießen und abtropfen lassen. Fleischsauce über die Nudeln verteilen und sorgfältig unterheben. Vor dem Servieren mit Parmesan bestreuen.

Käsemakkaroni

750 ml Milch • 1 Zwiebel, gehackt • 1 Lorbeerblatt • 60 g Butter • 2 Speckstreifen, kleingeschnitten • 40 g Mehl • 250 ml Sahne • Muskat • 250 g Cheddar, gerieben • Salz und Pfeffer • 375 g kurze Makkaroni • 80 g frische Brotkrumen • 30 g Butter, zusätzlich
Für 4–6 Personen

BACKOFEN auf 180 °C vorheizen. Eine Auflaufform (25 x 20 x 6 cm) mit zerlassener Butter einfetten.
MILCH mit 1 EL Zwiebeln und dem Lorbeerblatt in einen Topf geben. Fast zum Kochen bringen, vom Herd nehmen und 15 Minuten ziehen lassen. Durch ein Sieb gießen.
BUTTER in einer Pfanne zerlassen, restliche Zwiebeln und Speck zugeben und bei mittlerer Hitze 3 Minuten braten. Mehl untermischen und 1 Minute kochen. Vom Herd nehmen, Milch langsam zu der Zwiebel-Speck-Mischung gießen und glattrühren. Wieder auf den Herd stellen und gelegentlich umrühren, bis die Sauce kocht und eindickt. Sahne, 1 Prise Muskat und $^2/_3$ vom Käse zugeben. Mit Salz und Pfeffer abschmecken und Deckel aufsetzen.
NUDELN in einem Topf mit kochendem Wasser *al dente* garen, abgießen und abtropfen lassen.
SAUCE unter die Nudeln heben und in die vorbereitete Auflaufform füllen. Brotkrumen und restlichen Käse mischen und darüber streuen. Butterflocken obenauf verteilen und 30 Minuten überbacken, bis die Oberfläche knusprig und goldbraun ist. Heiß servieren.

Spaghetti carbonara

500 g frische Spaghetti • 3 Eier, leicht verquirlt • 125 ml Sahne • 100 g Parmesan, gerieben • 2 EL Olivenöl • 2 Knoblauchzehen, feingehackt • 6 Speckstreifen, kleingeschnitten • frisch gemahlener schwarzer Pfeffer

Für 4 Personen

NUDELN in einem Topf mit kochendem Wasser *al dente* garen. Abgießen, abtropfen lassen und warm halten.

EIER, Sahne und Parmesan in einer Schüssel mischen und zur Seite stellen.

Öl in einer Pfanne erhitzen. Knoblauch und Speck hineingeben und bei mittlerer Hitze knusprig braten, ohne den Knoblauch anbrennen zu lassen.

NUDELN in die Pfanne geben und gut mischen. Vom Herd nehmen und die Eiermischung unterrühren. Mit frisch gemahlenem schwarzem Pfeffer abschmecken und sofort servieren.

HINWEIS: Die Eier werden durch die Hitze der Nudeln gar. Lassen Sie sich nicht dazu verleiten, die Pfanne auf dem heißen Herd zu lassen – dann ensteht Rührei.

Von links nach rechts: Spaghetti carbonara; Penne arrabbiata; Fusilli mit Champignons und Sahne

Penne arrabbiata

2 EL Olivenöl • 1–2 kleine rote Chilischoten, feingehackt • 2 Knoblauchzehen, gehackt • 75 g Pancetta, kleingeschnitten • 1 kleine Zwiebel, feingehackt • 1 Selleriestange, feingehackt • 1,5 kg reife Tomaten, enthäutet, entkernt und kleingeschnitten • 125 ml Weißwein • 1 EL Tomatenmark • 1 TL feiner Zucker • Salz • schwarzer Pfeffer • 500 g Penne • 2 EL gehackte frische Petersilie • 2 EL gehackte frische Minze
Für 4–6 Personen

ÖL in einer Pfanne erhitzen. Chili, Knoblauch, Pancetta, Zwiebel und Sellerie bei mittlerer Hitze 3–4 Minuten weich dünsten. Tomaten, Wein, Tomatenmark und Zucker zugeben und 30 Minuten bei niedriger Hitze kochen, bis die Sauce eindickt. Mit Salz und schwarzem Pfeffer abschmecken.
NUDELN in einem Topf mit kochendem Wasser *al dente* garen, abgießen und abtropfen lassen.
SAUCE unter die Nudeln heben. Mit Petersilie und Minze bestreuen, noch einmal vorsichtig mischen und servieren.

Fusilli mit Pilzen und Sahne

10 g Porcini-Pilze • 30 g Butter • 1 Zwiebel, feingehackt • 1–2 Knoblauchzehen, feingehackt • 1 kleine rote Chilischote, feingehackt • 3 Speckstreifen, kleingeschnitten • 375 g kleine Champignons, in Scheiben geschnitten • 300 ml Sahne • 20 g frische Petersilie, gehackt • 500 g Fusilli
Für 4–6 Personen

PORCINI 10 Minuten in einer kleiner Schüssel mit 60 ml kochendem Wasser einweichen. Abtropfen lassen und kleinschneiden, das Wasser aufheben.
BUTTER in einer Pfanne erhitzen. Zwiebel, Knoblauch, Chili und Speck bei mittlerer Hitze 5 Minuten gar dünsten. Porcini und Champignons zugeben und unter Rühren weitere 5 Minuten garen. Porcini-Kochwasser, Sahne und Petersilie untermischen und 5 Minuten bei niedriger Hitze kochen.
NUDELN in einem Topf mit kochendem Wasser *al dente* garen, abgießen und abtropfen lassen.
SAUCE unter die Nudeln heben und sofort servieren.

Fettuccine Alfredo

500 g frische oder trockene Fettuccine • 50 g Butter • 300 ml Sahne • 150 g Parmesan, gerieben • Muskat • 2 EL feingehackte frische Petersilie • Salz und frisch gemahlener schwarzer Pfeffer
Für 4 Personen

NUDELN in einem großen Topf mit kochendem Wasser *al dente* garen. Abgießen, abtropfen lassen und warm halten.
BUTTER und 2/3 der Sahne in einer Pfanne erhitzen. 6 Minuten bei schwacher Hitze köcheln lassen.
NUDELN sorgfältig mit der warmen Sahne mischen. Restliche Sahne, 100 g Parmesan, 1 Prise Muskat und Petersilie zufügen und mit Salz und frisch gemahlenem schwarzem Pfeffer abschmecken. Noch einmal mischen, mit dem restlichen Parmesan bestreuen und sofort servieren.

Lasagne

Fleischsauce: *2 EL Olivenöl • 1 Zwiebel, feingehackt • 1 Selleriestange, feingehackt • 1 Möhre, feingehackt • 500 g Rinderhack • 125 g Champignons, gehackt • 800 g geschälte Tomaten aus der Dose, kleingeschnitten • 1 EL Tomatenmark • 1 TL getrockneter Oregano •* ***Béchamelsauce:*** *120 g Butter • 85 g Mehl • 1,5 l Milch • 250 g Cheddar, gerieben • 100 g Parmesan, gerieben • Muskat • ca. 15 getrocknete Lasagneblätter (235 g) • 50 g geriebener Parmesan, zusätzlich*
Für 6 Personen

FÜR DIE FLEISCHSAUCE Öl in einer Pfanne erhitzen. Zwiebel, Sellerie und Möhre darin 2–3 Minuten bei mittlerer Hitze dünsten, bis die Zwiebel weich ist. Hackfleisch zugeben und unter Rühren 3–4 Minuten bräunen. Champignons, Tomaten, Tomatenmark und Oregano zufügen. 1 Stunde bei schwacher Hitze kochen, bis die Masse dick wird. Etwas Wasser zugießen, falls die Sauce zu schnell eindickt.
FÜR DIE BÉCHAMELSAUCE Butter in einem Topf zerlassen. Mehl zuschütten und 1 Minute kochen. Vom Herd nehmen, nach und nach Milch zugießen und glattrühren. Wieder auf den Herd stellen und die Sauce unter Rühren zum Kochen und Eindicken bringen. Käse und 1 Prise Muskat zugeben. Nach Geschmack würzen.
BACKOFEN auf 180 °C vorheizen. Eine Auflaufform (38 x 26 x 5 cm) leicht einfetten.
ETWAS FLEISCHSAUCE auf den Boden der Form verteilen und eine Lage Lasagneblätter darauflegen. Darauf zuerst die Hälfte der Fleischsauce, dann 1/3 der Béchamelsauce verteilen. Darüber eine Schicht Lasagneblätter legen und mit der restlichen Sauce bedecken. Mit Parmesan bestreuen und 45 Minuten backen. Falls die Lasagne zu braun wird, mit Alufolie abdecken. 10 Minuten abkühlen lassen, in Vierecke schneiden und servieren.

Tortellini boscaiola

500 g Tortellini • 1 EL Öl • 6 Speckstreifen, kleingeschnitten • 200 g kleine Champignons, in Scheiben geschnitten • 625 ml Sahne • 2 Frühlingszwiebeln, in Ringe geschnitten • Salz und frisch gemahlener schwarzer Pfeffer • 1 EL gehackte frische Petersilie
Für 4 Personen

NUDELN in einem Topf mit kochendem Wasser *al dente* garen. Abgießen, abtropfen lassen, wieder in den Topf geben und warm halten.
ÖL in einer Pfanne erhitzen, Speck und Champignons zufügen und bei mittlerer Hitze 5 Minuten unter Rühren goldbraun braten.
ETWAS SAHNE einrühren und wenn nötig mit einem Holzlöffel am Pfannenboden festklebende Speckstücke lösen.
RESTLICHE SAHNE zugießen, zum Kochen bringen und bei starker Hitze 15 Minuten zu einer dickflüssigen Sauce einkochen. Frühlingszwiebeln in die Mischung rühren. Mit Salz und Pfeffer abschmecken. Die Sauce über die Nudeln schütten und unterheben. Mit Petersilie bestreut servieren.
HINWEIS: Statt die Sauce 15 Minuten einkochen zu lassen, kann man bei Zeitmangel 2 TL Stärke mit 1 EL Wasser mischen und zugießen. Unter Rühren zum Kochen bringen und eindicken lassen.

Von links nach rechts: Tortellini boscaiola; Spaghetti siciliana; Spaghetti marinara

Spaghetti siciliana

3 EL Olivenöl • 1 Zwiebel, feingehackt • 2–3 Knoblauchzehen, feingehackt • 2 kleine Auberginen, in Scheiben geschnitten • 1 gelbe Paprika, in dünne Streifen geschnitten • 1 Zucchini, in 1 cm dicke Würfel geschnitten • 400 g geschälte Tomaten aus der Dose, kleingeschnitten • 2 reife Tomaten, enthäutet und kleingeschnitten • 1 EL Kapern, gehackt • 4–5 Sardellenfilets, abgetropft und gehackt • 80 g schwarze Oliven, entsteint • 500 g Spaghetti • frisches Basilikum, gehackt, zum Garnieren • geriebener Parmesan zum Servieren

Für 4–6 Personen

ÖL in einer Pfanne erhitzen. Zwiebel, Knoblauch und Auberginen hineingeben und bei mittlerer Hitze 5 Minuten weich dünsten. Paprika und Zucchini zufügen und weitere 3 Minuten garen.

TOMATEN untermengen und 20 Minuten bei niedriger Hitze kochen. Kapern, Sardellen und Oliven zugeben und 10 Minuten weiterkochen, bis die Sauce leicht eindickt.

NUDELN in einem Topf mit kochendem Wasser *al dente* garen, abgießen und abtropfen lassen.

SAUCE unter die Nudeln heben und mit Basilikum garnieren. Dazu Parmesan reichen.

Spaghetti marinara

12 schwarze Miesmuscheln, geputzt und entbartet • 125 ml Weißwein • 125 ml Wasser • 2 EL Olivenöl • 1 Zwiebel, feingehackt • 2–3 Knoblauchzehen, feingehackt • 800 g geschälte Tomaten aus der Dose, kleingeschnitten • 50 g Tomatenmark • 500 g Spaghetti • 250 g rohe Riesengarnelen, geschält, ohne Darm und mit ganzem Schwanz • 250 g Jakobsmuscheln, mit unbeschädigter Schale, geputzt • 250 g grätenlose Fischfilets, in Würfel geschnitten • 12 Kalmar-Ringe • abgeriebene Schale und Saft von 1/2 Zitrone • 15 g frische Petersilie, gehackt

Für 4–6 Personen

MIESMUSCHELN mit Wein und Wasser in einen großen Topf geben (bereits offene Muscheln aussortieren). Mit geschlossenem Deckel bei starker Hitze 2–3 Minuten kochen, bis die Muscheln sich öffnen. Ungeöffnete Muscheln wegwerfen und die Kochflüssigkeit aufheben.

ÖL in einer Pfanne erhitzen. Zwiebel und Knoblauch hineingeben und bei mittlerer Hitze 3 Minuten weich dünsten. Tomaten, Tomatenmark und die Kochflüssigkeit zugeben und 30 Minuten bei niedriger Hitze eindicken lassen.

NUDELN in einem Topf mit kochendem Wasser *al dente* garen, abgießen und abtropfen lassen.

ALLE MEERESFRÜCHTE sowie Fischfilets in die Tomatensauce geben und bei schwacher Hitze 3–4 Minuten garen. Zitronenschale, Zitronensaft und Petersilie zufügen. Sauce und Muscheln unter die Nudeln heben und sofort servieren.

Gefüllte Cannelloni mit Spinat und Ricotta

Tomatensauce: *1 EL Olivenöl • 1 Zwiebel, feingehackt • 1–2 Knoblauchzehen, gehackt • 400 g geschälte Tomaten aus der Dose, kleingeschnitten • 1 EL Tomatenmark • 1 TL Zucker • 125 ml Wasser • 2 EL gehacktes frisches Basilikum •* ***Béchamelsauce:*** *50 g Butter • 40 g Mehl • 750 ml Milch • Muskat • Salz und weißer Pfeffer •* ***Füllung:*** *450 g Spinat, entstielt und gehackt • 100 ml Wasser • 1 EL Olivenöl • 1 große Zwiebel, feingehackt • 2–3 Knoblauchzehen, feingehackt • 250 g Ricotta • 1 Ei, leicht geschlagen • 1/2 TL Muskat • 14 Cannelloniröhren (130 g) • 150 g Mozarella, gerieben • 50 g Parmesan, gerieben*
Für 4–6 Personen

BACKOFEN auf 180 °C vorheizen. Eine Auflaufform (26 x 20 x 6 cm) einfetten.
FÜR DIE TOMATENSAUCE Öl in einer Pfanne erhitzen. Zwiebel und Knoblauch zugeben und bei mittlerer Hitze 2–3 Minuten dünsten, dann Tomaten, Tomatenmark, Zucker und 125 ml Wasser zufügen. 20 Minuten bei niedriger Hitze leicht eindicken lassen. Basilikum unterrühren.
FÜR DIE BÉCHAMELSAUCE Butter in einem Topf zerlassen. Mehl einrühren und 1 Minute kochen. Vom Herd nehmen, nach und nach Milch zugießen und glattrühren. Wieder auf den Herd stellen und unter Rühren eindicken lassen. Mit 1 Prise Muskat würzen und die Sauce 3 Minuten bei niedriger Hitze zum Kochen bringen und eindicken lassen. Mit Salz und Pfeffer abschmecken.
FÜR DIE FÜLLUNG Spinat in einen großen Topf mit 100 ml Wasser geben. Deckel aufsetzen und 3 Minuten kochen, bis der Spinat zusammenfällt. Kalt abspülen, mit der Hand die Flüssigkeit ausdrücken und feinhacken. Öl in einer kleinen Pfanne erhitzen. Zwiebel und Knoblauch zugeben und bei mittlerer Hitze 2 Minuten weich dünsten. In eine große Schüssel umfüllen, Ricotta, Ei und Muskat zugeben und alles mit einer Gabel mischen. Unter den Spinat rühren und in die Cannelloniröhren füllen.
DIE HÄLFTE DER BÉCHAMELSAUCE auf dem Boden der Auflaufform verteilen und darauf die Hälfte der Tomatensauce gießen. Die gefüllten Cannelloni gleichmäßig in einer Lage darauf verteilen. Erst mit der restlichen Béchamelsauce, dann mit der restlichen Tomatensauce bedecken. Mit Mozzarella und Parmesan bestreuen und 40 Minuten backen. Vor dem Servieren 10 Minuten abkühlen lassen.

Bucantini amatriciana

2 EL Öl • 1 Zwiebel, feingehackt • 1 kleine rote Chilischote, feingehackt • 90 g Pancettascheiben, in 3 cm dünne Streifen geschnitten • 800 g geschälte Tomaten aus der Dose, kleingeschnitten • 1 EL Tomatenmark • 1 TL feiner Zucker • Salz und frisch gemahlener schwarzer Pfeffer • 500 g Bucatini • 50 g Romano, gerieben

Für 4–6 Personen

ÖL in einer Pfanne erhitzen. Zwiebel und Chili zufügen und 3 Minuten bei mittlerer Hitze weich dünsten. Pancetta zugeben und weitere 3 Minuten garen.

TOMATEN, Tomatenmark und Zucker einrühren. 20 Minuten bei niedriger Hitze kochen, bis die Sauce dickflüssig ist. Mit Salz und frisch gemahlenem schwarzem Pfeffer würzen.

NUDELN in einem Topf mit kochendem Wasser *al dente* garen, abgießen und abtropfen lassen.

SAUCE unter die Nudeln mischen. Mit Käse bestreuen und servieren.

Fettuccine mit Walnuß-Knoblauch-Sauce

500 g frische Fettuccine • 125 ml natives Olivenöl extra • 150 g Walnüsse, zerkleinert • 2–3 Knoblauchzehen, feingehackt • 100 g Weißbrotkrumen vom Vortag • 15 g frische Petersilie, feingehackt • geriebener Parmesan zum Servieren
Für 4 Personen

NUDELN in einem großen Topf mit kochendem Wasser *al dente* garen. Abgießen, abtropfen lassen und warm halten.
ÖL in einer Pfanne auf mittlere Hitze bringen und Walnüsse, Knoblauch und Brotkrumen bei niedriger Temperatur 2 Minuten leicht golden anbraten – nicht bräunen, da die Walnüsse sonst einen bitteren Geschmack annehmen. Nach Geschmack würzen.
NUDELN unter die Walnußmischung heben. Vor dem Servieren mit Petersilie und Parmesan bestreuen.

Conchiglie mit Brokkoli und Pancetta

500 g Conchiglie (Muschelnudeln) • 500 g Brokkoli, in kleine Röschen zerteilt • 80 ml Olivenöl • 1 Zwiebel, feingehackt • 100 g Pancetta, kleingewürfelt • 1 kleine rote Chilischote, feingehackt • 50 g Parmesan, gerieben • frisch gemahlener schwarzer Pfeffer
Für 4–6 Personen

NUDELN in einem Topf mit kochendem Wasser *al dente* garen. Abgießen, abtropfen lassen und warm halten.
BROKKOLI in einem Topf mit kochendem Wasser 1–2 Minuten blanchieren. Sofort unter fließendem kaltem Wasser abschrecken und abtropfen lassen.
ÖL in einer Pfanne erhitzen. Zwiebel, Pancetta und Chili zugeben und bei mittlerer Hitze 4–5 Minuten dünsten. Brokkoli unterheben.
DIE MISCHUNG mit den Nudeln vermengen. Parmesan darüber streuen, nach Geschmack mit Pfeffer würzen und vor dem Servieren noch einmal vermengen.

Fusilli mit Fleischklößchen und Tomatensauce

Fleischklößchen: *2 Scheiben Weißbrot ohne Kruste, in kleine Stücke gerissen • 3 EL Milch • 500 g Schweine- und Kalbshack • 2 Knoblauchzehen, feingehackt • 1 kleine Zwiebel, feingehackt • 15 g frische Petersilie, feingehackt • 2 TL abgeriebene Zitronenschale • 1 Ei, leicht verquirlt • 50 g Parmesan, gerieben • Salz und Pfeffer • Mehl zum Bestreuen • 2 EL Olivenöl zum Braten •* ***Tomatensauce:*** *125 ml Weißwein • 800 g geschälte Tomaten aus der Dose, kleingeschnitten • 1 EL Tomatenmark • 1 TL feiner Zucker • 1/2 TL getrockneter Oregano • 500 g Fusilli • frischer Oregano zum Garnieren*
Für 6 Personen

FÜR DIE FLEISCHBÄLLCHEN Brot 5 Minuten in Milch einweichen, dann ausdrücken. Brot, Hackfleisch, Knoblauch, Petersilie, Zitronenschale, Ei und Parmesan in einer großen Schüssel mit Salz und Pfeffer würzen und gründlich mischen.

MIT NASSEN HÄNDEN walnußgroße Klößchen formen und leicht in Mehl rollen. Öl in einer Pfanne erhitzen. Die Fleischklößchen portionsweise bei mittlerer Hitze 5 Minuten braten und dabei oft wenden. Mit dem Schaumlöffel herausheben und auf Küchenpapier abtropfen lassen.

FÜR DIE SAUCE Weißwein in dieselbe Pfanne geben und 2–3 Minuten, bis er zu dampfen beginnt, kochen lassen. Tomaten, Tomatenmark, Zucker und Oregano zufügen. 20 Minuten bei niedriger Hitze kochen, bis die Sauce leicht eindickt. Die Fleischklößchen dazugeben und weitere 20 Minuten bei schwacher Hitze kochen.

NUDELN in einem Topf mit kochendem Wasser *al dente* garen, abgießen und abtropfen lassen.

NUDELN auf vorgewärmten großen Tellern anrichten und die Fleischklößchen mit der Sauce darüber verteilen. Mit Oregano garnieren und heiß servieren.

HINWEIS: Statt Schweine- und Kalbshack kann auch Rinderhack verwendet werden.

Von links nach rechts: Fettuccine mit Walnuß-Knoblauch-Sauce; Conchiglie mit Brokkoli und Pancettaspeck; Fusilli mit Fleischklößchen und Tomatensauce

Kartoffelgnocchi mit Tomatensauce

Gnocchi: *750 g mehlig kochende Kartoffeln • 75 g Parmesan, gerieben • 170 g Mehl • Muskat • Salz und Pfeffer •* ***Sauce:*** *50 g Butter • 1 kleine Zwiebel, feingehackt • 1 kleine Möhre, feingehackt • 1 Selleriestange, feingehackt • 400 g geschälte Tomaten aus der Dose, kleingeschnitten • 2 reife Tomaten, enthäutet und kleingeschnitten • 1 TL feiner Zucker • 20 g feingehackte frische Petersilie • geriebener Parmesan zum Servieren*
Für 4–6 Personen

FÜR DIE GNOCCHI Kartoffeln in einem großen Topf mit kochendem Wasser 20 Minuten gar kochen. Abgießen, abtropfen lassen und noch heiß schälen. In einer großen Schüssel mit einem Kartoffelstampfer oder einer Gabel zu einer glatten Masse stampfen. Keine Küchenmaschine verwenden, sonst werden die Kartoffeln klebrig.

PARMESAN und 125 g Mehl zugeben und mit 1 Prise Muskat, Salz und Pfeffer würzen. Schnell zu einem glatten Teig verrühren.

DEN TEIG auf einer bemehlten Arbeitsfläche kneten und von dem restlichen Mehl so viel untermischen, bis er glatt und weich, aber noch leicht klebrig ist. In 4 Portionen teilen und zu 2,5 cm dicken Würsten rollen. Jede Rolle in 2 cm dicke Scheiben schneiden. Ein Tablett mit Backpapier auslegen. Die Scheiben zu Gnocchis formen, indem man sie mit einem bemehlten Zeigefinger fest auf die Außenseite einer bemehlten Gabel preßt. Auf das Tablett legen. Den gesamten Teig verarbeiten und bis zum Kochen abdecken.

FÜR DIE SAUCE Butter in einer Pfanne zerlassen. Zwiebel bei mittlerer Hitze darin dünsten, dann mit Möhre und Sellerie weitere 3 Minuten garen.

TOMATEN und Tomatenmark zugeben und bei schwacher Hitze 20 Minuten zu einer dicken Masse kochen, dabei zwei- bis dreimal umrühren.

DIE GEMÜSEMASSE in einer Küchenmaschine zerkleinern, wieder in die Pfanne geben, Petersilie zufügen und mit Salz und Pfeffer würzen.

WASSER in einem großen Topf zum Kochen bringen, 1/4 der Gnocchi hineingeben und so lange kochen, bis alle an der Oberfläche schwimmen. 1 Minute weiterkochen und mit einem Schaumlöffel in eine vorgewärmte Schüssel füllen. Den Vorgang mit den restlichen Gnocchi wiederholen. Sauce über die Gnocchi gießen, mit Parmesan bestreuen und sofort servieren.

Pastitsio

*250 g Penne • 2 Eier, leicht verquirlt • 60 g Cheddar, gerieben • 50 g Parmesan, gerieben • ½ TL Muskat • Salz und Pfeffer • **Fleischsauce:** 1 EL Olivenöl • 1 Zwiebel, feingehackt • 2–3 Knoblauchzehen, gehackt • 500 g Rinderhack • 400 g geschälte Tomaten aus der Dose, kleingeschnitten • 50 g Tomatenmark • 1 TL getrockneter Oregano • 125 ml Weißwein • 125 ml Rinderbrühe oder Wasser • 15 g frische Petersilie, gehackt • **Béchamelsauce:** 50 g Butter • 30 g Mehl • 750 ml Milch • 1 Ei, leicht verquirlt • Muskat • 25 g Parmesan, gerieben • 25 g Semmelbrösel*

Für 6–8 Personen

BACKOFEN auf 180 °C vorheizen. Eine Auflaufform (30 x 22 x 5 cm) einfetten.

NUDELN in einem Topf mit kochendem Wasser *al dente* garen. Abgießen, unter fließendem kaltem Wasser abschrecken und abtropfen lassen. Ei, Käse und Muskat unterrühren und mit Salz und Pfeffer abschmecken.

FÜR DIE FLEISCHSAUCE Öl in einer Pfanne erhitzen. Zwiebel und Knoblauch bei mittlerer Hitze 2–3 Minuten weich dünsten. Hackfleisch zugeben und unter Rühren 3–4 Minuten braten, bis es seine Farbe verändert.

TOMATEN, Tomatenmark, Oregano, Wein und Brühe bzw. Wasser zufügen und bei schwacher Hitze 45 Minuten kochen. Mit einem Kartoffelstampfer oder einer Gabel mögliche Fleischklümpchen zerkleinern. Gehackte Petersilie untermischen.

FÜR DIE BÉCHAMELSAUCE Butter in einem Topf zerlassen, Mehl hineinrühren und 1 Minute kochen. Vom Herd nehmen, Milch nach und nach zugießen und zu einer gleichmäßigen Masse verrühren. Wieder auf den Herd stellen und zu einer glatten, dicken Masse rühren. 3 Minuten bei schwacher Hitze kochen. Vom Herd nehmen, etwas abkühlen lassen und Ei und 1 Prise Muskat untermengen. 125 ml der Sauce zu der Fleischmischung geben.

DIE HÄLFTE der Nudelmischung gleichmäßig auf dem Boden der Auflaufform verteilen. Erst die Fleischsauce, dann die restlichen Nudeln einfüllen und die Oberfläche glattstreichen. Die Béchamelsauce darüber gießen und mit einer Mischung aus Semmelbröseln und Parmesan bestreuen. 50 Minuten backen. Falls die Oberfläche zu braun wird, mit Alufolie bedecken. 10 Minuten abkühlen lassen und servieren.

Orecchiette mit italienischen Würsten und Tomaten

2 EL Olivenöl • 375 g Cevapi-Würste (ohne Haut) • 1 rote Zwiebel, in dünne Ringe geschnitten • 2–3 Knoblauchzehen, zerdrückt • 6 reife Tomaten, enthäutet, entkernt und kleingeschnitten • 80 ml Weißwein oder Wasser • 2 EL Tomatenmark • 1/2 TL getrockneter Oregano • 20 g frisches Basilikum, gehackt • Salz und Pfeffer • 500 g Orecchiette • ganze Basilikumblätter zum Garnieren • geriebener Pecorino zum Servieren

Für 4–6 Personen

1 EL Olivenöl in einer Pfanne erhitzen. Würste zugeben und bei schwacher Hitze 5 Minuten braten, dabei gelegentlich wenden. Mit einem Schaumlöffel herausnehmen, etwas abkühlen lassen und grob zerkleinern.

Restliches Öl in die Pfanne geben. Zwiebel und Knoblauch bei mittlerer Hitze 3 Minuten dünsten. Tomaten, Wein bzw. Wasser, Tomatenmark, Oregano und gehacktes Basilikum zugeben. 20 Minuten bei schwacher Hitze kochen, bis die Masse leicht eindickt. Mit Salz und Pfeffer würzen.

Nudeln in einem Topf mit kochendem Wasser *al dente* garen, abgießen und abtropfen lassen.

Die kleingeschnittenen Würste wieder in die Sauce geben und 2 Minuten erhitzen. Sauce unter die Nudeln heben, mit Basilikumblättern garnieren. Dazu Pecorino reichen.

Von links nach rechts: Orecchiette mit italienischen Würsten und Tomaten; Spaghetti carrettierra; Fettuccine mit Erbsen und Prosciutto

Spaghetti carrettierra

100 g italienisches Brot vom Vortag • 125 ml Olivenöl • 1 große Zwiebel, feingehackt • 2–3 Knoblauchzehen, feingehackt • ½ TL getrockneter Oregano • 500 g frische Spaghetti • 20 g frische Petersilie, feingehackt • Salz und Pfeffer
Für 4 Personen

BROT in Stücke reißen und auf einem Backblech 2 Minuten unter Wenden gleichmäßig braun grillen.
ÖL in einer Pfanne erhitzen. Zwiebel, Knoblauch und Oregano bei mittlerer Hitze 5 Minuten weich dünsten.
NUDELN in einem Topf mit kochendem Wasser *al dente* garen, abgießen und abtropfen lassen.
BROTSTÜCKE und Petersilie unter die Zwiebeln geben und mit Salz und Pfeffer abschmecken. Mischung unter die Nudeln heben.

Fettuccine mit Erbsen und Prosciutto

1 EL Olivenöl • 1 Zwiebel, feingehackt • 1 Knoblauchzehe, feingehackt • 1 kleine rote Chilischote, feingehackt • 90 g Prosciutto, kleingeschnitten • 125 ml Hühnerbrühe • 300 ml Sahne • 190 g Erbsen, frisch oder tiefgefroren • 2 EL gehackte frische Petersilie • 1 EL frischer Thymian • 500 g frische Fettuccine • Thymianzweige zum Garnieren • geriebener Parmesan zum Servieren
Für 4–6 Personen

ÖL in einer Pfanne erhitzen. Zwiebel, Knoblauch und Chili bei mittlerer Hitze 3–4 Minuten weich dünsten. Prosciutto zugeben und 1 Minute braten.
BRÜHE zugießen und in 3 Minuten auf die Hälfte einkochen. Sahne, Erbsen und Kräuter zugeben. Temperatur reduzieren und die Mischung bei schwacher Hitze 3–4 Minuten eindicken lassen.
NUDELN in einem Topf mit kochendem Wasser *al dente* garen, abgießen und abtropfen lassen.
SAUCE unter die Nudeln heben. Mit Thymianzweigen garnieren und mit Parmesan servieren.

Penne mit Sauce Norma

600 g dünne Auberginen, in 1 cm dicke Scheiben geschnitten • Salz • 1 EL Olivenöl • 1 Zwiebel, gehackt • 2–3 Knoblauchzehen, feingehackt • 400 g geschälte Tomaten aus der Dose, kleingeschnitten • 2 reife Tomaten, enthäutet und kleingeschnitten • 1 EL Tomatenmark • 1 TL feiner Zucker • ½ TL getrocknetes Basilikum • zusätzliches Öl zum Braten • 500 g Penne • 50 g Pecorino, gerieben • frisches Basilikum zum Garnieren
Für 4–6 Personen

AUBERGINENSCHEIBEN mit reichlich Salz bestreuen und in einem Sieb 20 Minuten ziehen lassen.
ÖL in einer Pfanne erhitzen, Zwiebel und Knoblauch zugeben und bei mittlerer Hitze 2–3 Minuten weich dünsten. Tomaten, Tomatenmark, Zucker und Basilikum zufügen. 30 Minuten bei geringer Hitze kochen lassen, bis die Sauce eindickt.
AUBERGINEN gründlich abwaschen und mit Küchenpapier trockentupfen. 1 cm Öl in einer Pfanne erhitzen. Auberginen portionsweise 2 Minuten auf jeder Seite goldbraun und weich dünsten, bei Bedarf Öl nachgießen. Auf Küchenpapier abtropfen lassen.
NUDELN in einem Topf mit kochendem Wasser *al dente* garen, abgießen und abtropfen lassen. Sauce unter die Nudeln mischen und vorsichtig Auberginenscheiben und geriebenen Pecorino unterheben. Mit Basilikum bestreuen und servieren.
HINWEIS: Sie können die Auberginenscheiben auch grillen. Die Scheiben auf ein mit Alufolie ausgelegtes Blech geben und sorgfältig mit Öl bestreichen. Unter einem heißen Grill von beiden Seiten goldbraun rösten.

Spaghetti mit Miesmuscheln und Tomatensauce

750 g (ca. 35) schwarze Miesmuscheln • 2 EL Olivenöl • 1 Zwiebel, feingehackt • 1–2 Knoblauchzehen, feingehackt • 2 EL gehackte glattblättrige Petersilie • 125 ml Weißwein • 125 ml Wasser • 400 g geschälte Tomaten aus der Dose, kleingeschnitten • 3 reife Tomaten, enthäutet und kleingeschnitten • 1 EL Tomatenmark • 1 TL feiner Zucker • 15 g Basilikum, gehackt • Salz und frisch gemahlener schwarzer Pfeffer • 500 g Spaghetti

Für 4–6 Personen

MUSCHELN gründlich putzen und Barthaare entfernen. Beschädigte und offene Muscheln aussortieren.

ÖL in einer Pfanne erhitzen. Zwiebel, Knoblauch und Petersilie zugeben und bei mittlerer Hitze 3 Minuten weich dünsten. Muscheln, Weißwein und 125 ml Wasser zufügen. Bei geschlossenem Deckel 2–3 Minuten unter mehrmaligem Schütteln der Pfanne kochen, bis die Muscheln sich öffnen. Mit einer Zange auf einen Teller legen; geschlossene Muscheln wegwerfen.

TOMATEN, Tomatenmark und Zucker in die Pfanne geben. 20 Minuten bei mittlerer Hitze zu einer dickflüssigen Sauce einkochen. Die Hälfte des Basilikums unterheben und mit Salz und Pfeffer würzen.

NUDELN in einem Topf mit kochendem Wasser *al dente* garen, abgießen und abtropfen lassen.

MUSCHELN wieder in die Sauce geben, bedecken und vorsichtig 2–3 Minuten erhitzen. Sauce und Muscheln unter die Nudeln heben, mit dem restlichen Basilikum bestreuen und sofort servieren.

Bucatini vongole

750 g (ca. 50) Venusmuscheln • 2 EL Olivenöl • 125 ml Weißwein • 125 ml Wasser • 1 Zwiebel, feingehackt • 1–2 Knoblauchzehen, feingehackt • 8 reife Tomaten, enthäutet und kleingeschnitten • 2 EL Tomatenmark • 1 TL feiner Zucker • 500 g Bucatini • 10 g frische glattblättrige Petersilie, feingehackt
Für 4–6 Personen

VENUSMUSCHELN gründlich säubern; beschädigte und offene Muscheln aussortieren. 5 Minuten in kaltem Wasser einweichen, um Sandreste zu entfernen.
1 EL ÖL in einer großen Pfanne erhitzen. Muscheln, Weißwein und 125 ml Wasser zugeben. Bei geschlossenem Deckel und mittlerer Hitze 2–3 Minuten unter mehrmaligem Schütteln der Pfanne kochen, bis die Muscheln sich öffnen. Muscheln auf einen Teller legen; geschlossene Muscheln wegwerfen. Kochflüssigkeit durch ein Sieb schütten und aufheben. Etwa 2/3 der Muscheln aus den Schalen lösen.
RESTLICHES ÖL in der Pfanne erhitzen. Zwiebel und Knoblauch bei mittlerer Hitze 3–4 Minuten weich dünsten. Tomaten, Tomatenmark, Zucker und die Kochflüssigkeit zugeben und 20 Minuten zu einer dickflüssigen Sauce einkochen. Nach Geschmack würzen.
NUDELN in einem Topf mit kochendem Wasser *al dente* garen, abgießen und abtropfen lassen.
ALLE MUSCHELN, auch die mit Schale, in die Sauce geben und 2 Minuten erhitzen. Sauce und Muscheln unter die Nudeln heben. Mit gehackter Petersilie betreuen und sofort servieren.

Nudelsalat mit Tomaten, Rauke und Avocado

4 große, reife Tomaten, enthäutet • 80 ml Olivenöl • 3 EL Rotweinessig • 1 Knoblauchzehe, zerdrückt • 1/2 TL feiner Zucker • 150 g Rauke, entstielt und gehackt • 125 g Fetakäse, zerbröckelt • 15 gefüllte grüne Oliven, in Scheiben geschnitten • 2 EL Kapern, gehackt • 1 große, feste, reife Avocado • 500 g Conchiglie rigate (kleine Muschelnudeln)
Für 6 Personen

TOMATEN in der Mitte halbieren und Kerne entfernen. In dünne Scheiben schneiden und in eine große Servierschüssel legen.
ÖL, Essig, Knoblauch und Zucker in einem verschließbaren Glas gründlich durchschütteln.
RAUKE, Feta, Oliven, Kapern und Dressing zu den Tomaten geben und vorsichtig mischen.
AVOCADO halbieren, Stein entfernen, schälen und in dünne Scheiben schneiden.
NUDELN in einem Topf mit kochendem Wasser *al dente* garen, abgießen und abtropfen lassen.
TOMATEN-AVOCADO-MISCHUNG vorsichtig unter die Nudeln heben und lauwarm servieren.

Von links nach rechts: Bucatini vongole; Nudelsalat mit Tomaten, Rauke und Avocado; Tagliatelle mit Garnelen und Sahne

Tagliatelle mit Garnelen und Sahne

500 g frische Tagliatelle • 50 g Butter • 6 Frühlingszwiebeln, feingehackt • 500 g (ca. 20) rohe Garnelen, geschält, ohne Darm und mit ganzem Schwanz • 3 EL Weinbrand • 300 ml Sahne • 1 EL frischer Thymian • 15 g frische glattblättrige Petersilie, feingehackt • frisch gemahlener schwarzer Pfeffer • geriebener Parmesan zum Servieren
Für 4 Personen

Nudeln in einem Topf mit kochendem Wasser *al dente* garen. Abgießen, abtropfen lassen und warm halten.
Butter in einer Pfanne erhitzen. Frühlingszwiebeln bei mittlerer Hitze 2 Minuten dünsten, dann Garnelen zugeben. Unter Rühren 2 Minuten braten, bis die Garnelen ihre Farbe verändern. Aus der Pfanne nehmen und beiseite stellen.
Weinbrand in die Pfanne gießen und in 2 Minuten auf die Hälfte einkochen lassen. Sahne einrühren, Thymian und die Hälfte der Petersilie untermischen. Mit frisch gemahlenem schwarzem Pfeffer würzen. Hitze reduzieren und die Sauce 5 Minuten eindicken lassen. Die Garnelen in die Sauce geben und weitere 2 Minuten kochen.
Sauce unter die Nudeln heben. Mit restlicher Petersilie und geriebenem Parmesan bestreuen.
Hinweis: Statt Weinbrand kann man auch Sherry oder Weißwein verwenden.

Penne gorgonzola

500 g Penne • 125 g Gorgonzola • 125 ml Milch • 50 g Butter, in Würfel geschnitten • 1 TL abgeriebene Zitronenschale • 300 ml Sahne • Salz und Pfeffer • 50 g Parmesan, frisch gerieben • 1 EL feingehackte frische Petersilie • 1 TL gehackte Zitronenschale zum Garnieren

Für 4–6 Personen

Nudeln in einem Topf mit kochendem Wasser *al dente* garen. Abgießen, abtropfen lassen und warm halten.

Gorgonzola, Milch, Butter und abgeriebene Zitronenschale in eine Pfanne geben. Unter Rühren 2–3 Minuten bei schwacher Hitze kochen und verrühren, bis der Käse schmilzt und eine cremige Mischung entsteht. Sahne zugießen und 5–10 Minuten kochen, bis die Mischung eindickt. Mit Salz und Pfeffer abschmecken.

Sauce über die Nudeln gießen, Parmesan zugeben und gut mischen. Mit Petersilie und gehackter Zitronenschale garnieren und sofort servieren.

Hinweis: Am besten schmeckt Gorgonzola, wenn er weiß und weich ist und Raumtemperatur hat. Ist er schon reif, hat er ein sehr durchdringendes Aroma.

Linguine mit Thunfisch und Tomate

2 EL Olivenöl • 2–3 Knoblauchzehen, feingehackt • 1 Zwiebel, feingehackt • 3–4 Sardellenfilets, abgetropft und gehackt • 800 g geschälte Tomaten aus der Dose, kleingeschnitten • 1 TL feiner Zucker • 500 g Linguine • 2 EL Kapern, gehackt • 425 g Thunfisch aus der Dose, abgetropft und kleingeschnitten • 30 g frische Petersilie, gehackt

Für 4–6 Personen

ÖL in einer Pfanne erhitzen. Knoblauch, Zwiebel und Sardellen hineingeben und bei niedriger Hitze 3 Minuten dünsten, bis die Zwiebel weich wird. Tomaten und Zucker zugeben und die Mischung 15 Minuten bei mittlerer Hitze leicht eindicken lassen.

NUDELN in einem Topf mit kochendem Wasser *al dente* garen, abgießen und abtropfen lassen.

TOMATENMISCHUNG in der Küchenmaschine pürieren und wieder in die Pfanne geben. Kapern und Thunfisch zufügen und weitere 5 Minuten bei niedriger Hitze kochen.

SAUCE und Petersilie unter die Nudeln heben und sofort servieren.

Fettuccine pescatore

16–24 schwarze Miesmuscheln (4 Muscheln pro Person) • 125 ml Weißwein • 125 ml Wasser • 2 EL Olivenöl • 1 Zwiebel, gehackt • 1–2 Knoblauchzehen, gehackt • 1/2 grüne Paprika, feingehackt • 400 g geschälte Tomaten aus der Dose, kleingeschnitten • 1 EL Tomatenmark • 500 g Fettuccine • 200 g entgrätete weiße Fischfilets (z. B. Meeraal), in 2 cm dicke Würfel geschnitten • 200 g Fisch mit rosa Fleisch (z. B. Lachs), in 2 cm dicke Würfel geschnitten • 170 g Krabbenfleisch aus der Dose, abgetropft • 20 g frische Petersilie, gehackt

Für 4–6 Personen

MIESMUSCHELN putzen und Barthaare entfernen. Offene oder beschädigte Muscheln aussortieren. In einen großen Topf mit Weißwein und Wasser geben. Bei geschlossenem Deckel und mittlerer Hitze 3 Minuten garen, bis die Muscheln sich öffnen.
MUSCHELN mit einem Schaumlöffel herausnehmen und die Kochflüssigkeit aufbewahren. Geschlossene Muscheln wegwerfen.
ÖL in derselben Pfanne erhitzen. Zwiebeln, Knoblauch und Paprika 5 Minuten weich dünsten. Tomaten, Tomatenmark und die Kochflüssigkeit zugeben. Die Sauce bei schwacher Hitze 15 Minuten eindicken lassen.
NUDELN in einem Topf mit kochendem Wasser *al dente* garen, abgießen und abtropfen lassen.
FISCH in die Sauce geben. 5 Minuten bei schwacher Hitze gar kochen. Krabbenfleisch, Muscheln und Petersilie zugeben und 2 Minuten erhitzen. Nach Geschmack würzen. Sauce unter die Nudeln heben und sofort servieren.

Fusilli vesuvius

2 EL Olivenöl • 800 g geschälte Tomaten aus der Dose, kleingeschnitten • 1 EL Tomatenmark • 1 TL feiner Zucker • 1 TL getrockneter Oregano • 500 g Fusilli • 200 g Mozarella, feingewürfelt • 50 g Parmesan, gerieben
Für 4–6 Personen

Öl in einer Pfanne erhitzen. Tomaten, Tomatenmark, Zucker und Oregano zugeben. Bei mittlerer Hitze 15 Minuten leicht eindicken lassen, bis sich das Öl etwas von den Tomaten trennt.
Nudeln in einem Topf mit kochendem Wasser *al dente* garen, abgießen und abtropfen lassen.
Nudeln in eine Schüssel füllen und Tomatensauce, Mozarella und Parmesan darüber verteilen. Sorgfältig mischen und 2–3 Minuten ruhen lassen, damit der Mozarella vor dem Servieren schmilzt.
Hinweis: Man sagt, zerlaufener Mozarella sehe aus wie die geschmolzene Lava des Vulkans Vesuv.

Von links nach rechts: Fettuccine pescatore; Fusilli vesuvius; Gnocchi-Nudeln mit Paprika

Gnocchi-Nudeln mit Paprika

3 große rote Paprika, entkernt und halbiert • 3 große gelbe Paprika, entkernt und halbiert • 2 EL Olivenöl • 1 Zwiebel, in dünne Ringe geschnitten • 2–3 Knoblauchzehen, feingehackt • 500 g Gnocchi-Nudeln • 2 EL gehacktes frisches Basilikum • ganze frische Basilikumblätter zum Garnieren
Für 4–6 Personen

Paprikahälften mit der Innenseite nach unten unter einen heißen Grill legen, bis sich die Haut schwarz färbt und Blasen wirft. Sofort in einen Plastikbeutel geben, 10 Minuten abkühlen lassen und die Haut abziehen.
Öl in einer Pfanne erhitzen. Zwiebel und Knoblauch bei mittlerer Hitze 5 Minuten weich dünsten.
Je eine rote und gelbe Paprikahälfte in dünne Streifen schneiden und zu der Zwiebelmischung geben.
Restliche Paprika kleinschneiden und in der Küchenmaschine pürieren. Zur Zwiebelmischung geben und vorsichtig 5 Minuten erhitzen.
Nudeln in einem Topf mit kochendem Wasser *al dente* garen, abgießen und abtropfen lassen.
Sauce unter die Nudeln heben. Nach Belieben würzen und Basilikum untermischen. Mit frischen Basilikumblättern garnieren und servieren.

Pappardelle mit Hühnerleber

250 g Hühnerleber • 1 EL Olivenöl • 1 Zwiebel, feingehackt • 1–2 Knoblauchzehen, feingehackt • 2 Speckstreifen, feingehackt • 2 TL Tomatenmark • 125 ml Weißwein • 500 g Pappardelle • 300 ml Sahne • frisch gemahlener schwarzer Pfeffer • 20 g frische Petersilie, feingehackt
Für 4–6 Personen

HÜHNERLEBER 15 Minuten in einer Schüssel mit kaltem Wasser einweichen. Abtropfen lassen und mit Küchenpapier abtupfen. Sehnen entfernen, Leber halbieren und zur Seite legen.
ÖL in einer Pfanne erhitzen. Zwiebel, Knoblauch und Speck zugeben und bei niedriger Hitze 3 Minuten dünsten, bis die Zwiebel weich ist. Leber zufügen und unter Rühren bei mittlerer Hitze 3–4 Minuten braten, bis sie ihre Farbe verändert. Tomatenmark und Wein zugeben, und weitere 2–3 Minuten den Wein einkochen lassen.
NUDELN in einem Topf mit kochendem Wasser *al dente* garen. Abgießen, abtropfen lassen und warm stellen.
SAHNE in die Sauce rühren und nach Geschmack mit frisch gemahlenem schwarzem Pfeffer würzen. 2 Minuten bei schwacher Hitze kochen. Über die Nudeln gießen und unterheben. Mit Petersilie bestreuen und sofort servieren.

Farfalle mit Zucchini und Prosciutto

30 g Butter • 1 EL Öl • 2–3 Knoblauchzehen, gehackt • 6 Frühlingszwiebeln, in dünne Ringe geschnitten • 300 g kleine Zucchini, in dünne Scheiben geschnitten • 1 kleine rote Paprika, feingehackt • 4 reife Tomaten, enthäutet, entkernt und kleingeschnitten • 75 g dünne Prosciuttoscheiben, gehackt • Salz und frisch gemahlener schwarzer Pfeffer • 500 g Farfalle • frischer Salbei zum Garnieren • geriebener Pecorino zum Servieren
Für 4–6 Personen

BUTTER und Öl in einer Pfanne erhitzen. Knoblauch und Frühlingszwiebeln zugeben und 3 Minuten bei schwacher Hitze weich dünsten. Zucchini und Paprika zufügen und unter Rühren 5 Minuten weich kochen. Tomaten und Prosciutto zugeben und weitere 5 Minuten kochen. Mit Salz und frisch gemahlenem schwarzem Pfeffer abschmecken.
NUDELN in einem Topf mit kochendem Wasser *al dente* garen, abgießen und abtropfen lassen.
SAUCE unter die Nudeln heben und mit Salbei garnieren. Dazu Pecorino reichen.
HINWEIS: Statt Prosciutto kann man auch dünnen Speck verwenden. Dünsten Sie den Speck zusammen mit Knoblauch und Frühlingszwiebeln.

Moschuskürbis mit Nudel-Lauch-Füllung

120 g Linguine • 1 mittelgroßer Moschuskürbis • Salz und Pfeffer • 20 g Butter • 1 Lauchstange, in dünne Ringe geschnitten • 125 ml Sahne • Muskat • weißer Pfeffer • 60 ml Olivenöl

Ergibt 2 kleine Mahlzeiten bzw. 4 Beilagen

NUDELN in einem Topf mit kochendem Wasser *al dente* garen. Abgießen, mit kaltem Wasser abschrecken und abtropfen lassen.

BACKOFEN auf 180 °C vorheizen.

AM OBEREN ENDE des Kürbis, unterhalb des Stiels, einen Deckel abschneiden. Das untere Ende gerade abschneiden. Kürbiskerne und -fasern herausschneiden und die Mitte aushöhlen. Salz und Pfeffer auf die Schnittflächen streuen und den Kürbis in eine kleine feuerfeste Schüssel legen.

BUTTER in einer kleinen Pfanne zerlassen und vorsichtig den Lauch weich dünsten. Sahne und 1 Prise Muskat zugeben und 4 Minuten bei niedriger Hitze zu einer dickflüssigen Masse einkochen. Mit Salz und weißem Pfeffer abschmecken und die Nudeln untermischen.

DEN KÜRBIS mit der Nudelmischung füllen, Deckel aufsetzen und mit Olivenöl bestreichen. 1 Stunde im Backofen garen und gelegentlich mit Olivenöl bestreichen. Um festzustellen, ob der Kürbis gar ist, mit einem Spieß in die fleischigste Stelle stechen.

Fusilli-Artischocken-Frittata

90 g Fusilli • 1 EL Olivenöl • 1 rote Zwiebel, in dünne Spalten geschnitten • 2–3 Knoblauchzehen, feingehackt • 2 EL frischer Thymian • 285 g Artischocken aus dem Glas, abgetropft und in Scheiben geschnitten • 50 g dünn geschnittener Prosciutto, gehackt • 100 g Fetakäse, zerbröckelt • 1 EL Kapern, gehackt • 6 Eier, leicht verquirlt • 300 ml Sahne • 1 EL Olivenöl, zusätzlich • 50 g frischer Parmesan, gerieben • Thymianzweige zum Garnieren

Für 4–6 Personen

NUDELN in einem Topf mit kochendem Wasser *al dente* garen. Abgießen, mit kaltem Wasser abschrecken und abtropfen lassen.

ÖL in einer Pfanne erhitzen. Zwiebel, Knoblauch und Thymian zugeben und 5 Minuten bei niedriger Hitze weich dünsten.

NUDELN, Artischocken, Prosciutto, Feta und Kapern in eine große Schüssel geben. Erst Zwiebelmischung, dann Eier und Sahne untermengen. Nach Geschmack würzen.

EINE GUSSEISERNE PFANNE (24 cm Durchmesser am Boden bzw. 30 cm am oberen Rand) mit Olivenöl einfetten. Frittata-Mischung in die heiße Pfanne geben und glattrühren. Temperatur reduzieren und in 30 Minuten fast gar kochen – dabei sollte die Mischung nicht am Boden ansetzen.

MIT PARMESAN bestreuen und unter einem Grill 3–4 Minuten goldbraun überbacken.

MIT EINEM KÜCHENSPATEL vom Boden lösen und auf eine vorgewärmte Servierplatte legen. Mit Thymianzweigen bestreuen, in Stücke schneiden und servieren.

Tagliatelle mit Gemüse

Salz • 300 g Aubergine, geschält und in 1 cm dicke Längsscheiben geschnitten • 375 g Zucchini • 500 g gemischte frische Tagliatelle • 30 g Butter • 1 EL Öl • 4 reife Tomaten, enthäutet, entkernt und kleingeschnitten • 50 g Butter, zusätzlich • 2–3 Knoblauchzehen, zerdrückt • 4 Frühlingszwiebeln, gehackt • 1/2 kleine rote Chilischote, entkernt und feingehackt • 300 ml Sahne • 50 g Parmesan, gerieben • 20 g frische Petersilie, gehackt
Für 4–6 Personen

SALZ über die Auberginenscheiben streuen und in einem Sieb 20 Minuten einziehen lassen. Unter kaltem Wasser abwaschen und mit Küchenpapier abtupfen. In 5 cm breite Streifen schneiden.
ZUCCHINI in eine Schüssel raspeln. Leicht salzen und 15 Minuten einziehen lassen. Unter kaltem Wasser abwaschen, abtropfen und mit der Hand ausdrücken.
NUDELN in einem Topf mit kochendem Wasser *al dente* garen. Abgießen, abtropfen lassen und wieder in den Topf geben.
BUTTER und Öl in einer Pfanne erhitzen, unter Rühren Auberginenscheiben bei mittlerer Hitze 3 Minuten weich dünsten und aus der Pfanne nehmen. Dann Zucchini hineingeben, unter Rühren 2 Minuten garen, aus der Pfanne nehmen und zuletzt Tomaten 2 Minuten dünsten und herausnehmen.
ZUSÄTZLICHE BUTTER in einer Pfanne erhitzen. Knoblauch, Frühlingszwiebeln und Chili bei niedriger Hitze 2 Minuten garen. Sahne zugießen und Sauce 5 Minuten bei schwacher Hitze leicht eindicken lassen. Sahnemischung und Gemüse unter die Nudeln heben. Mit Parmesan und Petersilie bestreuen und reichlich würzen. Noch einmal mischen und servieren.

Orecchiette mit Thunfisch und Limone

500 g Orecchiette • 80 ml natives Olivenöl extra • abgeriebene Schale und Saft von 2 Limonen • 2 EL feingehackter frischer Thymian • 2 EL feingehackte frische Petersilie • 1 EL Olivenöl, zusätzlich • 1 rote Zwiebel, in dünne Spalten geschnitten • 2 Knoblauchzehen, zerdrückt • 600 g Thunfischsteaks, in 2 cm dicke Würfel geschnitten • 1 EL Kapern, gehackt • 1 Limone, in dünnen Scheiben zum Garnieren • 1 EL Kapern zum Garnieren
Für 4–6 Personen

NUDELN in einem Topf mit kochendem Wasser *al dente* garen, abgießen und abtropfen lassen.
ÖL, Limonenschale und -saft, Thymian und Petersilie in einer kleinen Schüssel mischen und cremig schlagen.
ZUSÄTZLICHES ÖL in einer Pfanne erhitzen. Zwiebel und Knoblauch zugeben und bei niedriger Hitze unter Rühren 3–4 Minuten dünsten. Mit einem Schaumlöffel auf einen Teller legen.
HITZE auf mittlere Temperatur erhöhen und Thunfischwürfel unter vorsichtigem Rühren 1–2 Minuten braun braten. Das Fleisch sollte innen rosa bleiben. Zwiebel zurück in die Pfanne geben und Kapern und Öl-Limonen-Mischung unterrühren. 1 Minute erhitzen, dann unter die Nudeln heben. Nach Geschmack würzen. Mit Limonenscheiben und Kapern garnieren und servieren.

Cavatelli mit gemischten Pilzen und Salbei

85 g Butter • 30 große Salbeiblätter • 2–3 Knoblauchzehen, zerdrückt • 500 g gemischte Pilze, in dicke Scheiben geschnitten • 500 g Cavatelli • 3 EL Hühner- oder Gemüsebrühe • 1 EL Portwein • 300 ml Sahne
Für 4–6 Personen

20 G BUTTER in einer Pfanne erhitzen. Salbeiblätter hineinlegen und bei mittlerer Hitze 5 Minuten knusprig braten (ohne daß die Blätter verkohlen). Herausnehmen und restliche Butter in derselben Pfanne erhitzen. Darin unter häufigem Rühren Knoblauch und Pilze bei mittlerer Hitze 5–10 Minuten dünsten. Beiseite stellen.
NUDELN in einem Topf mit kochendem Wasser *al dente* garen, abgießen und abtropfen lassen.
BRÜHE und Portwein in die Pfanne gießen und ¾ der Flüssigkeit bei hoher Temperatur einkochen lassen. Sahne unterrühren und 5 Minuten kochen. Pilze und die Hälfte der Salbeiblätter in die Pfanne geben, unter die Sauce rühren und weitere 5 Minuten eindicken lassen.
SAUCE unter die Nudeln heben. Mit restlichen Salbeiblättern garnieren und servieren.
HINWEIS: Verwenden Sie 2–3 verschiedene Pilzsorten.

Von links nach rechts: Tagliatelle mit Gemüse; Orecchiette mit Thunfisch und Limone; Cavatelli mit gemischten Pilzen und Salbei

Ricotta-Minz-Ravioli mit sahniger Limonensauce

***Teig:** 300 g Mehl • 3 große Eier • 1 1/2 EL Olivenöl (nach Wunsch) • Salz • **Füllung:** 350 g Ricotta • 2 Eigelb • 10 g frische Minze, feingehackt • 50 g Parmesan, gerieben • 1/4 TL Muskat • **Sauce:** 30 g Butter • 300 ml Sahne • Schale von 3 Limonen • 50 g Parmesan, gerieben • 10 g frische Minze, feingehackt*

Für 4–6 Personen

FÜR DEN TEIG Mehl auf eine Arbeitsfläche oder in eine große Schüssel geben und eine Mulde in die Mitte drücken. Eier in die Mulde geben und (nach Wunsch) Öl und eine große Prise Salz hinzufügen. Eier und Öl mit einer Gabel mischen und dabei von der Mitte nach außen ein wenig Mehl unterrühren. Teig auf eine leicht bemehlte Arbeitsfläche legen, durchkneten und dabei wiederholt drehen, bis er weich und geschmeidig, aber nicht trocken ist. Falls er klebt, noch etwas Mehl unterkneten. Mit einem Küchentuch oder einer umgedrehten Schüssel bedecken und 30 Minuten ruhen lassen.

DIE ZUTATEN der Füllung in einer Schüssel mischen. Die Hälfte des Teigs von Hand oder mit einer Nudelmaschine zu einem 52 x 22 cm großen Rechteck ausrollen, dann die Ränder auf 50 x 20 cm kürzen. Gehäufte Teelöffel der Füllung in 5 cm Abständen gleichmäßig auf dem Teig verteilen und in den Zwischenräumen Wasser verstreichen. Den übrigen Teig etwas größer ausrollen und über die mit der Füllung bedeckte Teigplatte legen. Den Teig entlang der Schnittstellen zwischen den Füllungen mit dem Finger andrücken und Luftblasen beseitigen. Mit einem Teigrädchen 5 cm große Quadrate ausschneiden. Portionsweise in einem großen Topf mit kochendem Wasser 3 Minuten garen, abgießen und gut abtropfen lassen.

FÜR DIE SAUCE Butter in einer kleinen Pfanne zerlassen. Sahne und Limonenschale zugeben, bei niedriger Temperatur 3 Minuten erwärmen, aber nicht kochen. Für einen intensiveren Geschmack 15 Minuten ziehen lassen. Kurz vor dem Servieren Limonenschale entfernen, Sauce leicht erhitzen, Parmesan und Minze zugeben und nach Geschmack würzen. Über die Ravioli verteilen und sofort servieren.

Krabben-Risoni-Bratlinge

Tatarensauce: *250 ml Mayonnaise • 2 kleine Gewürzgurken, feingehackt • 1 EL Kapern, gehackt • 1 EL gehackte frische Petersilie • 1 EL gefüllte grüne Oliven, gehackt •* ***Krabbenbratlinge:*** *½ Tasse Risoni • 170 g weißes Krabbenfleisch aus der Dose, abgetropft • 2 EL Mehl • 80 g frische Brotkrumen • 4 Frühlingszwiebeln, feingehackt • 1 EL Mayonnaise • 15 g frische Petersilie, gehackt • abgeriebene Schale von 1 Zitrone • 2 Eier, leicht verquirlt • Semmelbrösel für die Panade • Öl zum Braten • Zitronen- oder Limonenschnitze zum Servieren*
Ergibt 8 Bratlinge

FÜR DIE SAUCE alle Zutaten gründlich mischen und in den Kühlschrank stellen.

FÜR DIE KRABBENBRATLINGE Risoni in einem Topf *al dente* garen. Abgießen, abtropfen und abkühlen lassen. Krabbenfleisch mit der Hand ausdrücken. Risoni, Krabbenfleisch, Mehl, Brotkrumen, Frühlingszwiebeln, Mayonnaise, Petersilie und Zitronenschale in eine Schüssel geben. Eier unterrühren und 1 Stunde im Kühlschrank fest werden lassen. Mit feuchten Händen zu 8 runden Bratlingen von 7 cm Durchmesser formen. Kurz vor dem Braten in Semmelbröseln wälzen.

EINE PFANNE 1 cm hoch mit Öl füllen und die Bratlinge portionsweise bei mittlerer Hitze von beiden Seiten goldbraun braten. Nur einmal wenden. Auf Küchenpapier abtropfen lassen und heiß mit Sauce und Zitronen- oder Limonenschnitzen servieren.

Nudelkuchen mit Auberginen und Zucchini

120 g Penne • 375 g Aubergine, in 1 cm dicke Längsscheiben geschnitten • 250 g Zucchini, in 1 cm dicke Längsscheiben geschnitten • Olivenöl, zum Bestreichen • 60 g frisches Basilikum • 250 ml fertige Nudelsauce aus dem Glas • 75 g Mozarella, gerieben • 60 g Cheddar, gerieben • 50 g Parmesan, gerieben
Für 4–6 Personen

BACKOFEN auf 180 °C vorheizen. Eine 1,5 l fassende Auflaufform einfetten und Boden und Längsseiten mit 2 Lagen Backpapier so auslegen, daß sie auf jeder Seite 7 cm überstehen. Ein Backblech mit Alufolie auslegen.
NUDELN in einem Topf mit kochendem Wasser *al dente* garen. Abgießen, mit kaltem Wasser abschrecken und abtropfen lassen.
AUBERGINE und Zucchini mit Öl bestreichen und nebeneinander auf das Backblech legen. Unter dem Grill von beiden Seiten goldbraun rösten.
MIT 1/3 DER AUBERGINENSCHEIBEN den Boden der Auflaufform vollständig auslegen, gegebenenfalls überlappen lassen, um alle Lücken zu füllen. 1/3 der Zucchinischeiben darüber schichten und dann je 1/3 des Basilikums, der Nudeln und der Sauce darauf verteilen. Käsesorten mischen und 1/3 darüber streuen. Den Vorgang zweimal wiederholen, mit einer Käseschicht abschließen und alles fest in die Form drücken.
50 MINUTEN goldbraun backen. Nach 30 Minuten mit Alufolie bedecken, damit die Oberfläche nicht anbrennt.
1 Stunde ruhen lassen und mit Hilfe des Backpapiers aus der Form heben. Papier entfernen, den Kuchen in Stücke schneiden und heiß servieren.

Spaghetti mit karamelisierten Zwiebeln und Ziegenkäse

2 EL Olivenöl • 500 g rote Zwiebeln, halbiert und in dünne Ringe geschnitten • 1 EL brauner Zucker • 1 EL Balsamessig • 500 g frische Spaghetti • 150 g Ziegenkäse, zerbröckelt • 75 g Walnüsse, grobgehackt und leicht geröstet • 1 EL kleine Kapern • 2 EL feingehackter frischer Thymian
Für 4 Personen

ÖL in einer Pfanne erhitzen. Zwiebeln zugeben und unter häufigem Rühren 5 Minuten bei niedriger Hitze weich, aber nicht braun dünsten. Zucker und Essig zufügen und 20 Minuten weiterkochen, bis die Zwiebeln leicht karamelisiert und süß sind.
NUDELN in einem Topf mit kochendem Wasser *al dente* garen, abgießen und abtropfen lassen.
ZWIEBELMISCHUNG unter die Nudeln heben. Ziegenkäse, Walnüsse, Kapern und Thymian zugeben. Vorsichtig mischen, so daß der Käse krümelig bleibt. Sofort servieren.

Frühlingsfettuccine

250 g Kirschtomaten, halbiert • 1–2 EL Balsamessig • 1–2 EL Olivenöl • Salz und schwarzer Pfeffer • 185 g dicke Bohnen, tiefgefroren • 175 g Brokkoli, in kleine Röschen zerkleinert • 85 g Zuckerschoten, Enden abgeschnitten • 155 g Erbsen, tiefgefroren • 2 kleine Zucchini, in Scheiben geschnitten • 10 dünne Spargelstangen, in 5 cm lange Stücke geschnitten • 500 g frische Spinatfettuccine • 1 EL Olivenöl • 50 g Pinienkerne • 60 g Butter • 2 Knoblauchzehen, zerdrückt • 300 ml Sahne • 20 g frische Petersilie, gehackt • 10 g frisches Basilikum
Für 4–6 Personen

BACKOFEN auf 180 °C vorheizen. Ein Backblech mit Backpapier auslegen. Tomatenhälften auf das Blech legen, mit Balsamessig und Olivenöl beträufeln und mit Salz und Pfeffer würzen. 15 Minuten backen – die Tomaten sollten weich sein, aber noch nicht auseinanderfallen.
DICKE BOHNEN in einem Topf mit kochendem Wasser 2 Minuten blanchieren. Mit einem Schaumlöffel entfernen und in Eiswasser tauchen. Brokkoli, Zuckerschoten, Erbsen, Zucchini und Spargel 2 Minuten blanchieren. In Eiswasser tauchen und abgießen. Dicke Bohnen schälen.
NUDELN in einem Topf mit kochendem Wasser *al dente* garen. Abgießen, abtropfen lassen und beiseite stellen.
IM SELBEN TOPF Öl erhitzen. Pinienkerne goldbraun rösten. Gemüse unterrühren, damit es warm wird. Dann die Nudeln unter das warme Gemüse heben.
BUTTER in einer Pfanne erhitzen, Knoblauch zugeben und 30 Sekunden dünsten. Sahne und Petersilie zufügen, zum Kochen bringen und die Sauce bei niedriger Hitze 8 Minuten leicht eindicken lassen. Mit Salz und Pfeffer abschmecken.
DIE HEISSE SAHNEMISCHUNG unter Nudeln und Gemüse mischen. Auf einer vorgewärmten großen Servierplatte anrichten und geröstete Tomaten und Basilikumblätter obenauf verteilen.

Von links nach rechts: Nudelkuchen mit Auberginen und Zucchini; Spaghetti mit karamelisierten Zwiebeln und Ziegenkäse; Frühlingsfettuccine

Hühnercappelletti mit Tomaten-Oliven-Basilikum-Sauce

Sauce: *2 EL Olivenöl • 2 Frühlingszwiebeln, gehackt • 2 Knoblauchzehen, zerdrückt • 5 reife Tomaten, enthäutet, entkernt und kleingeschnitten • 125 ml Weißwein • 1 EL Tomatenmark • 1 TL feiner Zucker • 1/3 Tasse schwarze Oliven, entsteint und in Scheiben geschnitten • 15 g frisches Basilikum, gehackt •* ***Füllung:*** *375 g Hühnerfilet, gehackt • 30 g Prosciutto, gehackt • 1 Frühlingszwiebel, gehackt • 1 Eiweiß • 80 ml Sahne • 250 g Wan-Tan-Teigplatten • frisches Basilikum zum Garnieren • geriebener Parmesan zum Servieren*
Für 4–6 Personen

FÜR DIE SAUCE Öl in einer Pfanne erhitzen. Frühlingszwiebeln und Knoblauch bei mittlerer Hitze 2 Minuten dünsten, dann Tomaten, Wein, Tomatenmark und Zucker zufügen und 5 Minuten kochen. 125 ml Wasser zugießen und weitere 5 Minuten bei niedriger Hitze köcheln lassen. Oliven und Basilikum untermischen und warm halten.
FÜR DIE FÜLLUNG Hühnerfleisch, Prosciutto und Frühlingszwiebeln in der Küchenmaschine feinhacken. Eiweiß und Sahne zugeben und zu einer glatten Masse verrühren.
WAN-TAN-PLATTEN auf eine saubere Arbeitsfläche legen, Außenseiten mit Wasser bestreichen und einen gehäuften Teelöffel Hühnermischung in die Mitte geben. Zu einem Dreieck zusammenlegen und die Ränder fest andrücken. Die 2 kurzen Dreiecksseiten um einen Finger wickeln und mit Hilfe von etwas Wasser miteinander verbinden. Dann die Spitze zur gegenüber liegenden Seite falten. Auf ein mit Alufolie ausgelegtes Backblech legen und bedecken, während die anderen Cappelletti fertiggestellt werden.
CAPPELLETTI in 2–3 Portionen in einem Topf mit kochendem Wasser 3 Minuten garen, bis alle an der Oberfläche schwimmen. Unter die Sauce heben und mit Basilikum und Parmesan bestreuen.

Fadennudeln-Käse-Timballo

*50 g Butter, zerlassen • 50 g Semmelbrösel • 2 Knoblauchzehen, gehackt • 1 rote Zwiebel, gehackt • 2 Speckstreifen, feingehackt • 1 rote Paprika, feingehackt • 30 g frische Petersilie, gehackt • **Béchamelsauce:** 60 g Butter • 2 EL Mehl • 500 ml Milch • Muskat • Salz und weißer Pfeffer • 375 g Fadennudeln • 100 g Parmesan, gerieben • 125 g Gruyère oder Cheddar, gerieben*
Für 6–8 Personen

EINE SPRINGFORM (23 cm Durchmesser) großzügig mit Butter einfetten. Boden und Seiten der Form mit Semmelbröseln bestreuen. Restliche Semmelbrösel und Butter beiseite stellen. Backofen auf 200 °C vorheizen.
1 TL BUTTER in eine Pfanne geben und Knoblauch, Zwiebel, Speck und Paprika auf mittlerer Hitze 8 Minuten weich dünsten. Petersilie unterrühren.
FÜR DIE SAUCE Butter in einem Topf zerlassen. Mehl zugeben und 1 Minute kochen. Vom Herd nehmen, nach und nach Milch zugießen und glattrühren. Wieder auf den Herd stellen, zum Kochen bringen und eindicken lassen. 2 Minuten bei kleiner Hitze weiterkochen. Mit 1 Prise Muskat, Salz und Pfeffer würzen.
NUDELN in einem Topf mit kochendem Wasser *al dente* garen, abgießen und abtropfen lassen.
$^2/_3$ DER BÉCHAMELSAUCE unter die Nudeln mischen. $^2/_3$ der Nudeln in die Springform füllen, an Boden und Seiten festdrücken und eine Mulde in die Mitte formen.
RESTLICHE SAUCE mit der Zwiebelmischung und den verschiedenen Käsesorten mischen, in die Mulde füllen und mit den restlichen Nudeln bedecken. Nudeln mit der Hand festdrücken, mit restlichen Semmelbröseln bestreuen und zerlassener Butter beträufeln.
50 MINUTEN goldbraun backen. Falls die Oberseite zu braun wird, mit Alufolie abdecken. Vor dem Herausnehmen aus der Form 20 Minuten ruhen lassen. In Stücke schneiden und servieren.

Kartoffel-Knoblauch-Tortelli mit Paprika-Sauce

***Sauce:** 1 große rote Paprika, geviertelt • 1 EL Olivenöl • 1 kleine Zwiebel, halbiert • 2–3 Knoblauchzehen, zerdrückt • 1 TL feiner Zucker • 125 ml Wasser • 400 g geschälte Tomaten aus der Dose, kleingeschnitten • Salz und Pfeffer • **Tortelli:** 400 g mehlig kochende Kartoffeln, ungeschält, geviertelt • 2 Knoblauchzehen, zerdrückt • 3 Frühlingszwiebeln • 2 Eier, Eigelb und Eiweiß getrennt • 1/4 TL Muskat • 200 g Wan-Tan Teigplatten • 15 g frisches Basilikum*

Für 4–6 Personen

FÜR DIE SAUCE Paprika mit der Schnittseite nach unten unter einen heißen Grill legen, bis die Haut schwarz wird und Blasen wirft. 10 Minuten in einem Plastikbeutel abkühlen lassen, dann die Haut abziehen.

ÖL in einer Pfanne erhitzen und Zwiebel und Knoblauch bei schwacher Hitze 2–3 Minuten weich dünsten. Zucker, Tomaten und 125 ml Wasser zugeben. 15 Minuten bei schwacher Hitze köcheln lassen, vom Herd nehmen und die Zwiebelhälften entfernen. Sauce mit Paprikavierteln in der Küchenmaschine pürieren. Wieder in den Topf geben und 10 Minuten köcheln lassen. Mit Salz und Pfeffer abschmecken.

FÜR DIE TORTELLI die Kartoffelstücke 15 Minuten fast gar kochen. Abtropfen lassen und pellen, sobald sie leicht abgekühlt sind. Noch warm in einer Schüssel zerstampfen. Etwas abkühlen lassen, dann Knoblauch, Frühlingszwiebeln, Eigelbe und Muskat untermengen. Eiweiße in einer kleinen Schüssel beiseite stellen.

FÜR DIE TORTELLI eine Teigplatte auf eine saubere Arbeitsfläche legen. Mit einem Teigrädchen einen Kreis von 8 cm Durchmesser ausschneiden. Ränder mit Eiweiß bestreichen. Einen gehäuften TL der Kartoffelmischung auf den Teig setzen. In der Mitte zusammenklappen und Ränder fest andrücken, so daß keine Luftblasen bleiben. Auf ein mit Alufolie ausgelegtes Backblech legen. Mit einem sauberen Küchentuch bedecken, bis die restlichen Tortelli fertig sind.

IN 2–3 PORTIONEN in einem Topf mit kochendem Wasser 3–5 Minuten gar kochen. Mit einem Schaumlöffel herausnehmen und auf eine vorgewärmte Platte legen. Sauce erwärmen, Basilikumblätter zugeben und die Tortelli vorsichtig mit der Mischung bedecken.

Von links nach rechts: Kartoffel-Knoblauch-Tortelli mit Paprika-Sauce; Conchiglie mit Lammfleisch, Kichererbsen und Tomaten; Tagliatelle mit Spinat und Pinienkern-Pesto

Conchiglie mit Lammfleisch, Kichererbsen und Tomaten

3 EL Olivenöl • 2–3 Knoblauchzehen, gehackt • 1/2 kleine rote Chilischote, entkernt und feingehackt • 6 Frühlingszwiebeln, feingehackt • 1 kg reife Tomaten, enthäutet, entkernt und geschnitten • 80 ml Weißwein • 375 g Conchiglie • 4 Lammfilets • 300 g Kirchererbsen aus der Dose, abgespült und abgetropft • 2 EL grobgehackter frischer Rosmarin • 2 EL feingehackte frische Petersilie • 75 g Parmesan
Für 4 Personen

ÖL in einer Pfanne erhitzen und darin bei mittlerer Hitze Knoblauch, Chili und Frühlingszwiebeln 2–3 Minuten weich dünsten. Tomaten und Weißwein zufügen, 5 Minuten weiterkochen, bis die Masse sirupartig wird.
NUDELN in einem Topf mit kochendem Wasser *al dente* garen. Abgießen, abtropfen lassen und warm halten.
LAMMFILETS auf dem Holzkohlengrill braten und 10 Minuten ruhen lassen.
KICHERERBSEN, Rosmarin und Petersilie zur Tomatensauce geben und 2 Minuten erwärmen. Sauce unter die Nudeln heben und Parmesan unterrühren. Lammfilets in Stücke schneiden und unter die Nudeln mischen.

Tagliatelle mit Spinat und Pinienkern-Pesto

4 Speckstreifen • 2 hartgekochte Eier • 100 g geröstete Pinienkerne • 2 Knoblauchzehen • 160 ml Olivenöl • 3 EL Weißweinessig • 1 EL Dijonsenf • 500 g frische Tagliatelle • 125 g junger Spinat • 65 g Parmesan, gerieben • schwarzer Pfeffer
Für 4–6 Personen

SPECK knusprig braten, auf Küchenpapier abtropfen lassen und kleinschneiden. Beiseite legen. Eiweiße feinhacken und Eigelbe durch ein Sieb passieren. Zudecken und beiseite stellen.
2/3 DER PINIENKERNE zusammen mit Knoblauch in der Küchenmaschine fein hacken. Olivenöl in einem gleichmäßigen Strahl zugießen. Essig und Senf zugeben und glattrühren.
NUDELN in einem Topf mit kochendem Wasser *al dente* garen, abgießen und abtropfen lassen.
PINIENKERN-PESTO und Spinat zu den Nudeln geben und gut vermengen. 2/3 des Specks und 2/3 des Parmesans zugeben und mischen.
AUF EINEM SERVIERTELLER anrichten und mit restlichen Speck, Pinienkernen, Parmesan und Ei bestreuen. Reichlich mit schwarzem Pfeffer würzen und sofort servieren.

Gemüselasagne

2 Auberginen, in 1,5 cm dicke Längsscheiben geschnitten • 160 ml Olivenöl • 2 kg reife Tomaten, in 1,5 cm dicke Scheiben geschnitten • Balsamessig • 1 TL feiner Zucker • 1 EL feingehackter frischer Thymian • 4 große rote Paprika • 1 mittelgroße Zwiebel, feingehackt • 500 g Champignons, in Scheiben geschnitten • 5 Knoblauchzehen • 500 g weicher Ricotta • 250 g Ziegenkäse • 250 g tiefgefrorener Spinat, aufgetaut und Flüssigkeit ausgedrückt • 15 g frisches Basilikum, feingehackt • 50 g geröstete Pinienkerne • Salz • 150 g Parmesan, gerieben • 2 Eier, leicht verquirlt • 375 g frische Lasagneplatten • 525 g Mozarella, gerieben

Für 6–8 Personen

BACKOFEN auf 200 °C vorheizen. Eine Auflaufform (37 x 25 x 7 cm) einfetten.

JEDE AUBERGINENSCHEIBE mit Öl bestreichen. Unter einem Grill von beiden Seiten goldbraun backen. Auf Küchenpapier gut abtropfen lassen.

2 BACKBLECHE mit Olivenöl bestreichen und die Tomaten nebeneinander darauflegen. Öl und Balsamessig darüber träufeln und mit Zucker und der Hälfte des Thymians bestreuen. Nach Belieben würzen und 1 Stunde backen. Aus dem Backofen nehmen und Temperatur auf 190 °C reduzieren.

PAPRIKA halbieren und mit der Schnittseite nach unten unter einen heißen Grill legen, bis die Haut schwarz wird und Blasen wirft. In einem Plastikbeutel abkühlen lassen. Haut abziehen und Fruchtfleisch in 3 cm breite Streifen schneiden. 1 EL ÖL in einer Pfanne auf mittlere Hitze bringen, Zwiebel darin weich dünsten und herausnehmen. Champignons bei starker Hitze in 1 1/2 EL Öl 10 Minuten dünsten, bis die Flüssigkeit zum Großteil verkocht ist. 2 zerdrückte Knoblauchzehen, restlichen Thymian und 1 Prise Salz zugeben. Gut miteinander mischen.

RICOTTA und Ziegenkäse zusammen mit Spinat, Zwiebel, Basilikum, Pinienkernen, 100 g Parmesan, 3 zerdrückten Knoblauchzehen und Eiern in eine Schüssel geben. Würzen und sorgfältig mischen.

BODEN der Auflaufform mit einer Lage Lasagneplatten bedecken. Mit 75 g Mozarella bestreuen und die Hälfte der Tomatenscheiben und Auberginen in je einer Schicht auflegen. Die halbe Ricottamischung gleichmäßig über den Auberginen verteilen. Mit einer Lage Lasagneplatten belegen, mit 75 g Mozarella bestreuen, darauf erst Champignons und dann Paprika verteilen. Die restliche Ricottamischung verstreichen und mit der letzten Lage Tomaten und Lasagne abschließen. 375 g Mozarella mit 50 g Parmesan mischen und über die Nudeln streuen. 45–60 Minuten backen, bis der Käse geschmolzen und goldbraun ist. Aus dem Ofen nehmen, abdecken, 15 Minuten ruhen lassen und dann servieren.

Spaghetti in Papiertasche

6 Eiertomaten, längs geviertelt • ca. 10 Basilikumblätter • 2 TL Balsamessig • 2 TL Olivenöl • Salz und frisch gemahlener schwarzer Pfeffer • 190 g Spaghetti • 180 ml fertige Nudelsauce aus dem Glas • 9 schwarze Oliven, entsteint und gehackt • 2 EL feingehackte frische glattblättrige Petersilie • 6 Spargelstangen, Enden abgeschnitten • 240 g Fontina oder Cheddar, in 6 Scheiben geschnitten • 3 Scheiben Prosciutto, halbiert • 25 g Sardellenfilets aus der Dose, abgetropft • 6 frische glattblättrige Petersilienzweige

Ergibt 6 Taschen

BACKOFEN auf 180 °C vorheizen. Ein großes Backblech mit Backpapier auslegen. Tomaten nebeneinander auf das Blech legen, mit Basilikum bestreuen und mit Essig und Öl beträufeln. Salzen und pfeffern. 30 Minuten backen und aus dem Ofen nehmen. Backofentemperatur auf 200 °C erhöhen.

NUDELN in einem Topf mit kochendem Wasser *al dente* garen, abgießen und abtropfen lassen. Sauce, Oliven und Petersilie unter die Nudeln heben. Jede Spargelstange in 4 Stücke schneiden und in kochendem Wasser blanchieren. Schnell unter kaltem Wasser abschrecken und abtropfen lassen.

FÜR DIE TASCHEN Backpapier in 6 Quadrate von 30 x 30 cm Größe zuschneiden und die Ränder mit Öl bestreichen. Auf jedem Papier 4 Tomatenscheiben und etwas Basilikum arrangieren. Spaghetti in 6 Portionen teilen, um eine Gabel wickeln und auf die Tomaten legen.

JEWEILS 4 STÜCKE SPARGEL in ein Viereck legen und eine Käsescheibe, Prosciutto, Sardellenfilet und Petersilienzweig obenauf schichten. Zu einer Tasche zusammenfalten und die Papierenden unterstecken. 15 Minuten backen. Taschen aufschneiden oder -reißen und im Papier servieren.

Grießgnocchi mit Kräutern

560 ml Milch • 250 ml Wasser • 1 Tasse Grieß • 1 Eigelb • 2 EL gehackte frische Kräuter (Petersilie, Basilikum und Schnittlauch) • 75 g Parmesan, gerieben • Muskat • 125 g Fontina oder Gruyère, feingewürfelt • 50 g geriebener Parmesan, zusätzlich • 160 ml Sahne • gehacktes frisches Basilikum zum Garnieren

Für 4–6 Personen

BACKOFEN auf 200 °C vorheizen. Eine Springform (Durchmesser 23 cm, Höhe 5 cm) einfetten.

FÜR DIE GNOCCHI Milch und Wasser in einem Topf zum Kochen bringen. Grieß hineinrieseln lassen, dabei ständig rühren, damit keine Klumpen entstehen. 15 Minuten unter ständigem Rühren kochen, bis sich die Mischung von den Topfwänden löst und eine Kugel bildet.

VOM HERD NEHMEN und schnell Eigelb, Kräuter, Parmesan und 1 Prise Muskat einrühren. Würzen. Zum Formen der Gnocchi einen Löffel der Mischung zwischen 2 Löffeln hin und herwandern lassen, bis eine glatte, ovale Form entsteht. Mit dem leeren, angefeuchteten Löffel die Gnocchi vom anderen Löffel lösen und auf einem Teller schräg gegeneinander lehnen.

FONTINA bzw. Gruyère über die Gnocchi verteilen, mit Parmesan bestreuen und Sahne gleichmäßig über die Oberfläche gießen.

20 MINUTEN goldbraun backen. Mit Basilikum garniert servieren.

Farfalle mit geräuchertem Lachs

50 g Butter • 1 Lauchstange, in dünne Ringe geschnitten • 1 Selleriestange, in dünne Scheiben geschnitten • 2 Knoblauchzehen, zerdrückt • 1 EL Weinbrand • 1 EL Kapern, gehackt • abgeriebene Schale von 1 Zitrone • 500 g Farfalle • 300 ml Sahne • 200 g geräucherter Lachs, in dünne Streifen geschnitten • 2 EL gehackter frischer Dill • Dillzweige zum Garnieren
Für 4–6 Personen

BUTTER in einer Pfanne erhitzen. Lauch, Sellerie und Knoblauch zugeben und bei mittlerer Hitze 7 Minuten weich garen. Weinbrand, Kapern und Zitronenschale zugeben und weitere 2 Minuten dünsten.
NUDELN in einem Topf mit kochendem Wasser *al dente* garen, abgießen und abtropfen lassen.
SAHNE zur Lauchmischung geben und 5 Minuten kochen. Lachsstreifen und Dill zugeben. Nach Geschmack würzen. Sauce unter die Nudeln heben, mit Dillzweigen garnieren und sofort servieren.

Gebackene Tomaten mit Nudelfüllung

140 g Ditalini (kurze Röhrennudeln) • 8 große reife Tomaten • 3 EL Olivenöl • 8 Basilikumblätter • 2 Knoblauchzehen, zerdrückt • 6 Frühlingszwiebeln, feingehackt • 125 ml fertige Nudelsauce aus dem Glas • 1–2 Sardellenfilets, gehackt • 1 EL Kapern, gehackt • 2 EL gehackte frische Minze • 75 g Mozzarella, gerieben • 50 g Parmesan, gerieben
Ergibt 8 Stück

NUDELN in einem Topf mit kochendem Wasser *al dente* garen. Abgießen, unter fließendem kaltem Wasser abschrecken und abtropfen lassen.
BACKOFEN auf 180 °C vorheizen.
VON JEDER TOMATE einen Deckel abschneiden und beiseite legen. Mit einem Teelöffel Fleisch und Kerne entfernen. Fruchtfleisch würfeln und in eine Schüssel geben. Tomaten leicht mit Öl bestreichen, auf ein eingefettetes Backblech legen und jeweils ein Basilikumblatt obenauf legen.
2 EL ÖL in einer Pfanne erhitzen und Knoblauch und Frühlingszwiebeln bei mittlerer Hitze 2 Minuten dünsten. Tomatenfleisch, Pastasauce, Sardellenfilets, Kapern und Minze zugeben und in weiteren 2 Minuten die Masse eindicken lassen. Mit Nudeln, Mozzarella und Parmesan mischen. Nach Geschmack würzen.
MISCHUNG in die Tomaten füllen und mit den Deckeln verschließen. 35–40 Minuten backen. Warm oder bei Raumtemperatur servieren.

Von links nach rechts: Grießgnocchi mit Kräutern; Farfalle mit geräuchertem Lachs; Backtomaten mit Nudelfüllung

Überbackene Rigatone mit Meeresfrüchten und Paprika

2 EL Olivenöl • 2 Knoblauchzehen, zerdrückt • 1 rote Paprika, gewürfelt • 1 gelbe Paprika, gewürfelt • 1 grüne Paprika, gewürfelt • 130 g bzw. 30 Millerighi ciociari (breite Rigatone) • 425 g Lachsfilets • 300 g rohe Riesengarnelen, geschält und ohne Darm • 160 ml Sahne • 2–3 EL gehackter frischer Dill • Salz und schwarzer Pfeffer • 100 g Fontina oder Cheddar, gewürfelt • 250 ml Sahne • 2 Eigelb • 1 EL feingehackte frische Petersilie • 25 g Parmesan, gerieben

Für 4–6 Personen

BACKOFEN auf 190 °C vorheizen. Eine tiefe feuerfeste Form (30 cm Durchmesser) einfetten.

ÖL in einer Pfanne erhitzen. Knoblauch und Paprika zugeben und bei schwacher Hitze 10 Minuten weich dünsten. Auf dem Boden der Form verteilen.

NUDELN in einem Topf mit kochendem Wasser gerade weich garen. Abgießen, mit kaltem Wasser abschrecken und abtropfen lassen (ein paar zusätzliche Nudeln kochen, falls einige beim Füllen brechen sollten). Auf ein sauberes Küchentuch legen.

HAUT und Gräten vom Lachs entfernen und grob hacken. Mit Garnelen, Sahne und Dill in die Küchenmaschine geben, mit reichlich Salz und Pfeffer würzen und fein pürieren.

MIT NASSEN HÄNDEN oder einem Spritzbeutel die Nudelröhren mit der Mischung aus Meeresfrüchten füllen. In einer Lage schräg über die Paprika legen.

GEWÜRFELTEN KÄSE über den Nudeln verteilen. Sahne mit Eigelb und Petersilie vermischen und über die Nudeln gießen. 15 Minuten backen, mit Parmesan bestreuen und weitere 15–20 Minuten backen oder bis der Auflauf goldbraun wird und Blasen wirft. Sofort servieren.

Moschuskürbis mit Lauch und Risoni

1,25 l Hühnerbrühe • 60 g Butter • 1 Lauchstange, in dünne Ringe geschnitten • 2 Knoblauchzehen, gehackt • 700 g Moschuskürbis geschält, entkernt und in 1 cm dicke Würfel geschnitten • ½ TL Muskat • 500 g Risoni • 15 g frische Petersilie, gehackt • 50 g Parmesan, gerieben • Salz und schwarzer Pfeffer
Für 4–6 Personen

HÜHNERBRÜHE in einen großen Topf füllen, erhitzen, aber nicht zum Kochen bringen.
BUTTER in einer Pfanne zerlassen. Lauch und Knoblauch bei schwacher Hitze 4–5 Minuten weich, aber nicht braun dünsten.
MOSCHUSKÜRBIS, Muskat und 250 ml heiße Brühe zugeben. Deckel aufsetzen und bei schwacher Hitze 8 Minuten weich kochen.
RISONI und 875 ml heiße Brühe zugeben. Ohne Deckel bei mittlerer Hitze 10–12 Minuten kochen, bis die Nudeln gar sind. Dabei oft rühren, ohne die Kürbiswürfel zu beschädigen. Nach Bedarf die restliche Brühe zugeben.
VOM HERD nehmen, Deckel aufsetzen und 5 Minuten ruhen lassen. Dann Petersilie und Parmesan unterrühren. Mit reichlich Salz und Pfeffer würzen und sofort servieren.

GEFLÜGEL FÜR JEDE GELEGENHEIT

Mit Geflügel liegen Sie zu jedem Anlaß richtig. Ob als schnelles Gericht oder als Feinschmeckermenü, mal klassisch, mal exotisch – Hühnerfleisch läßt sich vielfältig zubereiten. Außerdem erfahren Sie, wie man Geflügel richtig vorbereitet, tranchiert und aufbewahrt.

RUND UMS HÄHNCHEN

Vor nicht allzu langer Zeit war ein Hähnchen noch ein Festmahl, das meist gebraten oder gegrillt zu besonderen Gelegenheiten serviert wurde. Heute wird Hühnerfleisch in den unterschiedlichsten Gerichten als Alternative zu Fisch und Fleisch verwendet und hat in der modernen Küche längst seinen Platz als Eiweißspender und unverzichtbarer Bestandteil einer ausgewogenen und gesunden Ernährung gefunden.

TIPS FÜR DEN EINKAUF

Hühnerfleisch ist entweder frisch oder tiefgefroren zu bekommen, wobei frisches Huhn generell besser schmeckt als tiefgefrorenes. Das Fleisch von Hühnern aus Freilandhaltung und solchen, die mit Getreide gefüttert wurden (zu erkennen an der buttergelben Farbe von Haut und Fleisch), ist fester und schmackhafter.

Man kann ganze Brat- oder Suppenhühner kaufen, deren Gewicht auf der Packung angegeben ist. Hühner von etwa 1,5 kg Gewicht ergeben eine Mahlzeit für bis zu 4 Personen, größere Vögel reichen für 4–6 Personen.

Geflügelteile sind in Form von Brustfleisch mit Knochen oder Brustfilets erhältlich (beides entweder einzeln oder paarweise), als Filetstreifen, Schenkel und Keulen (getrennt oder zusammenhängend), Medaillons, Schenkelfilets und Flügel. Beim Metzger oder Geflügelhändler sind ganze Vögel in ausgebeinter Form ohne Knochen erhältlich, die sich füllen oder im Teigmantel backen lassen.

Beim Geflügelkauf sollten Sie darauf achten, daß das Fleisch eine leicht rosige Färbung hat und nicht zu trocken ist. Tiefgefrorenes Geflügel sollte fest und luftdicht verpackt sein. Sehr wichtig sind der Transport und die Aufbewahrung von Geflügel: Sie sollten es erst am Schluß des Einkaufs besorgen, damit es so lange wie möglich gekühlt bleibt. An warmen Tagen empfiehlt es sich, eine Kühltasche mitzunehmen, um das Geflügel darin zu transportieren.

Aber auch an kühleren Tagen ist der Innenraum eines Autos schon warm genug, um ein gefährliches Bakterienwachstum zu begünstigen, das im schlimmsten Fall zu einer Lebensmittelvergiftung führen kann.

Es ist wichtig, Geflügel korrekt zu transportieren und aufzubewahren, um Salmonellenbefall vorzubeugen, der eine Lebensmittelvergiftung auslösen kann.

ZUBEREITUNG

Bevor Sie mit der Zubereitung beginnen, befreien Sie das Fleisch von den dickeren Fettschichten und Sehnen.

Unter Umständen kann die Haut von einzelnen Hühnerteilen entfernt werden, um den Fettgehalt zu reduzieren, da das Fett in einer Schicht dicht unter der Haut sitzt. Allerdings wird das Fleisch zarter und aromatischer, wenn man die Haut beim Kochen unversehrt läßt.

Wenn Sie ein ganzes Huhn zum Backen oder Grillen vorbereiten, erst das Nackenstück und die Innereien aus der Brusthöhle entfernen (die Innereien sind manchmal in einem Plastikbeutel beigelegt und müssen unter allen Umständen entfernt werden!) und alles Fett wegschneiden – dazu eignet sich eine Geflügelschere am besten.

Fett und Sehnen mit einer Geflügelschere entfernen.

Aufbewahrung

Zur Aufbewahrung von rohem Hühnerfleisch zunächst die Originalverpackung entfernen und den Saft abgießen. Dann das Huhn in Klarsichtfolie oder einen Gefrierbeutel wickeln und auf einen großen Teller legen, um die Fleischsäfte aufzufangen. Nie ungekochtes Geflügelfleisch mit anderen Lebensmitteln in Kontakt kommen lassen, um Verunreinigungen zu vermeiden. Rohes Hühnerfleisch kann im Kühlschrank maximal 2 Tage aufbewahrt werden. Wenn Sie Hühnerfleisch einfrieren wollen, packen Sie es in einen Gefrierbeutel und achten Sie darauf, daß keine Luft mehr darin bleibt. Verschließen Sie den Beutel gut und beschriften Sie ihn mit Inhalt und Datum. Am besten frieren Sie es in kleineren Portionen ein, je nachdem für wieviele Personen es benötigt wird. Das Huhn auf einer Platte im Kühlschrank auftauen lassen; rechnen Sie dafür ca. 3 Stunden pro 500 g. Kleine Hühnerfleischportionen können in der Mikrowelle aufgetaut werden, das ist für ganze Hühner aber nicht empfehlenswert, die darin ungleichmäßig auftauen. Geflügelfleisch sollte innerhalb der ersten 12 Stunden nach dem Auftauen gekocht werden. Niemals bei Zimmertemperatur auftauen lassen, weil Bakterien in warmen Temperaturen gut gedeihen. Aus dem gleichen Grund darf Geflügel niemals im Wasser aufgetaut werden. Auch darf aufgetautes Geflügel auf keinen Falls zum zweiten Mal eingefroren werden. Gekochtes Hühnerfleisch kann – gut verpackt – im Kühlschrank bis zu 3 Tagen aufbewahrt werden. Um das bakterielle Risiko zu vermeiden, sollte auch gekochtes Geflügelfleisch nicht länger als 1 Stunde bei Zimmertemperatur stehen. Gekochte Geflügelgerichte wie zum Beispiel Eintöpfe können in luftdichten Behältern oder Gefrierbeuteln bis zu 2 Monaten eingefroren bleiben. Das fertige Gericht vor dem Einfrieren erst im Kühlschrank ganz abkühlen lassen.

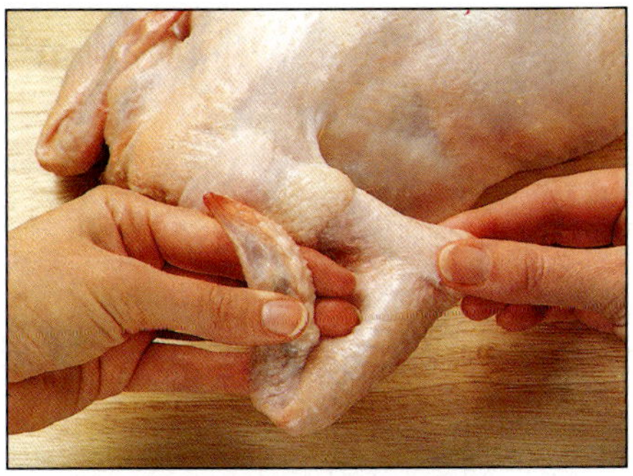

Flügel hinter den Körper biegen.

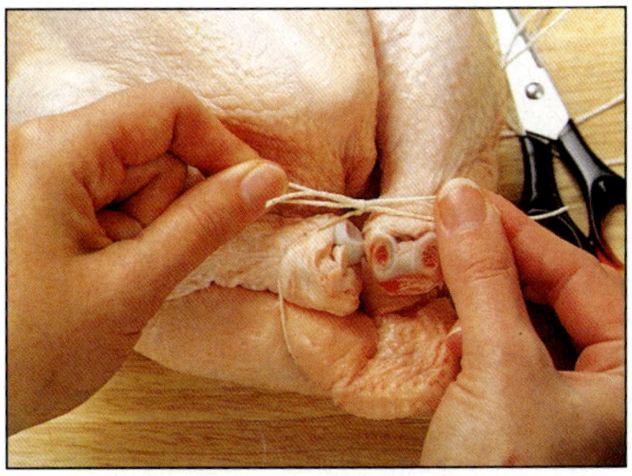

Keulen mit einen Faden zusammenbinden.

Wenn Sie gefülltes Huhn zubereiten, füllen Sie das Huhn erst, kurz bevor Sie es in den Backofen schieben. Die Höhlung verschließen Sie mit einem Zahnstocher oder einem Spieß – es ist jedoch nicht unbedingt nötig, die Öffnung komplett zu verschnüren. Es genügt, lediglich die Flügel hinter den Körper zu biegen und die Keulen mit einem Faden zusammenzubinden.

Mit einem Spieß in den Schenkel stechen. Herausrinnender Saft muß klar bleiben.

Zur Überprüfung des Garzustands mit einem Spieß in den dicksten Teil der Schenkel stechen. Wenn der herausrinnende Saft klar bleibt, ist das Huhn gar; wenn der Saft rosa ist, muß es noch länger garen; wiederholen Sie den Test nach ca. 10 Minuten. Die Garzeiten können bei unterschiedlichen Herden variieren.

Wenn das Huhn gar ist, nehmen Sie es aus dem Backofen, decken Sie es mit Alufolie ab und lassen Sie es vor dem Aufschneiden 10 Minuten ruhen.

An größeren Teilen wie Schenkel oder Keulen sollte überprüft werden, ob das Fleisch richtig gar ist, bevor es serviert wird, denn halbgares Fleisch ist nicht nur unappetitlich, sondern kann auch gesundheitsschädlich sein.

Immer gründlich die Hände waschen, nachdem das rohe Geflügel zubereitet worden ist, und auch alle Arbeitsgeräte wie Schneidebretter oder Messer mit heißem Seifenwasser abwaschen, bevor sie wieder mit anderen Lebensmitteln in Kontakt kommen.

Brat- und Grillhähnchen

Fertig zubereitete Brat- und Grillhähnchen gibt es in vielen Supermärkten oder Fachgeschäften. Sie eignen sich hervorragend für eine schnell zubereitete Mahlzeit. Das Brathähnchen nicht zu lange in der Klarsichtfolie lassen. Da Brathähnchen meist auch halb oder in Vierteln zu bekommen sind, am besten nur die Portion kaufen, die direkt verbraucht wird, da das Brathähnchen unmittelbar nach dem Kauf am frischesten und leckersten ist.

Das Brathähnchen längs aufschneiden und das Fleisch von den Knochen ziehen.

Brathähnchenfleisch mit den Händen oder einem Messer zerkleinern.

Räucherhähnchen

Räucherhähnchen ist im ganzen Stück oder in Teilen erhältlich. Das Fleisch ist hell rosafarben und ein wenig salzig. Bei ganzen Vögeln findet sich normalerweise ein Verfallsdatum auf der Verpackung – vor dem Kauf prüfen. Einzelne Stücke innerhalb von wenigen Tagen verbrauchen und bis dahin abgedeckt im Kühlschrank aufbewahren. Für Salate, Sandwiches oder Fleischplatten in Scheiben schneiden. Für Pasta-Gerichte und Ragouts zerkleinern.

Räucherhähnchenscheiben schmecken hervorragend als Brotbelag.

HÜHNERTEILE

Die hier abgebildeten Teile zeigen, wie vielseitig und ökonomisch das Huhn ist – jedes seiner Teile kann zum Kochen verwendet werden. Ganze Hühner werden traditionellerweise als Brathuhn zubereitet, während die einzelnen Teile auf viele Arten verwendet werden: angefangen bei einfachen Grillgerichten über Ragouts bis hin zu exotischeren Gerichten. Hühnerfleisch kann auch in Pasteten oder Fleischbällchen verarbeitet werden. Hühnerleber ist die Basis von Pasteten und Terrinen, während die Knochen für Brühe verwendet werden können.

Flügel
Keulen
Schenkel mit Keulen
Püriertes Hühnerfleisch
Filetspitzen
Brust am Knochen
Hühnerleber

Backhähnchen mit Schinkenspeck

1 mittelgroßes Hähnchen (1,5 kg) • 2 große frische Rosmarinzweige • 2 Knoblauchzehen, geschält • 15 g Butter, zerlassen • 4 dicke Scheiben Schinkenspeck ohne Rand • 1 EL Öl • 125 ml Hühnerbrühe • frische Rosmarinzweige, zusätzlich
Für 4 Personen

HÄHNCHEN von überschüssigem Fett befreien und gründlich mit einem Küchentuch reinigen. Das vorbereitete Huhn mit Rosmarinzweigen, Knoblauch und Butter füllen. Backofen auf 180 °C vorheizen.

SCHINKENSPECKSCHEIBEN überkreuz über die Brust legen. Schinkenspeck an mehreren Stellen mit Spießen oder Zahnstochern feststecken.

HÄHNCHEN auf ein Backblech legen und einfetten. 1 1/2 Stunden backen; dabei mehrmals mit Brühe einstreichen. Falls nötig, das Hähnchen mit Alufolie abdecken, damit der Schinkenspeck nicht anbrennt. Lassen Sie das Huhn 15 Minuten stehen, bevor Sie es zerlegen. Zahnstocher entfernen und mit Rosmarinzweigen garnieren.

Fritierte Hühnerkeulen

12 Hühnerkeulen (ca. 1,3 kg) • 10 g Cornflakes, fein zerkleinert • 150 g Mehl • 2 EL Instantpulver für Hühnerbrühe • 1 TL Selleriesalz • 1 TL Zwiebelsalz • $^1/_2$ TL Knoblauchpulver • $^1/_2$ TL gemahlener weißer Pfeffer • Öl zum Fritieren

Für 6 Personen

HÜHNERKEULEN in einen großen Topf mit kochendem Wasser geben, Temperatur herunterschalten und ohne Deckel – ca. 8 Minuten köcheln lassen, bis das Huhn fast gar ist. Keulen mit einer Küchenzange herausheben und abtropfen lassen.
In einer mittelgroßen Schüssel Cornflakes, Mehl (gesiebt), Instantpulver, Selleriesalz, Zwiebelsalz, Knoblauchpulver und weißen Pfeffer vermengen.
KEULEN in einer großen Schüssel mit kaltem Wasser bedecken. Die feuchten Keulen einzeln in der gewürzten Mehlmischung wälzen und überschüssiges Mehl abschütteln.
ÖL in einer tiefen, gußeisernen Pfanne erhitzen. Keulen – mehrere auf einmal – vorsichtig in das nicht zu heiße Fett hineingeben. Die Keulen bei mittlerer Hitze 8 Minuten fritieren, bis sie goldbraun und gar sind. Dann mit einer Zange oder einem Löffel aus dem Öl heben. Öl auf Küchenpapier abtropfen lassen und Keulen warm stellen. Diesen Vorgang wiederholen, bis alle Keulen fritiert sind. Heiß mit Salat servieren.
GELBE STRAUCHTOMATEN stellen eine schöne farbliche Ergänzung zum Salat dar.

Hühnerleberpastete

125 g Butter • 1 große Zwiebel, kleingehackt • 2 Knoblauchzehen, zerdrückt • 2 dicke Scheiben Schinkenspeck ohne Kruste, kleingehackt • 250 g Hühnerleber, zerkleinert • 1/4 TL getrockneter Thymian • frisch gemahlener schwarzer Pfeffer • 2 EL saure Sahne • 1 EL Weinbrand • ***Überzug:*** *60 g Butter, zerlassen • 2 EL feingehackter frischer Schnittlauch*

Für 4–6 Personen als Vorspeise oder erster Gang

Butter in einer Fritierpfanne zerlassen. Zwiebeln, Knoblauch und Schinkenspeck dazugeben. Schmoren, bis die Zwiebeln weich sind und der Schinkenspeck gar ist.
Hühnerleber dazugeben und 5–10 Minuten kochen lassen, dabei gelegentlich umrühren. Vom Herd nehmen und die fehlenden Zutaten einrühren. Langsam abkühlen lassen, dann die Mischung in einen Mixer geben, bis eine weiche Masse entsteht. In die Schälchen füllen, in denen es serviert werden soll.
Für den Überzug zerlassene Butter über die Pastete geben. Mit Schnittlauch bestreuen. Über Nacht im Kühlschrank stehen lassen. Mit Crackern, Toast oder geröstetem Weißbrot servieren.
Hinweis: Die Pastete bleibt im Kühlschrank mit Klarsichtfolie bedeckt bis zu 1 Woche frisch.

Gegrillter Hähnchen-Burger

1 kg Hähnchenfleisch, püriert • 1 kleine Zwiebel, feingehackt • 2 TL abgeriebene Schale einer unbehandelten Zitrone • 2 EL saure Sahne • 125 g frische Semmelbrösel • 6 Brötchen • Salatblätter, zerkleinert• 1 große Tomate, in Scheiben geschnitten • 125 g Mayonnaise
Für 6 Personen

GRILL vorheizen. Püriertes Hähnchenfleisch in eine Rührschüssel geben.
ZWIEBELN, Zitronenschale, saure Sahne und Semmelbrösel zugeben. Mit den Händen gut vermengen. Die Masse in 6 gleich große Portionen aufteilen und zu Frikadellen formen.
FRIKADELLEN auf den heißen, leicht eingefetteten Grill legen. Von jeder Seite 7 Minuten grillen, einmal wenden. Brötchen halbieren und evtl. buttern. Brötchenboden mit Salatblättern, Frikadelle, Tomatenscheibe und Mayonnaise belegen. Brötchenoberseite obenauf legen.

Hähnchensalat

1 fertig gebratenes Hähnchen • 1 Eichblatt- oder Frisée-Salat • 1/2 Gurke, in dünne Scheiben geschnitten • 1 Selleriestange, in 1 cm dicke Ringe geschnitten • 3 Frühlingszwiebeln, feingehackt • 1 Avocado • 2 Pfirsiche oder Nektarinen • 60 g Mayonnaise • 60 ml Vollmilchjoghurt • 1 EL French Dressing • 40 g Pekannüsse oder Walnüsse, gehackt

Für 4 Personen

HÄHNCHEN in gleich große Teile schneiden, Haut unversehrt lassen. Knochen entfernen. Salat gründlich waschen und abtrocknen, dann in mundgerechte Stücke zerkleinern und auf einem großen, flachen Teller anordnen. Hähnchenteile über dem Salat verteilen.

GURKENSTÜCKE, Sellerie und Zwiebeln darüber streuen. Direkt vor dem Servieren die Avocado in schmale Streifen schneiden, Pfirsiche oder Nektarinen vierteln und über Hähnchen und Gemüse verteilen.

IN EINER KLEINEN SCHÜSSEL Mayonnaise, Joghurt und Dressing verrühren. Über den Salat träufeln. Mit Nüssen garnieren und sofort servieren.

HINWEIS: Jedes Obst der Saison kann verwendet werden, zum Beispiel geschnittene Orangen, Weintrauben oder Mangos.

Hähnchensandwich

1/2 fertig gebratenes Hähnchen • 60 g Mayonnaise • 1 TL grobkörniger Senf • 2 dicke Scheiben Schinkenspeck ohne Rand • 6 Scheiben Vollkorn- oder Roggenbrot, getoastet und gebuttert • 2 große Stücke Paprika, abgetropft und in Streifen geschnitten • 40 g Hüttenkäse • 2 Essiggurken, in Scheiben geschnitten • 1 große eingelegte Tomate, in Scheiben geschnitten • 30 g Salatblätter, zerkleinert
Für 2 Personen

Haut und Knochen vom Hähnchen entfernen. Das Fleisch in mundgerechte Stücke teilen. Huhn, Mayonnaise und Senf in einer kleinen Schüssel vermengen. Schinkenspeck braten und auf Küchenpapier abtropfen lassen.

Hähnchenmischung auf 2 Toastscheiben verteilen. Schinkenspeck und eine Schicht mit Paprika auf das Huhn legen.

Mit einer zweiten Toastscheibe abdecken, diese mit Hüttenkäse, einer Schicht Essiggurken, Tomatenscheiben und Salatblättern belegen. Darauf die letzte Scheibe Toast legen.

In die Sandwiches 4 Cocktailspießchen – evtl. gespalten – stecken. Das Sandwich vorsichtig zwischen den Spießchen in Viertel teilen.

HÄHNCHEN FÜR UNTERWEGS

Hähnchen-Nudel-Salat

Haut und Knochen von einem halben Brathähnchen entfernen. Das Fleisch in mundgerechte Stücke zerteilen. 250 g Gnocchi-Nudeln weich kochen, dann abtropfen lassen und unter Wasser halten, bis sie abgekühlt sind. 1 EL Olivenöl dazugeben und untermischen. 4 Scheiben Schinken kleinschneiden und 40 g Pinienkerne in einer Pfanne anrösten. Hähnchenfleisch, Nudeln, Schinken und Pinienkerne mit ca. 15 schwarzen Oliven zusammen in eine Schüssel geben, ein Schälchen halbierte Cocktailtomaten und 125 ml Pestosauce dazugeben.
Für 4 Personen

Hähnchen-Nachos

Backofen auf 180 °C vorwärmen. Haut und Knochen von einem halben, fertig gebratenen Hähnchen entfernen. Das Fleisch in mundgerechte Stücke zerkleinern. 150 g Mais-Chips auf dem Boden einer flachen feuerfesten Schüssel verteilen. Darüber den Inhalt einer Dose gebackener Bohnen schichten. Hähnchen und fein geschnittene rote Paprikastreifen über die Bohnen verteilen. Darüber 200 ml Tacosauce schöpfen und 125 g geriebenen Cheddar streuen.
20 Minuten im Backofen backen, bis der Käse geschmolzen ist. Nach Wunsch mit Häubchen aus saurer Sahne servieren.
Für 4 Personen

Unten, von links nach rechts: Hähnchen-Nudel-Salat; Hähnchen-Nachos; Hähnchen-Omelett; Hähnchen-Tacos

Hähnchen-Omelett

Haut und Knochen von einem halben gebratenen Hähnchen entfernen. Das Fleisch in kleine Teile schneiden. 3 mittelgroße Kartoffeln weich kochen. Abkühlen lassen und in Würfel oder Streifen schneiden. Eine kleine rote Zwiebel, eine Zucchini und eine halbe rote Paprika klein hacken. 2 EL Olivenöl in einer großen gußeisernen Pfanne erhitzen und Zwiebeln, Zucchini, Paprika und 2 zerdrückte Knoblauchzehen dazugeben. Auf kleiner Flamme 5 Minuten köcheln lassen, dann die Kartoffeln dazugeben und weitere 10 Minuten kochen lassen. Das Huhn und 125 g geriebenen Cheddar unterrühren. 6 Eier und 3 EL Wasser miteinander verrühren, über die Masse geben und glattstreichen. Auf unterer Stufe 10–15 Minuten kochen lassen. Die Oberfläche unter einem vorgeheizten Grill bräunen. Je nach Wunsch heiß oder kalt servieren.

Für 4 Personen

Hähnchen-Tacos

Backofen auf 150 °C vorwärmen. Haut und Knochen von einem halben gebratenen Hähnchen entfernen. Das Fleisch in große Stücke teilen. 1 EL Olivenöl in einer großen Pfanne erhitzen, dann eine feingehackte Zwiebel, eine zerkleinerte Selleriestange und – je nach Wunsch – 1/2 TL gehackten trockenen Chili dazugeben. 5 Minuten kochen, bis die Zwiebeln weich sind. 425 g gehackte Tomaten aus der Dose mit Saft zugeben, außerdem jeweils 1 EL Worcestersauce und Chilisauce. Zum Kochen bringen, dann die Hitze reduzieren und 20 Minuten garen lassen, bis die Sauce eingedickt ist. Während die Mischung gart, 12 Tacos vor dem Füllen im Backofen 5–10 Minuten erhitzen. Zur Masse in der Pfanne 440 g abgetropfte Kidneybohnen aus der Dose und die Hähnchenstücke dazugeben. 5 Minuten durchziehen lassen. 1/2 Tasse frisch gehackte Petersilie zugeben und die erwärmten Tacos mit zerkleinerten Salatblättern und der Hähnchenmasse füllen. Mit saurer Sahne garnieren. Nach Wunsch kann auch aufgebackenes Pittabrot verwendet werden.

Für 4 Personen

Hähnchenfilet-Burger

4 Hähnchenbrustfilets • 4 dicke Scheiben Schinkenspeck • 1 große oder 2 kleine Baguettes • 4 Salatblätter • 1 große Tomate, in Scheiben geschnitten • 1 Avocado, in Scheiben geschnitten • 80 g Mayonnaise

Für 4 Personen

Filets von überschüssigem Fett und Sehnen befreien. Vom Schinkenspeck den Rand abschneiden und quer halbieren. Wenn es dekorativ aussehen soll, den Speck auf kleine Spießchen stecken.

Filets und Speck auf einen heißen, leicht gefetteten Grill oder ein Grillblech legen. Den Schinkenspeck 5 Minuten grillen, bis er kroß ist. Dann herunternehmen und auf Küchenpapier abtropfen lassen. Filets wenden und weitere 5–10 Minuten grillen, bis sie gut gebräunt und gar sind.

Baguette in 4 Teile schneiden und diese Teile längs halbieren. Jede Seite leicht rösten und nach Wunsch buttern. Auf die untere Seite des Brotes Salatblätter, Tomatenscheiben, Huhn und Avocado, darauf Mayonnaise und zum Schluß die zweite Brothälfte legen. Jede Baguette mit einem Stück Schinkenspeck servieren.

Hähnchenschnitzel

4 kleine Hähnchenbrustfilets • 250 g frische Semmelbrösel • 30 g Mandeln, gemahlen • 2 EL feingehackte frische Petersilie • 60 g Mehl • 1 Ei, verquirlt • 50 g Butter • 2 EL Olivenöl
Für 4 Personen

HÄHNCHENBRUSTFILETS einzeln nacheinander zwischen zwei Schichten Klarsichtfolie legen und mit einem Nudelholz vorsichtig platt drücken, bis das Fleisch ca. 1 cm dick ist. Darauf achten, daß das Fleisch nicht zerreißt.

SEMMELBRÖSEL in eine flache feuerfeste Schüssel geben. Backofen auf 150 °C vorheizen. Die Semmelbrösel 15–20 Minuten backen, dabei oft umrühren, sie sollen nicht braun werden. Abkühlen lassen, in einen Mixer geben, Mandeln und Petersilie dazugeben und 30 Sekunden zerkleinern. Auf ein Brett schütten. Mehl auf einen Teller oder fettundurchlässiges Papier geben. Die Filets im Mehl wälzen, in die verquirlten Eier tunken und in der Semmelbröselmischung wenden. Mindestens 30 Minuten in den Kühlschrank stellen.

BUTTER und Öl in einer großen gußeisernen Pfanne erhitzen. Die Schnitzel 3–4 Minuten auf jeder Seite braten, dabei einmal wenden, bis die Panade goldbraun und das Fleisch gar ist. Nach Wunsch mit frischem Mais und mit Zucker glasierten Erbsen servieren.

Hähnchencurry

8 Hähnchenschenkelkoteletts (ca. 900 g) • 60 g Mehl • Salz und Pfeffer • 1 EL Öl • 30 g Butter • 1 große Zwiebel, in Ringe geschnitten • 2 TL Currypulver • 125 ml Hühnerbrühe • 440 g Maiskörner aus der Dose mit Saft • Salz und schwarzer Pfeffer • 2 große Granny-Smith-Äpfel, geschält, ohne Gehäuse und geviertelt
Für 4 Personen

Backofen auf 180 °C vorheizen. Koteletts von überschüssigem Fett und Sehnen befreien.
Mehl, Salz und Pfeffer in einen Gefrierbeutel geben und Koteletts dazugeben. Schütteln, bis das Fleisch mit der Mischung bedeckt ist, Überschuß abschütteln. Öl und Butter in einer gußeisernen Pfanne erhitzen. Koteletts bei mittlerer Hitze braten, bis sie braun sind, gelegentlich wenden. In eine feuerfeste Auflaufform geben.
Zwiebeln und Curry in die Pfanne mit dem Fett geben und bei kleiner Hitze einrühren, bis die Zwiebeln weich sind. Hühnerbrühe und Mais einrühren; nach Geschmack würzen und zum Kochen bringen.
Mischung über die Koteletts geben. Abdecken und 20 Minuten backen; Äpfel dazugeben und noch einmal abgedeckt 20 Minuten backen, bis das Fleisch sehr zart ist. Mit Reis servieren.

Hühnerschmortopf

4 Hähnchenschenkel • 4 Hühnerkeulen • 60 g Mehl • 2 EL und 2 TL Olivenöl • 2 mittelgroße Lauchstangen, in dicke Ringe geschnitten • 1 Knoblauchzehe, zerdrückt • 1 EL gehackter frischer Ingwer • 400 g Tomaten aus der Dose • 125 ml Hühnerbrühe • Thymianzweig

Für 4 Personen

Backofen auf 180 °C vorheizen. Schenkel von überschüssigem Fett und Sehnen befreien. Mehl in einen Gefrierbeutel geben und Hühnerschenkel dazugeben. Schütteln, bis das Fleisch mit Mehl bedeckt ist, und Überschuß abschütteln.
2 EL Öl in einer großen gußeisernen Pfanne erhitzen. Das Fleisch bei mittlerer Hitze braten, bis es braun ist. In eine große feuerfeste Auflaufform geben.
2 TL Öl, Lauch, Knoblauch und Ingwer in die Pfanne geben und köcheln lassen, bis der Lauch weich ist. Tomaten mit Saft zerkleinert dazugeben, ebenso die Hühnerbrühe. Zum Kochen bringen und die Mischung über die Hühnerschenkel geben.
Deckel aufsetzen und 1 Stunde backen, bis das Fleisch sehr weich ist. Nach Wunsch vor dem Servieren mit einem Thymianzweig garnieren.

Huhn mit Ingwerzitrone

4 Hühnerbrüste am Knochen • ***Marinade:*** *2 EL klarer Honig, erwärmt* • *125 ml Zitronensaft* • *2 EL Öl* • *1 EL Sojasauce* • *1 EL gehackter frischer Ingwer* • *1 TL abgeriebene Schale einer unbehandelten Zitrone* • *1 Knoblauchzehe, zerdrückt* • *1/2 TL Sesamöl*

Für 4 Personen

BACKOFEN auf 180 °C vorheizen.

HÜHNERBRÜSTE von überschüssigem Fett und Sehnen befreien. Auf dem Boden einer flachen Backform aus Glas oder Keramik verteilen.

FÜR DIE MARINADE alle Zutaten in ein Kännchen geben und vermengen. Die Marinade über die Hühnerbrust geben. Mit einer Klarsichtfolie abdecken und 4 Stunden in den Kühlschrank stellen, dabei das Fleisch gelegentlich wenden. Dann abtropfen lassen und die Marinade aufheben.

HÜHNERBRÜSTE in einer Backform in den Backofen schieben. 40 Minuten backen. Während des Backens gelegentlich mit Marinade bestreichen. Das Gericht kann mit Nudeln nach Wahl und Salat serviert werden.

Kräuter-Hähnchen-Nuggets

4 Hähnchenbrustfilets • 180 g Semmelbrösel • 1 EL gehackte frische Petersilie • 1 EL frisch gehackter Oregano • 60 g Mehl • Salz und Pfeffer • 2 Eier, leicht verquirlt • 125 ml Olivenöl •
Knoblauchmayonnaise: *250 g Mayonnaise • 1 Knoblauchzehe, zerdrückt • 2 EL frisch gehackte Petersilie*
Für 4 Personen

HÄHNCHENBRUSTFILETS in lange, ca. 2 cm breite Streifen schneiden. Semmelbrösel, Petersilie und Oregano in einer Schüssel vermengen. Mehl, Salz und Pfeffer in einen Gefrierbeutel geben und die Hähnchen-Nuggets dazugeben. Schütteln, bis das Fleisch bedeckt ist, und das überschüssige Mehl abschütteln. Die Nuggets in die Eier tunken und in der Semmelbröselmischung wälzen. Auf eine mit Alufolie bedeckte Platte legen. Abgedeckt 20 Minuten in den Kühlschrank stellen.

ÖL in einer großen gußeisernen Pfanne erhitzen und die Hälfte der Hähnchenstreifen hineingeben. Bei mittlerer Hitze auf jeder Seite 3 Minuten braten, bis das Hähnchenfleisch braun und gar ist. Auf Küchenpapier abtropfen lassen. Die übrigen Hähnchen-Nuggets braten.

FÜR DIE KNOBLAUCHMAYONNAISE alle Zutaten in eine kleine Schüssel geben und gut mischen. Mit gehackten Kräutern servieren.

Hühnchen Cacciatore

120 g Champignons • 1 Zwiebel, mittelgroß • 1 EL Öl • 12 Hühnerkeulen (ca. 1,3 kg) • 1 Knoblauchzehe, zerdrückt • 400 g Tomatenpüree aus der Dose • 125 ml Weißwein • 125 ml Hühnerbrühe • 1 TL getrockneter Oregano • 1 TL getrockneter Thymian • Salz und schwarzer Pfeffer nach Geschmack

Für 6 Personen

BACKOFEN auf 180 °C vorheizen. Pilze vierteln und Zwiebel fein hacken.

ÖL in einer gußeisernen Bratpfanne erhitzen. Die Keulen in kleinen Portionen bei mittlerer Hitze braten, bis sie gut gebräunt sind; in eine große, feuerfeste Auflaufform geben.

ZWIEBELN und Knoblauch in die Pfanne geben und bei mittlerer Hitze bräunen. Über die Keulen streuen. Die übrigen Zutaten in die Pfanne geben. Zum Kochen bringen. Hitze herunterschalten und 10 Minuten köcheln lassen. Die Mischung über das Huhn geben. Abgedeckt 35 Minuten backen, bis das Fleisch sehr zart ist. Das Gericht schmeckt hervorragend mit Spiralnudeln oder anderen Teigwaren und gedünstetem gemischten Gemüse.

Hühnchen Kiew

125 g Butter, weich • 1 Knoblauchzehe, zerdrückt • 2 EL frisch gehackte Petersilie • 2 TL Zitronensaft • 2 TL abgeriebene Schale einer unbehandelten Zitrone • 6 kleine Hühnerbrustfilets • 60 g Mehl • 250 g Semmelbrösel • 2 Eier, verquirlt • Öl zum Fritieren • Zitronenspalten zum Garnieren

Für 6 Personen

BUTTER, Knoblauch, Petersilie, Zitronensaft und Zitronenschale in einer kleinen Schüssel vermengen. Die Mischung auf eine Folie geben und als ca. 5 x 8 cm großes Rechteck ausstreichen. Die Folie über dem Rechteck zusammenfalten und in den Kühlschrank legen.

FILETS einzeln zwischen zwei Folien legen und mit einem Nudelholz vorsichtig walzen, bis sie ca. 1 cm dick sind. Vorsichtig vorgehen, damit das Fleisch nicht reißt.

DIE GEKÜHLTE BUTTERMISCHUNG in 6 gleiche, fingerdicke Teile schneiden. Jeweils ein Butterstück in die Mitte eines Filets legen, die Ecken einschlagen und das Filet komplett aufrollen, bis die Mischung ganz eingeschlossen ist. Mit Zahnstochern feststecken. Mehl und Semmelbrösel auf verschiedenen Tellern oder auf fettundurchlässigem Papier ausstreichen.

FILETS im Mehl wälzen, in die verquirlten Eier tunken und in Semmelbröseln wenden. Wenn alle Filets paniert sind, mindestens 1 Stunde in den Kühlschrank stellen. Eine gußeiserne Pfanne zur Hälfte mit Öl füllen und das Öl auf mittlere Hitze bringen. Das Huhn in kleinen Portionen 5 Minuten fritieren, bis es braun und gar ist. Auf Küchenpapier abtropfen lassen und Zahnstocher entfernen. Nach Wunsch mit Zitronenspalten, Nudeln und Salat servieren.

Panierte Hähnchenschenkel

4 kleine Hähnchenschenkel mit Keulen • 500 ml Hühnerbrühe • 6 Pfefferkörner • 1/2 Zwiebel, geschält • 1 Lorbeerblatt • 60 g Mehl • Salz und frisch gemahlener schwarzer Pfeffer • 250 g Semmelbrösel • 2 Eier, verquirlt • 2 Bananen, halbiert • Öl zum Fritieren • 2 Tomaten, halbiert • 4 Scheiben Ananas • 4 Maiskolben, gekocht
Für 4 Personen

HÄHNCHENSCHENKEL von überschüssigem Fett befreien und hintere Knochen entfernen, Haut daran lassen. Hühnerbrühe in einem großen Topf erhitzen, Pfefferkörner, Zwiebel und Lorbeerblatt zugeben. Zum Sieden bringen, Hähnchenschenkel zugeben und mit Wasser bedecken. 20 Minuten gar kochen. Das Fleisch aus der Brühe holen. Langsam abkühlen lassen, dann die Haut entfernen und das Huhn mit Küchentüchern abtupfen.

MEHL, Salz und Pfeffer auf einem Brett vermengen. Semmelbrösel auf einem Brett oder fettundurchlässigem Papier ausstreichen. Hähnchenfleisch im Mehl wälzen, in die Eier tunken und in Semmelbröseln wenden. Die panierten Schenkel mindestens 1 Stunde in den Kühlschrank stellen.

BANANEN im Mehl wälzen, in die Eier tunken und mit Semmelbröseln panieren; dann kühlen. Eine große gußeiserne Pfanne zur Hälfte mit Öl füllen und auf mittlere Hitze bringen. Je 2 Schenkel 4–6 Minuten goldbraun fritieren. Auf Küchenpapier abtropfen lassen und warm stellen. Das Gleiche mit den übrigen Schenkeln wiederholen.

BANANEN 2–3 Minuten goldbraun fritieren. Auf Küchenpapier abtropfen lassen. Tomatenhälften und Ananasscheiben backen, bis sie erhitzt sind. Hähnchenschenkel mit Bananen, Tomaten, Ananas und Mais servieren.

Hühnchen Provençale

1 EL Olivenöl • 30 g Butter • 1,25 kg Hühnerstücke am Knochen • 5 Knoblauchzehen, geschält • 4 kleine Zwiebeln, halbiert oder geviertelt • 2 EL Weinbrand • 180 ml Weißwein • 425 g Tomaten aus der Dose, kleingeschnitten • 2 EL Tomatenmark • 1/2 TL getrockneter Thymian • 250 g Champignons, halbiert • 12 schwarze Oliven • 1/2 Tasse frisch gehackte Petersilie

Für 4 Personen

Öl und Butter in einer großen Pfanne erhitzen. Huhn mit Küchenpapier trockentupfen. Hühnerstücke in die Pfanne geben. 10 Minuten braten, bis das Fleisch goldbraun ist, dabei oft umwenden. Fleisch aus der Pfanne nehmen und beiseite stellen. Knoblauch und Zwiebeln in die Pfanne geben, 5 Minuten weich schmoren. Mit einem Schöpflöffel herausnehmen und beiseite stellen.

Überschüssiges Öl abgießen und aufheben. Das Huhn in die Pfanne zurücklegen. Weinbrand darüber geben, die Pfanne neigen und den Weinbrand vorsichtig anzünden. Wenn die Flammen heruntergebrannt sind (das dauert nur wenige Sekunden), Zwiebelmischung, Wein, Tomaten, Tomatenmark und Thymian dazugeben. Umrühren und ohne Deckel weitere 10 Minuten kochen lassen, bis die Flüssigkeit weniger und dicker geworden ist, dabei immer wieder umrühren.

Restliches Öl in einer kleinen Bratpfanne erhitzen und Pilze dazugeben. Unter Rühren 5 Minuten braten, bis die Pilze weich sind. Pilze zur Hühnermischung geben.

Pfanne mit einem dicht schließenden Deckel abdecken und 30 Minuten kochen, bis das Fleisch zart ist. Oliven zugeben und mit Petersilie bestreuen. Nach Wunsch mit Nudeln servieren.

Coq au vin

2 TL Pflanzenöl • 1 große Zwiebel, gehackt • 2 Zehen Knoblauch, zerdrückt • 10 Hähnchenschenkel oder andere Stücke, ohne Haut • 125 g Beinschinken, zerkleinert • 250 g kleine Champignons • 500 ml Rotwein • 2 EL Stärkemehl • 2 EL Wasser • 2 EL frisch gehackte Petersilie

Für 4–6 Personen

Öl in einer großen Pfanne erhitzen. Zwiebeln dünsten, bis sie weich sind. Knoblauch und Hähnchenschenkel dazugeben. Schmoren lassen, bis sie von allen Seiten leicht gebräunt sind. Fleisch aus der Pfanne nehmen und beiseite stellen.
Schinken und Pilze in die Pfanne geben. 1 Minute schmoren. Fleisch in die Pfanne zurückgeben und den Wein zugießen. Zum Kochen bringen, die Hitze herunterschalten und abgedeckt 1 Stunde schmoren lassen, bis das Fleisch weich ist.
Stärke mit Wasser mischen, bis die Masse geschmeidig ist. Nach und nach in die Weinsauce einrühren. Unter ständigem Rühren kochen lassen, bis die Sauce eindickt. 3 Minuten köcheln lassen.
Kurz vor dem Servieren die gehackte Petersilie dazugeben. Nach Wunsch mit Reis, Salat und knusprigem Brot servieren.
Hinweis: Falls gewünscht, kann dieses Gericht bis zu 2 Tagen im voraus zubereitet und im Kühlschrank aufbewahrt werden.

Aprikosen-Hühnchen

1,5 kg Hühnerbrustfilets • 1 EL Öl • 120 g getrocknete Aprikosen • 375 ml Aprikosennektar • 125 ml Hühnerbrühe • 1 Päckchen (40 g) Instant-Zwiebelsuppe • Salz und schwarzer Pfeffer • 1 EL feingehackte frische Petersilie

Für 6 Personen

FILETS von überschüssigem Fett befreien und in dicke Streifen schneiden. Öl in einer Pfanne erhitzen. Filets in kleinen Portionen bei mittlerer Hitze bräunen; vom Herd nehmen und abtropfen lassen. GETROCKNETE APRIKOSEN in Streifen schneiden. Fleisch zusammen mit Aprikosen, Aprikosennektar, Brühe und Suppenmischung zurück in die Pfanne geben. Nach Geschmack würzen und gut umrühren. Zum Kochen bringen, dann die Hitze herunterschalten und abgedeckt 20 Minuten unter gelegentlichem Rühren schmoren lassen, bis das Fleisch weich und die Sauce etwas eingedickt ist.

PFANNE vom Herd nehmen. Petersilie unterrühren. Nach Wunsch mit Nudeln und grünem Salat servieren.

Hühnchen Cordon Bleu

4 Hühnerbrustfilets • Salz und frisch gemahlener schwarzer Pfeffer • 4 dicke Scheiben Schweizer Käse • 4 Scheiben Räucherschinken • 40 g gesalzenes und gepfeffertes Mehl • 60 g Semmelbrösel • 1 Ei, leicht verquirlt • 125 ml Öl

Für 4 Personen

FILETS von überschüssigem Fett und Sehnen befreien. Mit einem scharfen Messer jedes Filet an der dicksten Stelle einschneiden, aber nicht durchschneiden. Das Filet an der Schnittstelle aufklappen. Nach Geschmack würzen.

JEWEILS EINE SCHEIBE KÄSE und Schinken auf eine Seite von jedem Filet legen. Die andere Seite des Filets über die Füllung klappen. Das gewürzte Mehl und die Semmelbrösel jeweils auf einen Teller oder fettundurchlässiges Papier streuen. Jedes Filet im Mehl wälzen, bis es bedeckt ist, überschüssiges Mehl abschütteln. In das Ei tunken und dann mit den Semmelbröseln panieren. Auf eine mit Alufolie bedeckte Platte legen. Abdecken und 30 Minuten in den Kühlschrank stellen.

ÖL in einer mittelgroßen, gußeisernen Pfanne erhitzen; Filets hineingeben. Jede Seite bei mittlerer Hitze 4 Minuten braten, bis das Fleisch gebräunt und gar ist. Dazu können nach Wunsch neue Kartoffeln und gedünsteter, in Scheiben geschnittener junger Kürbis serviert werden.

Grünes Hühnercurry

2 TL Korianderkörner • 1 TL schwarze Pfefferkörner • 3–5 frische grüne Chilischoten, ohne Samenkerne, gehackt • 1 cm Galangal • 1/4 Tasse gehackter Koriander, Blätter, Wurzeln und Stengel • 2 große Knoblauchzehen • 1/4 Tasse gehackte Frühlingszwiebeln (grüne und weiße Teile) • ein 3 cm großes Stück Zitronengras, grobgehackt • 2 EL Pflanzenöl • 400 ml Kokoscreme • 4 Limonenblätter • 850 g Hühnerteile ohne Knochen • 1 kleines Bund frische Basilikumblätter • 1 EL Fischsauce

Für 6 Personen

Korianderkörner und Pfefferkörner im Mixer, in einer Gewürzmühle oder mit Mörser und Stößel zu Pulver mahlen. Chilischoten, Galangal, Korianderblätter, Knoblauch, Frühlingszwiebeln und Zitronengras dazugeben und zu einer Paste vermengen.

Öl in einer Pfanne erhitzen; die Paste zugeben und 3–4 Minuten anbraten. Kokoscreme und Limonenblätter dazugeben und 10 Minuten köcheln lassen.

Hühnerfleisch in Würfel oder dicke Streifen schneiden. Zusammen mit 1 Tasse Wasser zu der Sauce geben und 20 Minuten schmoren, bis das Fleisch zart ist. Basilikumblätter von ihren Stengeln streifen und mit der Fischsauce zu dem Curry geben. Mit gedünstetem Reis servieren.

Hinweis: Galangal und Fischsauce sind asiatische Würzmittel, die in asiatischen Lebensmittelgeschäften erhältlich sind.

Hühner-Maiscremesuppe

200 g Hühnerfleisch, püriert • 1 TL Salz • 2 Eiweiß • 750 ml Hühnerbrühe • 1 große Dose Mais, abgetropft • 200 ml Sauerrahm • 1 EL Stärke • 2 TL Sojasauce • 2 Frühlingszwiebeln, diagonal in dicke Ringe geschnitten

Für 4 Personen

PÜRIERTES Hühnerfleisch in eine Schüssel geben und Salz zufügen. Eiweiß in einer kleinen Schüssel leicht schlagen, bis es schaumig ist. Eiweiß unter das pürierte Hühnerfleisch heben.

HÜHNERBRÜHE in einem Topf zum Kochen bringen, 3/4 der Dose Mais mit Sauerrahm verrühren und dazugeben. Stärke in ein wenig Wasser auflösen, zur Suppe dazugeben und die Mischung unter Rühren eindicken lassen.

HITZE herunterschalten und die Hühnermischung zugeben, mit einem Schneebesen schaumig schlagen. Ca. 3 Minuten durchziehen lassen, ohne daß sie kocht. Den restlichen Mais zugeben und erhitzen. Nach Geschmack mit Sojasauce würzen. Mit Zwiebelringen garniert servieren.

Buffalo-Hühnerflügel mit Ranch-Dressing

8 große Hühnerflügel (ca. 900 g) • 2 TL schwarzer Pfeffer • 2 TL Knoblauchsalz • 2 TL Zwiebelpulver • Olivenöl zum Fritieren • 125 ml Tomatensauce • 2 EL Worcestersauce • 20 g Butter, zerlassen • 2 TL Zucker • Tabasco nach Geschmack • ***Ranch-Dressing:*** *125 g Mayonnaise • 125 ml saure Sahne • 2 EL Zitronensaft • 2 EL gehacktes Schnittlauch • Salz und weißer Pfeffer nach Geschmack*
Für 4 Personen

Hühnerflügel gründlich waschen und mit Küchenpapier abtupfen. Die Spitzen von jedem Flügel abschneiden. Jeden Flügel am Gelenk zurückbiegen und in 2 Teile schneiden. Pfeffer, Knoblauchsalz und Zwiebelpulver vermengen. Die Mischung mit den Fingern auf jeden Flügel reiben.
Öl in einer tiefen gußeisernen Pfanne auf mittlere Hitze bringen. Hühnerteile in kleinen Portionen jeweils 2 Minuten fritieren; mit einer Zange oder einem Schöpflöffel herausnehmen und auf Küchenpapier abtropfen lassen. Hühnerflügel in eine Schüssel (nicht aus Metall) oder eine flache Schale geben. Die Saucen, Butter, Zucker und Tabasco in einer Schüssel vermengen und die Mischung über das Huhn geben. Umrühren, damit jedes Teil bedeckt wird. Abgedeckt ein paar Stunden oder über Nacht in den Kühlschrank stellen.
Grill ca. 1 Stunde vorher vorbereiten und anheizen. Hühnerflügel auf den heißen, leicht gefetteten Grill oder ein Grillblech legen. 5 Minuten grillen, dabei wenden und immer wieder mit Marinade einstreichen. Mit Ranch-Dressing servieren. Das Huhn kann auch gebraten werden.
Für das Ranch-Dressing alle Zutaten in eine Schüssel geben und gründlich mischen.

HÄHNCHEN AM SPIESS

Asiatische Spießchen

16 BAMBUSSPIESSE in Wasser einweichen, damit sie nicht anbrennen. 500 g Filetstücke der Länge nach halbieren. In einer flachen Glas- oder Keramikschüssel 1 EL Honig, 60 ml Sojasauce, 2 TL Sesamöl, 1 TL gemahlenen Koriander, 1 TL Kurkuma und 1/2 TL Chilipulver mischen. Die Filethälften umgefaltet auf die Spieße stecken und in die Marinade legen. Abdecken und mindestens 2 Stunden in den Kühlschrank stellen. • FÜR DIE ERDNUSSAUCE eine kleine, feingehackte Zwiebel in 1 EL Öl dünsten, bis sie weich ist. Dann 125 ml nicht zu weiche Erdnußbutter, 2 EL Sojasauce, 125 ml Kokoscreme und 2 EL Chilisauce einrühren. Vorsichtig aufkochen lassen, bis die Masse weich ist. Die Spieße auf einen vorgeheizten Grill legen und 5–7 Minuten grillen, dabei wenden und mehrmals mit Marinade bestreichen. Mit heißer Erdnußsauce servieren.

Ergibt 16 Spieße

Hähnchen-Kebabs

8 HÄHNCHENSCHENKELFILETS von überschüssigem Fett befreien und die Filets in kleine Würfel schneiden. In einer flachen Glas- oder Keramikschüssel 1 feingehackte Zwiebel, 125 ml Öl, 2 EL frisch gehackten Thymian, 1 TL Paprikapulver, 1 zerstoßenes Lorbeerblatt, Salz und frisch gemahlenen schwarzen Pfeffer mischen. 4 mittelgroße Zucchini in Stücke schneiden und ein Schälchen Cocktailtomaten waschen. Die Hühnerstücke abwechselnd mit Zucchini und Tomate auf Metallspieße stecken. Mindestens 2 Stunden in die Marinade legen. Abtropfen lassen, auf einen vorgeheizten Grill legen und 10–12 Minuten grillen, dabei wenden und mehrmals mit Marinade bestreichen.

Ergibt 14 Spieße

Yakitori-Spießchen

12 BAMBUSSPIESSE in Wasser einweichen, damit sie nicht anbrennen. 6 Hähnchenschenkelfilets von überschüssigem Fett befreien und in kleine Würfel schneiden. 250 g kleine Champignons säubern und 6 Frühlingszwiebeln in lange Streifen schneiden. Hühnerwürfel, Champignons und Zwiebeln auf die Bambusspieße stecken. In einer Schüssel 125 ml Sojasauce, 80 ml Mirin (japanischer Reiswein, erhältlich in asiatischen Lebensmittelgeschäften) oder trockenen Sherry, 2 EL braunen Zucker und 1–2 zerdrückte Knoblauchzehen mischen. Die Spieße mit der Mischung bestreichen. Mindestens 1 Stunde einziehen lassen. Die Spieße auf einen vorgeheizten Grill legen und 8–10 Minuten grillen, dabei wenden und mehrmals bestreichen.

Ergibt 12 Spieße

Teriyaki-Spießchen

12 BAMBUSSPIESSE in Wasser einweichen, damit sie nicht anbrennen. 500 g Filetstücke der Länge nach halbieren. In einer flachen Glas- oder Keramikschüssel 2 EL Öl, 60 ml Sojasauce, 4 EL Mirin (japanischer Reiswein, erhältlich in asiatischen Lebensmittelgeschäften) oder trockenen Sherry, 2 EL braunen Zucker, 1–2 Knoblauchzehen und 2 TL gehackten frischen Ingwer mischen. Filet zugeben, gut mischen, abdecken und mindestens 2 Stunden in den Kühlschrank stellen. 1 rote Paprika in kleine Würfel und 4 Frühlingszwiebeln in lange Streifen schneiden. Filetstücke abwechselnd mit Paprika und Zwiebeln auf die Spieße stecken. Mit Öl bestreichen und auf den vorgeheizten Grill legen. 6–8 Minuten grillen, dabei wenden und mehrmals mit Öl bestreichen.

Ergibt 12 Spieße

Hähnchenspieße süß-sauer

6 HÄHNCHENSCHENKELFILETS von überschüssigem Fett befreien und in kleine Würfel schneiden. 425 g ungesüßte Ananasstücke aus der Dose abtropfen lassen, 60 ml von dem Saft für die Marinade aufheben. In einer flachen Glas- oder Keramikschüssel 60 ml Öl, 60 ml Ananassaft, 1 EL Sojasauce, 1–2 zerdrückte Knoblauchzehen, 2 TL gehackten frischen Ingwer und jeweils 1 TL Currypulver, gemahlenen Koriander, Kreuzkümmel und Oregano mischen. 1 grüne und 1 rote Paprika in kleine Würfel schneiden. Filetstücke abwechselnd mit Paprika und Ananas auf Metallspieße stecken. Mindestens 2 Stunden in der Marinade stehen lassen. Spieße auf den vorgeheizten Grill legen und mit Öl bestreichen. 10–12 Minuten grillen.

Ergibt 12 Spieße

Unten, von links nach rechts: Asiatische Spießchen; Yakitori-Spießchen; Hähnchen-Kebab; Teriyaki-Spießchen; Hähnchenspieße süß-sauer

Schmetterlingshühnchen

1 kleines Hühnchen (1,4 kg) • 60 g Butter • 4 Frühlingszwiebeln, feingehackt • 1 Knoblauchzehe, zerdrückt • 125 g frische Semmelbrösel • 60 g Ricotta • 40 g Parmesan, frisch gerieben • 1 Ei, leicht verquirlt • 1 1/2 TL getrockneter Oregano • 1/2 Tasse gehackte Petersilie • 2 EL Olivenöl

Für 4 Personen

HÜHNCHEN von hinten der Länge nach aufschneiden, aufklappen und mit den Händen flachdrücken. Mit den Fingern zwischen Fleisch und Haut entlang fahren, um die Haut zu lockern.

BUTTER in einer gußeisernen Pfanne zerlassen. Zwiebeln und Knoblauch zugeben und 2–3 Minuten dünsten, bis sie weich sind. Vom Herd nehmen und Semmelbrösel, Käse, Ei, 1/2 TL Oregano und Petersilie einrühren. Backofen auf 220 °C vorheizen (Gas 190 °C).

DIE MISCHUNG unter die Haut geben, die Beine entlang und quer über die Brust. Mit einer Hand die Mischung unter die Haut schieben und mit der anderen Hand die Füllung von außen in Form drücken. Wenn die Mischung gleichmäßig verteilt ist, von außen glattstreichen. Beine zusammenbinden oder -stecken und die Flügel nach unten drücken.

ÖL und restlichen Oregano mischen und die Oberfläche damit bestreichen. In eine Backform legen. Das Huhn 10 Minuten backen. Die Hitze auf 180 °C herunterschalten und weitere 40–45 Minuten backen, bis das Hühnchen gar ist. Gelegentlich mit der Öl-Oregano-Mischung bestreichen. In den letzten 15 Minuten mit Alufolie bedecken, falls das Hühnchen schon recht braun ist.

Tandoori-Hühnchen

1 kleines Hühnchen (1,4 kg) oder 1 kg Hühnerkeulen • 2 EL Malzessig oder Zitronensaft • 1 1/2 TL Chilipulver • 1 1/2 TL edelsüßes Paprikapulver • 2 TL Koriander, gemahlen • 2 TL gemahlener Kreuzkümmel • 1 TL Garam Masala (indische Würzmischung) • 1 EL feingehackter Ingwer • 1 EL Knoblauch, zerdrückt • 1 TL Salz • 80 g Joghurt • 3 EL Öl oder Ghee (indische geklärte Butter), zerlassen
Für 4 Personen

HÜHNCHEN unter kaltem Wasser abwaschen. Mit Küchenpapier trockentupfen.
ESSIG, Chili, Paprika, Koriander, Kreuzkümmel, Garam Masala, Ingwer, Knoblauch, Salz und Joghurt in einer großen Glas- oder Keramikschüssel mischen.
HÜHNCHEN auf dem Rücken der Länge nach aufschneiden, aufklappen und mit den Händen flachdrücken. Mehrere Schnitte in die Haut machen. Das Hühnchen auf eine Platte legen und gut mit Marinade bedecken, diese dabei kräftig ins Fleisch einarbeiten. Mit Klarsichtfolie bedeckt 4 Stunden in den Kühlschrank stellen.
DAS HÜHNCHEN auf einen kalten, leicht geölten Grillrost legen. Mit zerlassenem Ghee bestreichen. Bei mittlerer Hitze auf dem Grill ca. 20 Minuten grillen, nach der Hälfte der Zeit wenden und gelegentlich mit der übrigen Marinade bestreichen. Zum Servieren in Portionen schneiden.
Tandoori-Hühnchen kann mit Reis, Zitronenspalten oder indischem Brot wie Naan oder Chapatti serviert werden.

Hähnchen-Tortillas

4 Hähnchenbrustfilets • 2 EL Olivenöl • 60 ml Zitronensaft • 2 Knoblauchzehen, zerdrückt • 1 TL gemahlener Kreuzkümmel • 20 g frisch gehackte Korianderblätter • 8 Mehltortillas • 1 EL Olivenöl extra • 2 mittelgroße Zwiebeln, in Ringe geschnitten • 2 mittelgroße grüne Paprika, in Streifen geschnitten • 125 g Cheddar, gerieben • 1 große Avocado, in Scheiben geschnitten • 250 ml fertige Tomatensauce

Für 4 Personen

FILETS vom Fett befreien. In Streifen schneiden. Auf eine flache, nicht-metallene Platte legen. Öl, Zitronensaft, Knoblauch, Kreuzkümmel und Koriander in ein Kännchen geben und gut mischen. Über das Huhn gießen. Abgedeckt einige Stunden oder über Nacht in den Kühlschrank stellen. Backofen auf 180 °C vorheizen. TORTILLAS in Alufolie wickeln und zum Durchwärmen 10 Minuten in den Backofen legen. Öl in einer großen, gußeisernen Pfanne erhitzen. Zwiebeln und Paprika 5 Minuten dünsten, bis sie weich sind. Auf einen Teller legen und warm stellen. HÄHNCHENFLEISCH mit Marinade portionsweise 5 Minuten in der Pfanne braten, bis das Fleisch weich ist. Huhn, Gemüse und eingewickelte Tortillas auf einen Servierteller geben. Individuelle Tortillas machen, indem Hähnchenfleisch, gebratenes Gemüse, geriebener Käse und Avocadoscheiben auf eine ausgerollte Tortilla gelegt werden. Zuletzt die Sauce darüber geben. Die Tortillas einrollen, so daß die Füllung eingeschlossen ist.

Paella

30 g Mehl • 1 TL gemahlener schwarzer Pfeffer • 6 Hähnchenschenkelfilets (ca. 250g), in Würfel geschnitten • 2 EL Olivenöl • 2 Knoblauchzehen, zerdrückt • 1 große rote Zwiebel, gehackt • 1 mittelgroße rote oder grüne Paprika, gehackt • 1 mittelgroße Zucchini, in Scheiben geschnitten • 200 g ungeschälter Reis • 440g Tomaten aus der Dose • 500 ml Hühnerbrühe • 75 g tiefgefrorene Erbsen • 1 EL frisch gehacktes Basilikum • 1 EL frisch gehackte Petersilie

Für 4 Personen

MEHL und Pfeffer in einem Gefrierbeutel mischen. Das Hähnchenfleisch hineingeben und vorsichtig schütteln, bis es bedeckt ist; überschüssiges Mehl abschütteln. ÖL in einer Pfanne erhitzen und das Hähnchenfleisch auf mittlerer Hitze braten, bis es gut gebräunt ist. Aus der Pfanne nehmen und abtropfen lassen.

KNOBLAUCH, Zwiebeln, Paprika und Zucchini in die Pfanne geben. Auf mittlerer Hitze 3 Minuten anbraten. Reis, zerkleinerte Tomaten mit Saft und Hühnerbrühe einrühren. Die Pfanne mit einem Deckel dicht schließen. Langsam zum Kochen bringen und einmal umrühren, um zu verhindern, daß der Reis auf dem Pfannenboden festbackt. Hitze reduzieren und abgedeckt 40 Minuten köcheln lassen, bis die Flüssigkeit aufgesogen und der Reis weich ist.

ERBSEN, Basilikum, Petersilie und Hähnchenfleisch einrühren. 5 Minuten köcheln lassen.

Pikante Hühnchenpasteten

2 EL Öl • 1 kleine Zwiebel, feingehackt • 1 Knoblauchzehe, zerdrückt • 1/2 TL gemahlener Koriander • 1/2 TL Kreuzkümmel, gemahlen • 1/4 TL gemahlene Kurkuma • 1/4 TL Chilipulver • 300 g Hühnerfleisch, püriert • 50 g Erbsen, tiefgefroren • 1 EL feingehackter frischer Koriander • Salz nach Geschmack • 5 Blätter fertiger Pastetenboden • 1 Ei, leicht verquirlt

Ergibt ca. 20 Pasteten

BACKOFEN auf 180 °C vorheizen. Ein Ofenblech mit Alufolie auslegen.

ÖL in einer gußeisernen Pfanne erhitzen. Zwiebeln und Knoblauch zugeben und auf mittlerer Hitze 2 Minuten anbraten. Gemahlenen Koriander, Kreuzkümmel, Kurkuma und Chilipulver zugeben und unter Rühren kurz anbraten.

PÜRIERTES HÜHNERFLEISCH in die Pfanne geben und 10 Minuten braten, bis fast die ganze Flüssigkeit verkocht ist, dabei gelegentlich umrühren. Erbsen, frischen Koriander und Salz einrühren. Vom Herd nehmen und abkühlen lassen.

MIT HILFE eines kleinen Tellers oder einer Untertasse mit einem scharfen Messer Kreise von 10 cm Durchmesser aus dem Pastetenboden schneiden. 1 gestrichenen EL von der Hühnermischung in die Mitte von jedem Kreis geben. Einfalten und die Ecken zum Verschließen einschlagen. Auf das vorbereitete Blech legen und mit dem verquirlten Ei bestreichen. 15 Minuten goldbraun backen.

Krönungshühnchen

1 mittelgroßes Hühnchen (1,5 kg), gekocht • 1 EL Olivenöl • 1 Zwiebel, feingehackt • 1 TL heiße Currypaste • 1 große Tomate, enthäutet, entkernt und feingehackt • 125 ml Weißwein • 1 EL Chutney • 2 EL Aprikosenkonfitüre • 1 TL Zitronensaft • 80 g Mayonnaise • 80 g Joghurt • ***Reissalat:*** *3 Tassen Langkornreis, gekocht • 1 kleine Salatgurke, geschält, entkernt und feingehackt • 1/2 rote Paprika, feingehackt • 3 EL frisch gehackte Minze • 60 ml Sauce Vinaigrette*

Für 4–6 Personen

HAUT und Knochen vom Hühnchen entfernen. Fleisch zerkleinern. Öl in einer mittelgroßen gußeisernen Pfanne erhitzen, Zwiebeln zugeben und 5 Minuten anbraten, bis die Zwiebeln weich sind. Currypaste zugeben und weitere 2 Minuten braten.

TOMATEN und Wein zugeben. Zum Kochen bringen und 10 Minuten köcheln lassen. Chutney, Konfitüre und Zitronensaft zugeben. Zum Mischen umrühren und weitere 5 Minuten kochen lassen. Vom Herd nehmen und zum Abkühlen beiseite stellen. Danach die mit Joghurt vermischte Mayonnaise zugeben. Zerkleinertes Hühnchenfleisch zufügen und vorsichtig unterheben, bis es komplett vermengt ist.

FÜR DEN REISSALAT alle Zutaten in eine große Schüssel geben und gut mischen. Auf eine große Servierplatte geben und das Huhn in der Mitte plazieren.

HINWEIS: Bei Zimmertemperatur servieren. Man kann auch ein fertig zubereitetes Brathähnchen – gehäutet, ohne Knochen und zerkleinert – verwenden.

Enthäuten von Tomaten siehe S. 246.

Klassische Hühnchenpastete

1 großes Hühnchen (1,8 kg) • 1 TL Salz • 1/4 TL Pfeffer • 1 Lorbeerblatt • 375 ml Wasser • 2 mittelgroße Möhren, gehackt • 60 g Butter • 1 Zwiebel, gehackt • 1 Knoblauchzehe, zerdrückt • 60 g Mehl • 220 g grüne Erbsen, tiefgefroren • 2 EL frische Petersilie, feingehackt • 2–3 TL frischer Estragon, feingehackt • 80 ml Sahne • 2 EL Mehl, zusätzlich • ***Teigdecke:*** *250 g Mehl • 2 TL Backpulver • 1 Prise Salz • 150 g gekühlte Butter, in Flocken • 160 ml Milch • 1 Ei, leicht verquirlt • 1 EL Wasser • 1–2 EL Sesamsamen*
Für 4–6 Personen

HÜHNCHEN in einen großen Topf geben. Salz, Pfeffer, Lorbeerblatt, Wasser und Möhren zugeben und zum Kochen bringen. Hitze reduzieren und abgedeckt 45 Minuten köcheln lassen, bis das Fleisch weich ist. Den Topf vom Herd nehmen, das Huhn auf einen Teller legen und in den Kühlschrank stellen. Die Flüssigkeit in eine Schüssel geben, Lorbeerblatt und Möhren herausnehmen und bei Zimmertemperatur etwa 1/2 Stunde abkühlen lassen. Mehrmals umrühren. In den Kühlschrank stellen, bis das Fett sich oben abgesetzt hat. Das Fett abschöpfen, 1 TL davon aufheben. Hühnchen von Haut befreien. Das Fleisch von den Knochen lösen und in mundgerechte Stücke schneiden. Beiseite stellen.
BUTTER und das abgeschöpfte Hühnerfett in einer Pfanne zerlassen. Zwiebeln und Knoblauch zugeben und 2 Minuten anbraten, bis die Zwiebeln gerade weich sind. Mehl zugeben und unter Rühren bei mittlerer Hitze kurz aufkochen. Nach und nach die abgegossene Flüssigkeit unter ständigem Rühren zum Mehl in die Pfanne geben. Rühren, bis die Mischung kocht und eindickt. Vom Herd nehmen und Erbsen, Fleisch, Petersilie und Estragon einrühren. Sahne mit dem zusätzlichen Mehl vermischt zugeben. Bei mittlerer Hitze köcheln lassen, bis die Mischung eindickt. Falls nötig, nachwürzen. Die Mischung in eine feuerfeste Form geben, die 2,5 Liter faßt. Backofen auf 210 °C (Gas 190 °C) vorheizen.
FÜR DIE TEIGDECKE Mehl, Backpulver, Salz und Butter in den Mixer geben. 20–30 Sekunden glattrühren. Milch zugießen und alles gut vermengen. Die Mischung auf ein Brett oder eine Arbeitsfläche geben, die mit Mehl bestäubt ist. 1 Minute weich kneten. Je nach Backform zu einem Rechteck oder Quadrat ausrollen, bis der Teig ca. 5 mm dick ist.
DEN TEIG längs in Streifen schneiden. Einige Streifen in die Ecken der Backform drücken. Mit den übrigen Streifen ein Gittermuster auf die Pastetenmischung legen. Die Streifen mit der Mischung aus Ei und Wasser bestreichen. Vorsichtig andrücken und an den Ecken zusammendrücken. Die restliche Eimischung darüber streichen und mit Sesamsamen bestreuen. Die Pastete 25–35 Minuten knusprig und goldbraun backen.

Hühnerflügel in Honigglasur

12 Hühnerflügel (ca. 1,2 kg) • 2 EL Sojasauce • 2 EL Hoisin-Sauce (erhältlich in asiatischen Lebensmittelgeschäften) • 60 ml Tomatensauce • 60 ml Honig • 1 EL Apfelessig • 2 Knoblauchzehen, zerdrückt • 2 EL Sesamsamen • 1/2 TL chinesische Fünf-Kräuter-Würzmischung • Salz nach Geschmack • 1 EL Sesamöl

Für 4 Personen

HÜHNERFLÜGEL waschen und mit Küchenpapier trockentupfen. Die Flügelspitzen nach unten drehen. Alle übrigen Zutaten in eine große Schüssel geben und mischen.

FLÜGEL in die Marinade geben und gut unterheben. Mit Klarsichtfolie bedeckt 2 Stunden oder über Nacht in den Kühlschrank stellen, dabei mehrmals wenden. Huhn abtropfen lassen und Marinade aufheben. Backofen auf 180 °C vorheizen.

FLÜGEL in einer Backform in den Backofen stellen. 35–40 Minuten backen, dabei einige Male wenden und mit der restlichen Marinade bestreichen.

Würzige Hühnerflügel

12 Hühnerflügel (ca. 1,2 kg) • 1 EL Öl • 60 ml Barbecuesauce • 125 ml Tomatensauce • 60 ml trockener Sherry • 1 TL Worcestersauce • 2 TL Chilisauce
Ergibt ca. 24 Stück

FLÜGEL waschen und mit Küchenpapier trockentupfen. Spitzen abschneiden und wegwerfen. Jeden Flügel am Gelenk zurückbiegen und in 2 Teile schneiden.
Die übrigen Zutaten in eine große Schüssel geben und gut mischen. Die Flügel zugeben und ganz mit Marinade bedecken. Abdecken und 3 Stunden oder über Nacht in den Kühlschrank stellen.
FLÜGEL abtropfen lassen und Marinade aufheben. Backofen auf 180 °C vorheizen. Die Flügel in einer Schicht in eine große, flache und feuerfeste Form geben. Abdecken und 30 Minuten backen. Deckel abnehmen und das Fleisch weitere 15 Minuten backen. Gelegentlich mit der restlichen Marinade bestreichen. Die Hühnerflügel heiß als Snack servieren.

Aromatische Hühnerbällchen

500 g mageres Hühnerfleisch, püriert • ca. 3 cm Zitronengras, feingehackt • 2 Frühlingszwiebeln, in dünne Ringe geschnitten • 2 EL frisch gehackter Koriander • 2 EL Mehl • 2 EL Kokosflocken • 2–3 TL Chilisauce • 2 TL Fischsauce (erhältlich in asiatischen Lebensmittelgeschäften) • 1 kleines Ei, leicht verquirlt • 750 ml Wasser • 80 ml Sojasauce • 45 g Zucker • 2 EL Fischsauce, zusätzlich • 2 EL trockener Sherry
Für 4 Personen

HÜHNERFLEISCH, Zitronengras, Frühlingszwiebeln und Koriander in eine große Schüssel geben. Mehl, Kokosflocken, Chilisauce, Fischsauce und Ei zugeben und alle Zutaten gut mischen. Mit nassen Händen die Mischung zu kleinen Bällchen formen.
WASSER, Sojasauce, Zucker, zusätzliche Fischsauce und Sherry in einen großen Topf geben und zum Kochen bringen. Mit zwei nassen Löffeln die Hühnerbällchen in die Flüssigkeit geben und 4–5 Minuten gar kochen (am besten in 2 oder 3 Portionen).
RESTLICHE FLÜSSIGKEIT auf hoher Flamme ein paar Minuten kochen lassen, bis sie leicht eindickt. Die Hühnerbällchen mit gekochten Nudeln servieren und die restliche Flüssigkeit darüber geben.

Hähnchenbrustfilets mit Weintrauben

4 Hähnchenbrustfilets • 40 g gesalzenes und gepfeffertes Mehl • 1 EL Öl • 20 g Butter • 125 ml trockener Weißwein • 125 ml Sahne • 1 EL feingehackter frischer Schnittlauch • 4 dünne Scheiben Schinken • 1 Tasse kernlose frische Weintrauben

Für 4 Personen

FILETS von überschüssigem Fett befreien. Gewürztes Mehl auf einen Teller oder fettundurchlässiges Papier streuen und jedes Filet darin wälzen; überschüssiges Mehl abschütteln. Öl und Butter in einer mittelgroßen gußeisernen Pfanne erhitzen; Filets zugeben. Bei mittlerer Hitze auf jeder Seite 3–4 Minuten braten. Filets herausnehmen, mit Alufolie abdecken und warm stellen. Fett aus der Pfanne abgießen.

WEIN, Sahne und Schnittlauch in die Pfanne geben; zum Kochen bringen. Hitze herunterschalten und 4 Minuten köcheln lassen, bis die Flüssigkeit sich auf die Hälfte reduziert hat.

EINE SCHEIBE Schinken um jedes Filet wickeln. Filets in die Pfanne zurücklegen und die Weintrauben zugeben. 1 Minute kochen. Hähnchenbrustfilets mit Sauce und Trauben servieren, nach Wunsch auch mit Nudeln oder Gemüse.

Hähnchen-Terrine

12 Backpflaumen ohne Kerne • 12 getrocknete Aprikosenhälften • 2 EL Weinbrand • 30 g Bu
große Lauchstange, in dicke Ringe geschnitten • 500 g Hähnchenschenkelfilets • 2 Eier, leicht
frische Semmelbrösel, eingeweicht • 1 EL frisch gehackter Zitronenthymian • 60 ml Sahne • S
gemahlener schwarzer Pfeffer • 12 Scheiben Schinken • 250 g Hähnchenbrustfilets, in Streifen
• 12 Mandeln, abgezogen

Ergibt ca. 16 Scheiben

BACKOFEN auf 180 °C vorheizen. Pflaumen und Aprikosen mit Weinbrand übergießen un hen lassen. Butter in einem Topf zerlassen und Lauch bei geringer Hitze weich dünsten. Abkühlen lassen.
HÄHNCHENSCHENKELFILETS im Mixer zerkleinern. Eier zugeben und zu einer weichen Masse verquirlen. Die Masse in eine große Schüssel geben und Semmelbrösel, Zitronenthymian, Sahne, Salz und Pfeffer zugeben und alle Zutaten gut mischen.
BODEN und die Seiten von einer 13 x 23 cm großen Auflauf- oder Backform mit sich überlappenden Schinkenscheiben bedecken. 2/3 der Hühnermischung vorsichtig in einer Schicht auf Boden und Wänden der Form verteilen. Die Hähnchenschicht mit Pflaumen, Aprikosen, Hähnchenbruststreifen, Weinbrand von den Früchten, Lauch und Mandeln bedecken. Darüber vorsichtig die restliche Hähnchenmischung verteilen. Weitere Schinkenscheiben zuoberst legen.
TERRINE mit Alufolie abdecken und in einem halb mit kochendem Wasser gefüllten Topf 1 Stunde kochen. Abkühlen lassen und Folie entfernen. Die kalte Terrine mit Klarsichtfolie abdecken. Über Nacht kühl stellen. Folie über den Rand ragen lassen und beschweren, damit die Mischung unten bleibt. Die Terrine auf einen Teller stürzen. In Scheiben schneiden und mit frischem Brot und Salat servieren.

Hähnchenravioli in Champignon-Sahnesauce

250 g Hähnchenbrustfilet • 1 Frühlingszwiebel, feingehackt • 1 Eiweiß • 180 ml Sahne • Salz und weißer Pfeffer • 60 Wan-Tan-Teigblätter (oder tiefgefrorener Blätterteig, zum Quadrat ausgerollt) • 1 Ei, leicht verquirlt • ***Champignon-Sahnesauce:*** *40 g Butter • 125 g Champignons, in feine Scheiben geschnitten • 2 TL Zitronensaft • 1 EL Weinbrand • 1 EL feingehackter Schnittlauch • 180 ml Sahne • Salz und Pfeffer*
Für 4–6 Personen

FILET von überschüssigem Fett und Sehnen befreien. Sorgfältig zerkleinern. Hähnchenfleisch und Frühlingszwiebeln in den Mixer geben und fein zerkleinern. Eiweiß zugeben und zu einer weichen Masse vermengen. Die Mischung in eine mittelgroße Schüssel geben, mit Klarsichtfolie abdecken und 1 Stunde in den Kühlschrank stellen.
MIT EINEM HOLZLÖFFEL nach und nach die Sahne in die Mischung rühren und gut würzen. Je 1 1/2 TL der Mischung auf die Hälfte der Teigblätter geben. Die Ecken mit etwas verquirltem Ei bestreichen und mit den übrigen Teigblättern bedecken, an den Ecken festdrücken. Mit einem Stecher (7 cm Durchmesser) die Ravioli zu Kreisen ausstechen.
RAVIOLI in einem großem Topf mit kochendem Salzwasser 4–5 Minuten kochen (in mehreren Portionen). Ravioli abtropfen lassen und Pilzsauce zugeben. Nach Wunsch mit frisch geriebenem Parmesan bestreuen.
FÜR DIE CHAMPIGNON-SAHNESAUCE Butter in einer mittelgroßen Pfanne zerlassen; Champignons zugeben und bei starker Hitze rühren, bis sie weich sind. Zitronensaft zugeben. Weinbrand, Schnittlauch und Sahne einrühren und das Ganze zum Kochen bringen. Mit Salz und Pfeffer abschmecken und 1 Minute kochen lassen.

Räucherhähnchen-Birnensalat

1 großes Räucherhähnchen • 2 feste, reife Birnen, ohne Kerne und in Scheiben geschnitten • 2 Selleriestangen, diagonal in Ringe geschnitten • 3 Frühlingszwiebeln, diagonal in Ringe geschnitten • 45 g Walnußhälften • 1 Tasse Rucolablätter • ***Zitronendressing:*** *125 ml Olivenöl • 60 ml Zitronensaft • 1 EL klarer Honig • Salz und zerstoßenen Pfeffer nach Geschmack*

Für 4–6 Personen

HAUT und Knochen des Hähnchens entfernen und das Fleisch mundgerecht zerkleinern oder in Scheiben schneiden. Das Hähnchen mit den Birnen, dem Sellerie, den Frühlingszwiebeln und den Walnüssen zusammen in eine große Schüssel geben.

FÜR DAS ZITRONENDRESSING alle Zutaten in eine kleine Schüssel geben und mit dem Schneebesen verquirlen. Über den Salat gießen und vorsichtig vermengen.

DEN SALAT auf einzelne Teller geben und mit Rucolablättern servieren.

Hähnchenbrustfilets in Estragon

4 Hähnchenbrustfilets • 1 EL Öl • 60 g Butter • 250 ml klarer Apfelsaft • 1 Würfel Hühnerbrühe, zerstoßen • 2 EL frisch gehackter Estragon • frisch gemahlener schwarzer Pfeffer
Für 4 Personen

HÄHNCHENBRUSTFILETS von überschüssigem Fett befreien. Öl und 30 g Butter in einer mittelgroßen gußeisernen Pfanne erhitzen; Filets zugeben. Bei mittlerer Hitze auf jeder Seite 3 Minuten braten. Fleisch herausnehmen, mit Alufolie abdecken und warm stellen. Das Fett aus der Pfanne abgießen.
APFELSAFT, Brühwürfel und Estragon in die Pfanne geben; zum Kochen bringen. Die Hitze herunterschalten und köcheln lassen, bis die Sauce um die Hälfte weniger geworden ist. Die Sauce durch ein Sieb laufen lassen und zurück in die Pfanne geben.
RESTLICHE BUTTER zu der heißen Sauce geben und einrühren. Nach Geschmack würzen und die Filets 1 Minute in die Pfanne zurückgeben. Nach Wunsch mit jungem Blumenkohl und Zucchini servieren.

Unten, von links nach rechts: Hähnchenbrustfilets in Estragon; Hähnchenbrustfilets mit sonnengetrockneten Tomaten; Hähnchenbrustfilets in Pilzcremesauce

Hähnchenbrustfilets mit sonnengetrockneten Tomaten

4 Hähnchenbrustfilets (ca. 500 g) • 1 EL Olivenöl • 250 g junge Kartoffeln • 200 g junge grüne Bohnen, geputzt und halbiert • 12 sonnengetrocknete Tomaten, in Scheiben geschnitten • 30 g geröstete Pinienkerne • 2 EL frisch gehackte Basilikumblätter • ***Dressing:*** *80 ml natives Olivenöl • 1 EL Balsamico-Essig • 1 TL Dijon Senf • Salz und frisch gemahlener Pfeffer nach Geschmack*
Für 4 Personen

BACKOFEN auf 220 °C (Gas 190 °C) vorheizen. Filets von überschüssigem Fett befreien. Auf ein gefettetes Backblech legen und die Filets mit Öl bestreichen. Mit Alufolie bedecken und 15–20 Minuten backen, bis sie gerade gar sind. Abkühlen lassen; nicht in den Kühlschrank stellen. Jedes Filet längs in 4 oder 5 Streifen schneiden. Die Kartoffeln in einem mittelgroßen Topf mit kochendem Wasser 5–10 Minuten weich kochen. Abgießen, abkühlen lassen und dann halbieren. Bohnen in kochendem Wasser 3 Minuten kochen; abtropfen lassen und in kaltes Wasser legen. Gut abtropfen lassen.
HÄHNCHENBRUSTFILETS, Kartoffeln und Bohnen in eine Salatschüssel geben und Tomatenscheiben, Pinienkerne und Basilikum darüber geben. Mit dem Dressing anmachen und sofort servieren.
FÜR DAS DRESSING alle Zutaten in eine kleine Schüssel geben und mit dem Schneebesen verquirlen.

Hähnchenbrustfilets in Pilzcremesauce

60 g Mehl • 4 Hähnchenbrustfilets • 20 g Butter • 1 EL Öl • 8 Frühlingszwiebeln, mit ca. 5 cm Stiel • 180 g Champignons, halbiert • 125 ml Hühnerbrühe oder Wasser • 125 ml Weißwein • 180 ml Sahne • 1–2 TL Zitronensaft nach Geschmack • 1 EL frisch gehackter Schnittlauch • Salz und frisch gemahlener schwarzer Pfeffer
Für 4 Personen

MEHL in einen Gefrierbeutel geben. Hähnchenfilets zugeben und schütteln, bis sie bedeckt sind. Butter und Öl in einer gußeisernen Pfanne erhitzen. Filets zugeben und – bei einmaligem Wenden – von jeder Seite 3 Minuten goldbraun braten. Auf einen Teller legen und warm stellen.
FRÜHLINGSZWIEBELN und Pilze in die Pfanne geben; unter Rühren 5 Minuten weich und goldbraun braten.
BRÜHE oder Wasser und Wein zugeben. Zum Kochen bringen, die Hitze herunterschalten und ohne Deckel 5 Minuten köcheln lassen, bis die Sauce auf die Hälfte reduziert ist. Gelegentlich umrühren.
SAHNE einrühren und weitere 5 Minuten köcheln lassen, bis die Sauce ein wenig eingedickt ist. Zitronensaft, Schnittlauch, Salz und Pfeffer zugeben. Gut verrühren. Die Sauce über die Hähnchenfilets schöpfen. Nach Wunsch mit Nudeln servieren.
HINWEIS: Die Frühlingszwiebeln so über der Zwiebel abschneiden, daß etwas von dem Grün zur Dekoration daran bleibt.

Hühner-Mango-Salat

1 großes, fertig gebratenes Huhn • 2 mittelgroße Mangos • 125 g Erbsen, geputzt • 1 Tasse Sellerie, in Ringe geschnitten • 6 Frühlingszwiebeln, in Ringe geschnitten • **Kokosdressing:** *125 g Joghurt • 125 ml Kokoscreme • 60 g Mayonnaise • 1 TL gehackter frischer Ingwer • 1 TL abgeriebene Schale einer unbehandelten Zitrone • 1 kleine rote Chilischote, feingehackt (je nach Wunsch)*

Für 4 Personen

HAUT und Knochen vom Huhn entfernen. Das Fleisch in kleine, mundgerechte Stücke schneiden. Mangos schälen und in Scheiben schneiden. Erbsen blanchieren, indem sie erst 30 Sekunden in kochendes Wasser gelegt werden, dann in eiskaltem Wasser abschrecken; abtropfen lassen.

HÜHNERFLEISCH, Mangos, Erbsen, Sellerie und Frühlingszwiebeln in eine große Schüssel geben. Den Salat nach Wunsch mit eine paar Salatblättern auf eine Platte geben und mit Kokosdressing beträufeln. 30 Minuten abgedeckt in den Kühlschrank stellen.

FÜR DAS KOKOSDRESSING alle Zutaten in einer kleinen Schüssel gut mischen.

Hühnerpäckchen

4 Stücke Hühnerbrust am Knochen oder andere Hühnerteile • 2 EL Sojasauce • 2 EL Sherry • 1/2 EL klarer Honig • 2 Möhren, in lange, dünne Streifen geschnitten • 2 Zucchini, in lange, dünne Streifen geschnitten • 1 kleine Zwiebel, in Ringe geschnitten • 2 Selleriestangen, in lange, dünne Streifen geschnitten • 1 Lauchstange, in Ringe geschnitten • 4 Knoblauchzehen, feingehackt • 1–2 TL gehackter frischer Ingwer• frisch gemahlener schwarzer Pfeffer
Für 4 Personen

BACKOFEN auf 210 °C (Gas 190 °C) vorheizen. 4 Quadrate aus Alufolie schneiden – mit einer Länge von 25 cm. Jedes Quadrat mit etwas Öl einfetten. Hühnerbrust von überschüssigem Fett befreien.
SOJASAUCE, Sherry und Honig in einer Schüssel zusammenrühren. Jeweils 1 Hähnchenbrust auf ein Quadrat setzen und gleichmäßige Portionen der Mischung aus Gemüse, Knoblauch und Ingwer darauf geben. Alufolie umschlagen, die Mischung mit Pfeffer würzen und gleichmäßige Portionen der Sojamischung in jedes Quadrat setzen. Folie zu einem Päckchen falten.
DIE PÄCKCHEN in eine Backform geben und 20 Minuten backen. Zur Kontrolle öffnen – das Fleisch sollte von außen goldbraun und innen gar sein – und, falls nötig, weitere 5–10 Minuten backen. Je nach Belieben mit oder ohne Folie servieren. Zu dem Gericht kann Salat gereicht werden.

Marinierter Hühnersalat

1 mittelgroßes Hühnchen (ca. 1,5 kg) • 10 schwarze Pfefferkörner • 2 Lorbeerblätter • 1 Selleriestange, in dicke Scheiben geschnitten • 1 Möhre, gehackt • 1 Bund Petersilie • ***Marinade:*** *125 ml Olivenöl • 2 EL Zitronensaft • 2 EL Rotweinessig • 2 Lorbeerblätter • 3 EL Pinienkerne • 3 EL Rosinen • 1 EL brauner Zucker • Salz und Pfeffer nach Geschmack*

Für 6–8 Personen

HÜHNCHEN von überschüssigem Fett befreien. In einen großen Topf geben und Pfefferkörner, Lorbeerblätter, Sellerie, Möhre, Petersilie und so viel Wasser zugeben, daß es mit Flüssigkeit bedeckt ist. Zum Kochen bringen, Hitze herunterschalten und abgedeckt 50 Minuten köcheln lassen.

HÜHNCHEN in der Kochflüssigkeit abkühlen lassen, dann herausnehmen. Das Fleisch vom Knochen lösen, in Stücke schneiden und in eine Schüssel geben.

FÜR DIE MARINADE alle Zutaten in einer Schüssel gut verrühren. Die Marinade über das Hühnchenfleisch geben und umwenden. Das marinierte Fleisch abgedeckt mindestens 24 Stunden in den Kühlschrank stellen. Nach Wunsch mit dünnen Zitronenscheiben, Brunnenkresse und grünem Salat garnieren.

Tomaten-Hühnchen

1 EL Olivenöl • 1 mittelgroße Zwiebel, feingehackt • 1 Knoblauchzehe, zerdrückt • 3 Tomaten, abgezogen und gut zerkleinert • 6 sonnengetrocknete Tomaten in Öl, abgetropft und gehackt • 4 Hühnerbrustfilets • 25 g Butter • 3 EL Balsamico-Essig • 80 ml Sahne • Salz und Pfeffer nach Geschmack • eine Prise Cayenne Pfeffer • 1 EL brauner Zucker

Für 4 Personen

ÖL in einer Pfanne erhitzen. Zwiebeln und Knoblauch zugeben, bei mittlerer Hitze 10 Minuten goldbraun braten. Alle Tomaten zugeben und weitere 5–10 Minuten köcheln lassen, bis die Flüssigkeit verkocht ist. In eine Schüssel geben und beiseite stellen. Pfanne säubern.

FILETS von überschüssigem Fett und Sehnen befreien und in Streifen schneiden. Butter in der Pfanne erhitzen und Hühnchenstreifen bei mittlerer Hitze 5 Minuten braten – sie müssen von außen leicht gebräunt sein, dürfen aber nicht zäh werden. Aus der Pfanne nehmen und beiseite stellen; warm halten.

ESSIG in dieselbe Pfanne geben und bei mittlerer Hitze 1–2 Minuten kochen, dabei gut umrühren, damit sich nichts am Boden absetzt. Die Mischung aus Zwiebeln und Tomaten zusammen mit der Sahne zugeben. Nach Geschmack mit Salz, schwarzem Pfeffer, Cayennepfeffer und Zucker würzen. Hühnchen in die Pfanne zurückgeben und mit der Sauce vermengen. Als Beilage nach Wunsch mit Paprika bestreute junge Kartoffeln reichen.

Backhähnchen

60 g Butter • 2 dicke Scheiben Schinkenspeck, ohne Rand und gehackt • 4 kleine Zwiebeln, geviertelt • 2 mittelgroße Möhren, in Stücke geschnitten • 45 g brauner Zucker • 1 mittelgroßes Hähnchen (1,5 kg) • 1 Estragonzweig • 1 kleine Zwiebel, zusätzlich • 125 ml Weißwein • 125 ml Hühnerbrühe • Salz und schwarzer Pfeffer • einige Estragonzweige, zusätzlich

Für 4–6 Personen

BACKOFEN auf 180 °C vorheizen. Die Hälfte der Butter in einer Fritierpfanne erhitzen und Schinkenspeck, Zwiebeln und Möhren zugeben. Bei mittlerer Hitze 5–10 Minuten braten.

MIT ZUCKER bestreuen und wenden, damit er sich auflöst. Aus der Pfanne nehmen und beiseite stellen. Hähnchen von Innereien und überschüssigem Fett befreien. Waschen und trockentupfen. Restliche Butter in der Pfanne erhitzen und das Hähnchen von allen Seiten bei mittlerer Hitze 5–10 Minuten anbraten. Estragon und restliche Zwiebeln in die Höhlung geben. Das Hähnchen zusammen mit Möhren, Zwiebeln und Schinkenspeck in eine tiefe, feuerfeste Auflauf- oder Backform legen. Mit Salz und Pfeffer würzen.

WEIN und Brühe in die Pfanne geben und bei mittlerer Hitze gut umrühren, damit nichts am Pfannenboden ansetzt. Zum Hähnchen geben und im Backofen ohne Deckel $1^1/_4$ bis $1^1/_2$ Stunden backen. Die zusätzlichen Estragonzweige darüber streuen. Das Hähnchen mit Gemüse und Schinkenspeck aus der Form nehmen und warm stellen. Überschüssiges Fett abschöpfen. Die Flüssigkeit in einen kleinen Topf geben und bei starker Hitze 5 Minuten kochen, bis die Konsistenz saucenartig ist. Hähnchen mit Gemüse und Sauce servieren.

Orangen-Karamelhühnchen

4 Hühnerteile (Schenkel oder Brust am Knochen) • 1 EL Sonnenblumenöl • 1 Zwiebel, in feine Ringe geschnitten • 125 ml Hühnerbrühe • 1 EL Weißweinessig • 2 EL Orangensaft • 1/2 TL abgeriebene Schale einer unbehandelten Orange• 1 EL brauner Zucker • Salz und schwarzer Pfeffer

Für 4 Personen

HÜHNERTEILE von überschüssigem Fett und Sehnen befreien. Backofen auf 180 °C vorheizen. Öl in einer Pfanne erhitzen und Zwiebeln zugeben. Bei mittlerer Hitze unter Rühren 5 Minuten braten, bis die Zwiebeln weich und goldbraun sind.

HÜHNERTEILE zugeben und 5 Minuten anbraten. Fett abgießen. Brühe, Essig, Orangensaft und Zitrusschale zugeben und bei mittlerer Hitze gut umrühren, damit nichts am Boden festbackt.

NACH Geschmack mit Zucker, Salz und Pfeffer würzen; rühren, damit der Zucker sich auflöst. Die Flüssigkeit zum Kochen bringen. In eine flache feuerfeste Form geben. Im vorgeheizten Backofen 20 Minuten goldbraun backen.

FLEISCH herausnehmen und warm stellen. Die Flüssigkeit bei mittlerer Hitze ca. 5 Minuten köcheln lassen, bis die Menge sich auf die Hälfte reduziert hat. Unter Umständen nachwürzen. Die Sauce über das Huhn schöpfen. Das Gericht kann mit Nudeln serviert und mit Orangenspalten garniert werden.

HINWEIS: Um zu prüfen, ob das Huhn gar ist, einen Spieß in die dickste Fleischpartie stechen – der herausrinnende Saft sollte klar sein. Nicht zu lange im Backofen lassen, sonst wird das Fleisch trocken und zäh.

Warmer Hähnchen-Nudel-Salat

60 ml natives Olivenöl • 2 Knoblauchzehen, zerdrückt • abgeriebene Schale einer unbehandelten Zitrone • 1 EL Zitronensaft • 15 g frisches Basilikum, gehackt • 4 mittelgroße Tomaten, abgezogen, entkernt und gehackt • 18 schwarze Oliven, ohne Steine und in Scheiben geschnitten • 1/2 TL frisch gehackte Oreganoblätter • Salz und frisch gemahlener schwarzer Pfeffer • 2 Tassen Penne (kurze Röhrennudeln) • 400 g Hähnchenbrustfilet • 1 EL Öl • 1/2–1 Tasse Rucolablätter

Für 6 Personen

OLIVENÖL, Knoblauch, Zitronenschale und -saft, Basilikum, Tomaten, Oliven und Oregano in eine große Schüssel geben. Mit Salz und Pfeffer mischen.

PENNE in einem großen Topf mit kochendem Salzwasser *al dente* kochen und abtropfen lassen.

HÄHNCHENBRUSTFILET in Streifen schneiden. Öl in einer mittelgroßen gußeisernen Pfanne erhitzen; Filetstreifen zugeben und bei mittlerer Hitze unter gelegentlichem Rühren 4 Minuten braten. Das abgetropfte Filet und die warmen Nudeln zur Tomatenmischung geben; gut unterheben und sofort mit Rucola servieren.

Unten, von links nach rechts: Warmer Hähnchen-Nudelsalat; Brathähnchen mit roter Johannisbeersauce; Hähnchenbrust mit Schinkenspeck und Käse

Backhähnchen mit roter Johannisbeersauce

*1 mittelgroßes Hähnchen (1,5 kg) • 60 g Butter • 2 Knoblauchzehen, zerdrückt • 1 TL gehackter frischer Ingwer • 15 g frische Petersilie, feingehackt • 1 kleine Zitrone • 1 EL Öl • **Sauce:** 2 TL abgeriebene Schale einer unbehandelten Zitrone • 2 TL abgeriebene Schale einer unbehandelten Orange • 125 ml Orangensaft • 2 EL Zitronensaft • 180 ml rotes Johannisbeergelee • 60 ml Portwein • 1/2 TL gehackter frischer Ingwer*

Für 4 Personen

Backofen auf 180 °C vorheizen. Hähnchen von Innereien und überschüssigem Fett befreien. Waschen und mit Küchenpapier abtupfen. Haut über dem Brustkorb lockern und mit den Fingern unter die Haut fahren, um Taschen über der Brust zu erzeugen.

Butter, Knoblauch, Ingwer und Petersilie mischen, in die Taschen hineingeben und fest andrücken. Zitrone halbieren oder vierteln und in den Brustkorb legen. Flügel unter den Körper biegen und Keulen zusammenbinden; alles mit Öl bestreichen. Das Hähnchen in eine Backform legen.

1 Stunde backen, dabei gelegentlich mit den Fleischsäften bestreichen. Das Hähnchen ist gar, wenn man mit einem Spieß in die Schenkel sticht und der herausrinnende Saft klar bleibt. Nach Wunsch mit Kürbis und Erbsen servieren.

Für die rote Johannisbeersauce alle Zutaten in einen kleinen Topf geben und verrühren. Zum Kochen bringen, Hitze herunterschalten und ohne Deckel 10 Minuten kochen lassen. Durch ein feines Sieb streichen und heiß zum Hähnchen servieren.

Hähnchenbrust mit Schinkenspeck und Käse

4 Stücke Hähnchenbrust am Knochen • 1–2 TL französischer Senf • 8 dicke Scheiben Schinkenspeck, ohne Rand • 4 Scheiben Schweizer Käse • 60 ml Hühnerbrühe

Für 4 Personen

Backofen auf 210 °C (Gas 190 °C) vorheizen. Hähnchenbrust von Haut, Fett und Sehnen befreien und mit Küchenpapier abtupfen. Senf über jeder Brust zu einer dünnen Schicht verstreichen. Je 1 Stück Schinkenspeck über den Senf legen und mit Zahnstochern befestigen.

Je eine Scheibe Käse über den Schinkenspeck legen und die Hähnchenbrust in eine feuerfeste Form geben und die Brühe zugießen.

15–30 Minuten backen. Zahnstocher entfernen. Nach Wunsch mit Nudeln und Salat servieren.

Hinweis: Die Garzeit hängt von der Größe der Hähnchenbrustteile ab.

GEFLÜGELHÄPPCHEN

Champignons mit Hühnerfüllung

30 MUNDGERECHTE Champignons mit einem feuchten Tuch sauberreiben. Stiele entfernen. 1 Hühnerbrustfilet braten. Das Filet und 50 g Schinken im Mixer zerkleinern. Filet und Schinken in eine Schüssel geben und 15 g gehackten Schnittlauch, 30 g geriebenen Cheddar, 60 ml saure Sahne und 1 EL Mayonnaise zugeben. 1 TL der Mischung in jeden Pilzkopf geben und die Köpfe dicht nebeneinander legen. 1 EL Butter zerlassen und über die Pilze träufeln. Mit Paprika bestreuen. Auf ein Backblech legen. Im auf 180 °C vorgeheizten Backofen 10–12 Minuten backen.
Ergibt 30 Stück

Von links oben im Uhrzeigersinn: Champignons mit Hühnerfüllung; Teigtaschen mit Hühnerfüllung; Hähnchen-Nuggets mit Chutney-Dip; Hühnerleber nach asiatischer Art; Hühnerbällchen mit Teufelssauce

Teigtaschen mit Hühnerfülllung

1 EL Öl in einer mittelgroßen Pfanne erhitzen. 1 feingehackte kleine Zwiebel, 1 zerdrückte Knoblauchzehe, 1 EL Currypaste und 2 TL Tomatensauce zugeben. Alles 3 Minuten braten, bis es weich ist, dann 125 g püriertes Hühnerfleisch zugeben. Unter Rühren 5 Minuten braten, bis das Huhn gar ist. 2 EL junge Erbsen, 1 kleine, geriebene Möhre und je 1 EL frisch gehackte Minze und Koriander einrühren. Abkühlen lassen. 3 Blätter fertigen Mürbeteig in 9 Kreise mit ca. 8 cm Durchmesser schneiden. Die Hühnermischung auf die Kreise aufteilen, Ecken mit Wasser anfeuchten, einschlagen und andrücken. Eine gußeiserne Pfanne zur Hälfte mit Öl füllen. Einige Teigtaschen vorsichtig in das heiße Öl legen und 3–4 Minuten fritieren, bis sie goldbraun sind. Auf Küchenpapier abtropfen lassen. Mit den übrigen Mürbeteigstücken wiederholen. Die Teigtaschen heiß und nach Wunsch mit Chutney servieren.
Ergibt 27 Stück

Hähnchen-Nuggets mit Chutney-Dip

375 g HÄHNCHENFILET in 5 cm breite Streifen schneiden. In einer flachen Form 180 g trockene Semmelbrösel, 60 g frischen geriebenen Parmesan und 2 EL feingehackte Petersilie mischen. 2 Eier in einer Schüssel verquirlen. 60 g Mehl in einen großen Gefrierbeutel geben und die Filetstreifen hineingeben; gut schütteln. Aus dem Beutel nehmen und überschüssiges Mehl abschütteln. Filetstreifen in die Eier tunken und mit Semmelbröseln panieren. Auf ein Backblech legen und 1 Stunde in den Kühlschrank stellen. Eine große Pfanne zur Hälfte mit Öl füllen und erhitzen. Hähnchen-Nuggets portionsweise 2–3 Minuten goldbraun fritieren. Auf Küchenpapier abtropfen lassen und warm stellen, während die restlichen Teile fritiert werden. Mit Chutney-Dip servieren.
FÜR DEN CHUTNEY-DIP 125 ml Obst-Chutney, 2 EL Mayonnaise, 2 TL Chilisauce, abgeriebene Schale und Saft einer unbehandelten Orange und 2 TL frischen Ingwer mischen.
Ergibt 32 Stück

Hühnerleber nach asiatischer Art

10 HÜHNERLEBERN säubern und halbieren. In kaltem Wasser 30 Minuten einweichen. In einer Schüssel 60 ml Sojasauce, 1 EL Honig, 2 TL Sherry und 1 TL geriebenen frischen Ingwer mischen. Die abgetropften Lebern zugeben und die Marinade 30 Minuten einziehen lassen. 230 g Wasserkastanien aus der Dose abtropfen lassen. Von 6 dicken Scheiben Schinkenspeck den Rand entfernen und vierteln. Leberstücke und Kastanien in Schinkenspeck einrollen und mit einem Zahnstocher feststecken. Den Grill auf mittlere Hitze vorheizen. Leberstücke auf einen mit Alufolie belegten Grillrost legen: 10–12 Minuten grillen, bis der Schinkenspeck knusprig ist, dabei häufig wenden.
Ergibt 24 Stück

Hühnerbällchen mit Teufelssauce

IN EINER GROSSEN SCHÜSSEL 375 g püriertes Hühnerfleisch, 4 feingehackte Frühlingszwiebeln, 125 g frische Semmelbrösel, 1 verquirltes Ei, 1/4 TL Salz und 20 g frisch gehackte Minze mischen. Mit den Händen 24 walnußgroße Bällchen formen und ca. 30 Minuten in den Kühlschrank stellen. Eine große Pfanne zur Hälfte mit Öl füllen und erhitzen. Die Hühnerbällchen leicht in Mehl wälzen; in kleineren Portionen 3–4 Minuten goldbraun braten. Auf Küchenpapier abtropfen lassen. Heiß mit der Sauce servieren.
FÜR DIE TEUFELSSAUCE 2 EL Butter erhitzen, 2 feingehackte Zwiebeln zugeben und braten, bis sie weich sind. 1 TL Currypulver, 1 EL Zitronensaft und 180 ml Tomatensauce zugeben. 2 Minuten kochen lassen und jeweils 1 EL frisch gehackte Petersilie und Minze einrühren.
Ergibt 24 Bällchen

Thailändische Hähnchenpfanne

3 chinesische Trockenpilze • 300 g Hähnchenbrustfilets • 2 EL Öl • 2 Knoblauchzehen, zerdrückt • 1 EL Ingwer, in feine Scheiben geschnitten • 1–2 kleine rote Chilischoten, ohne Kerne und feingehackt • 1 Zwiebel, geviertelt • 150 g grüne Bohnen, diagonal in kleine Stücke geschnitten • 1/2 rote Paprika, in dünne Streifen geschnitten • 2 EL Austernsauce • 2 EL Fischsauce (in asiatischen Lebensmittelgeschäften erhältlich) • 1 TL brauner Zucker • 2 EL frisch gehackter Koriander

Für 4 Personen

PILZE 30 Minuten in warmem Wasser einweichen. Ausdrücken, Stiele abschneiden und wegwerfen und Köpfe in feine Scheiben schneiden.

HÄHNCHENFILETS in kurze, dünne Streifen schneiden. 1 EL Öl in einem Wok auf mittlere Hitze bringen. Knoblauch, Ingwer und Chilischoten zugeben. 30 Sekunden kochen, ohne daß die Mischung braun wird. Hühnerstreifen zugeben, Hitze erhöhen und unter Rühren braten, bis sie leicht gebräunt sind.

HÄHNCHENSTREIFEN auf einen Teller geben. Restliches Öl im Wok erhitzen. Zwiebeln, Bohnen, Paprika und Pilze zugeben und 3–4 Minuten braten. Hähnchenstreifen in den Wok zurückgeben. Mischung aus Austernsauce, Fischsauce und Zucker darüber geben.

WEITERE 2 MINUTEN köcheln lassen. Mit Koriander bestreuen. Nach Wunsch mit Bandnudeln servieren.

Hühnerballotine

1 großes Huhn (1,8 kg), ausgebeint • 90 g Butter • 4 Frühlingszwiebeln, feingehackt • 3 dicke Scheiben Schinkenspeck, ohne Rand und gehackt • 300 g Hühnerfleisch, püriert • 200 g durch den Fleischwolf gedrehte Fleischwurst • Fertigmischung für Geflügelfüllungen • 60 g Pistazien, abgezogen • 1 Ei, leicht verquirlt • 1 EL Öl
Für 6–8 Personen

HUHN waschen und trockentupfen. Fleisch von Beinen und Flügel in die Höhlung geben. Huhn mit der Fleischseite nach oben auf ein Schneidebrett legen. 60 g BUTTER in einer Pfanne erhitzen. Frühlingszwiebeln und Schinkenspeck zugeben und 2–3 Minuten weich braten. Zwiebeln und Schinkenspeck in eine große Schüssel geben; püriertes Hühnerfleisch, durch den Fleischwolf gedrehte Fleischwurst, Füllungsmix, Pistazien und Ei zugeben. Gut verrühren. Backofen auf 180 °C vorheizen.
FÜLLUNG in die Höhlung des Huhns geben. Die Enden des Huhns hineinstecken, beide Seiten umfalten. Die Höhlung mit einer Nadel und Küchengarn zunähen. Mit Schnur in Abständen von ca. 5 cm umwickeln, damit das Huhn während des Backens nicht auseinanderfällt. In eine Backform legen und gut mit der Mischung aus Öl und restlicher Butter bestreichen.
1 STUNDE 15 MINUTEN backen, dabei häufig mit dem Saft aus der Pfanne bestreichen. Beim Test mit einem Spieß muß der Saft klar herausrinnen. Schnur und Garn vor dem Servieren entfernen. In Scheiben schneiden und kalt oder warm servieren. Chutney und Salat eignen sich gut als Beilagen zu diesem Gericht.

WÜRZIGE STEAKS

Perfekte Steaks aus Rind-, Kalb-, Schweine- und Lammfleisch: Mit dem kleinen Steakführer und den praktischen Informationen zu Vor- und Zubereitung gelingen Ihnen selbst Spezialtechniken problemlos. Eine große Auswahl an Saucen, Marinaden und Buttersorten runden die Rezeptesammlung ab.

DAS RICHTIGE STEAK

Im Grunde bezieht sich der Begriff »Steak« auf alle Sorten in Scheiben geschnittenen Fleischs, die sich zum Braten oder Grillen eignen. Zu den traditionellen Sorten wie Entrecôte- oder Rumpsteak haben sich mittlerweile viele neuere Varianten wie Lammnuß oder Schweinerumpsteak gesellt. Die Frage, welche Sorte davon die beste ist, läßt sich höchstens mit ›alle‹ beantworten, denn das hängt immer vom Rezept und natürlich von Ihrem persönlichen Geschmack ab.

Im allgemeinen hat Rinder- und Lammsteakfleisch einen kräftigen Geschmack und kann mit wenig oder auch ganz ohne Sauce oder Beilagen gegessen werden. Rind und Lamm können in verschiedenen Garstufen von kaum angebraten (»bleu«) bis ganz durchgebraten zubereitet werden. Schweine- und Kalbfleisch hat einen milderen Geschmack und wird meist durchgebraten serviert, obwohl die dünneren Steaks zum raschen Austrocknen neigen.

Jede Fleischsorte ist in mehreren Schnittvarianten erhältlich, von denen einige für jede Sorte gelten – beispielsweise Filet oder Medaillons. Filetsteak stammt aus den mittleren Regionen wie etwa dem Rippen- und Lendenbereich. Es ist dick und sehr zart. Steaks vom Bein kleinerer Tiere, z. B. Kälbern oder Lämmern, sind fetter, aber nicht so zäh wie die vom Bein größerer Tiere, etwa Schweinen oder Kühen. Jeder Steaktyp eignet sich besonders für bestimmte Zubereitungsarten, hat eine bestimmte Geschmacksrichtung und eine spezielle Garzeit. Halten Sie sich an die Empfehlungen in den Rezepten.

AUSWAHL DES STEAKFLEISCHES

Rechnen Sie zwischen 100 g und 200 g Fleisch (ohne Knochen) pro Person (250 g mit Knochen). Wenn jeder ein Steak bekommen soll, wählen Sie am besten Steaks von gleicher Größe, die zur gleichen Zeit gar sind. Rind- und Lammfleisch sollte hellrosafarben bis rot und darf bis zu den Rändern hin nicht trocken sein. Ein wenig Fett ist besonders bei großen Rindersteaks empfehlenswert, da es das Fleisch vor dem Austrocknen bewahrt, doch achten Sie darauf, kein Fleisch mit allzu großem Fettanteil zu kaufen, da das meiste Fett vor dem Braten ohnehin entfernt werden muß. Die Fettanteile sollten cremefarben, aber nicht gelb aussehen. Schweine- und Kalbssteaks sollten rosafarben und nicht milchig sein – je heller, desto besser. Nehmen Sie kein als »Kalb« ausgezeichnetes Fleisch, das von dunkelroter Färbung ist. Das stammt mit Sicherheit von Jährlingsrindern und ist wesentlich zäher als normales Kalbfleisch.

Fertig verpacktes Fleisch aus dem Supermarkt ist nicht unbedingt weniger frisch als das vom Metzger, aber unnötig aufwendig verpackt. Steaks, die im eigenen Saft auf Kunststoffunterlagen lagern, sollten Sie nicht kaufen; das Fleisch ist trocken und zäh. Besorgen Sie das Fleisch beim Einkaufen stets zuletzt und packen Sie es als erstes wieder aus.

VORBEREITUNG

Etwa 30 Minuten vor dem Braten nehmen Sie das Steakfleisch aus dem Kühlschrank und lassen es ruhen, bis es Zimmertemperatur angenommen hat.

Ränder dünner Steaks einschneiden, um Zusammenziehen beim Braten zu verhindern.

Entfernen Sie überschüssiges Fett und alle Sehnen. Dünne Steaks, wie Kalbsschnitzel, sollten am Rand ein wenig eingeschnitten werden, damit sie sich beim Braten nicht zusammenziehen.

Sie können das Fleisch vor dem Braten würzen, wenn Sie möchten, aber noch nicht salzen, da Salz Wasser zieht und das Fleisch so früher austrocknet.

Wenn im Rezept empfohlen wird, das Fleisch mit einem Fleischklopfer flachzuklopfen, decken Sie es erst mit Klarsichtfolie ab, so reißt das Fleisch nicht ein. Die Steaks sollten dann mit dem Fleischklopfer auf die gleiche Dicke gebracht, aber nicht exzessiv verformt werden.

Mit einem Fleischklopfer behandelt wird Steak zarter und flacher.

Zubereitung

IM BACKOFEN

Den Backofengrill mindestens 5 Minuten vorheizen. Das Grillblech oder das Fleisch mit ein wenig Öl einfetten und das Blech so nah an der Hitzequelle plazieren wie möglich. Von beiden Seiten bräunen und einmal wenden. Auf mittlere Stufe herunterschalten und bis zum gewünschten Garzustand im Backofen lassen. Garzustand mit einer Gabel prüfen (vgl. Kasten). Fleisch nicht öfter als ein- oder zweimal wenden.

AUF DEM GRILL

Das Steakfleisch zunächst auf die heißeste Stelle des Grills legen, dann auf einer weniger heißen Stelle garen.

IN DER PFANNE

Beschichtete Pfannen brauchen unter Umständen nicht eingefettet zu werden, und wenn Sie die Pfanne doch mit Öl, Margarine oder Butter einfetten, verwenden Sie das Fett stets sparsam. So kann das Fleisch im eigenen Saft schmoren. Für Rind- und Lammfleisch eignet sich Olivenöl am besten. Kalb- und Schweinefleisch trocknen schneller aus und benötigen eventuell mehr Fett. Verwenden Sie Margarine oder Butter mit Öl gemischt. Kurz auf höchster Stufe erhitzen, dann auf mittlerer Stufe bis zum gewünschten Garzustand weiter braten. Steak so selten wie möglich wenden. Garzustand mit einer Gabel prüfen (vgl. Kasten). Die Beschaffenheit der Oberfläche verrät viel über den Garzustand: Wenn sich kleine rosafarbene Tröpfchen bilden, ist das Steak medium-blutig; wenn die Tropfen klar sind, ist das Steak durchgebraten.

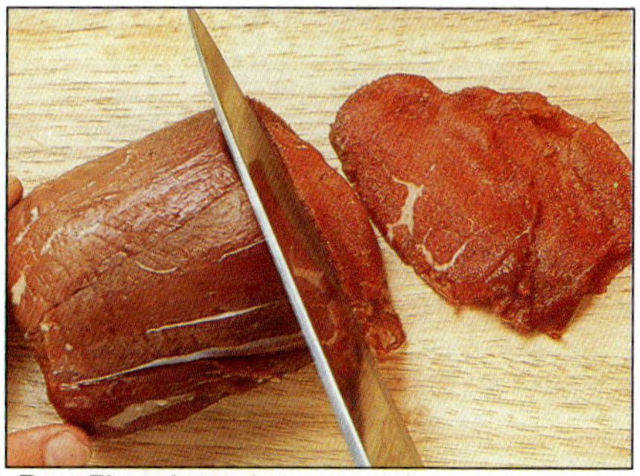

Das Fleisch einfrieren und dann in hauchdünne Scheiben schneiden.

Spezialtechniken

Carpaccio: Das Fleisch mindestens 2 Stunden in den Gefrierschrank legen. Mit einer Hand starken Druck auf das Fleisch ausüben und Fleisch mit einem sehr scharfen Messer in hauchdünne Scheiben schneiden.

Pfeffersteak: Pfefferkörner leicht zerstoßen. Steaks mit Öl einreiben und die

Die Pfefferkörner mit Handflächen und Fingerspitzen fest auf das Steak pressen.

Pfefferkornmischung mit Handflächen und Fingerspitzen fest darauf pressen.

Steak-Tatar: Zerkleinern Sie mageres Steakfleisch mit einem Paar gleich großer, sehr scharfer Messer und gehen Sie dabei abwechselnd und rhythmisch vor, als ob Sie trommeln würden. Wenden Sie die Fleischmasse während des Vorgangs gelegentlich.

Die Garstufen

So sollten die fünf klassichen Garstufen für Steakfleisch aussehen. Den Garzustand nur durch Andrücken zu testen erfordert einige Übung. Auch müssen Sie beachten, daß andere Fleischsorten ein wenig von der Beschreibung abweichen können: Lamm etwa ist im allgemeinen weicher als Rindfleisch. Das Fleisch niemals einstechen, sonst gehen die Fleischsäfte

Blutig: gibt nach, im Innern rot, mit einem schmalen gebratenen Rand.

Medium-blutig: gibt wenig nach, im Innern feucht und blaßrot.

Bleu: gibt stark nach, im Innern roh, die Außenränder leicht angebraten.

Medium: fest, im Innern rosa, mit hellbrauner Kruste.

Durchgebraten: sehr fest, ganz durchgebraten, mit brauner Kruste.

KLEINER STEAKFÜHRER

Auf diesen Seiten finden Sie auf einen Blick die verschiedenen Fleischsorten und Schnittweisen. Kaufen Sie das Fleisch, das Sie für das ausgewählte Gericht benötigen, nach Möglichkeit in dem Schnitt, den Sie im Rezept angegeben finden. Es ist möglich, daß die Schnittvarianten nicht in jeder Metzgerei wie abgebildet angeboten werden.

In diesem Fall fragen Sie beim Einkauf einfach nach und bitten Sie das Verkaufspersonal, das von Ihnen gewählte Stück so aufzuschneiden, wie es sich für das Rezept am besten eignet – man wird Ihnen sicher gern behilflich sein.

MARINADEN

Marinaden wurden ursprünglich dazu verwendet, zähes Fleisch zarter zu machen. Aber Marinadenrezepte sind mittlerweile so vielfältig und lecker, daß man sie auf jeden Fall einmal ausprobieren sollte, auch wenn das Fleisch schon zart genug ist. Die angegebenen Mengen reichen jeweils für ca. 4 Steaks.

Soja-Ingwer-Marinade

60 ML ÖL, 50 g braunen Zucker oder 90 g Honig, 60 ml Sojasauce, 2 zerdrückte Knoblauchzehen und 2 TL geriebenen Ingwer mischen. Steaks darin mehrere Stunden oder über Nacht abgedeckt im Kühlschrank marinieren. Gelegentlich wenden.

Rotweinmarinade

250 ML ROTWEIN, 1 EL Öl, 1 EL Rotwein- oder Balsamico-Essig, 1 EL braunen Zucker, 1 EL Tomatensauce, 1–2 zerdrückte Knoblauchzehen und 1/2 TL getrocknete Oreganoblätter gut mischen. Steaks darin mehrere Stunden oder über Nacht abgedeckt im Kühlschrank marinieren. Gelegentlich wenden.

Im Uhrzeigersinn von unten: Soja-Ingwer-Marinade; Rotweinmarinade; Honig-Weißwein-Marinade; Senfmarinade; Chili-Zwiebel-Marinade; Tomaten-Kräuter-Marinade; orientalische Marinade; Joghurt-Kräuter-Marinade

Honig-Weißwein-Marinade

125 ML WEISSWEIN, 90 g Honig, 60 ml Olivenöl, 1–2 zerdrückte Knoblauchzehen sowie je 1 EL frische Minze und Thymian mischen. Steaks darin mehrere Stunden oder über Nacht abgedeckt im Kühlschrank marinieren. Gelegentlich wenden.

Joghurt-Kräuter-Marinade

250 G NATURJOGHURT, 1 EL geriebene Zwiebeln, 1–2 zerdrückte Knoblauchzehen, 1 TL braunen Zucker sowie je 1/2 TL gemahlenen Garam Masala (indische Würzmischung), Kreuzkümmel, Koriander und Kurkuma gut vermischen. Steaks sorgfältig mit der Marinade überziehen und mehrere Stunden oder über Nacht abgedeckt im Kühlschrank marinieren. Gelegentlich wenden.

Senfmarinade

1 EL Dijon-Senf, 1 EL grobkörnigen Senf, 1 EL braunen Zucker, je 2 EL Balsamico-Essig und Tomatensauce, 60 ml Öl, 1–2 zerdrückte Knoblauchzehen und 2 TL Worcestersauce gut mischen und über die Steaks geben. Mehrere Stunden oder über Nacht abgedeckt im Kühlschrank marinieren. Gelegentlich wenden.

Orientalische Marinade

60 ml Sojasauce, 2 EL Honig, je 1 EL Pflaumensauce, Austernsauce und Chilisauce, 1 TL geriebenen Ingwer sowie 1 zerdrückte Knoblauchzehe gut mischen. Steaks darin mehrere Stunden oder über Nacht abgedeckt im Kühlschrank marinieren. Gelegentlich wenden.

Chili-Zwiebel-Marinade

2 EL Chilisauce, je 1 EL Honig und Zitronensaft, 2 EL Öl, 1 El geriebene Zwiebel, 2 TL Worcestersauce, 1 TL Senf und 1/4 TL Kreuzkümmel gut mischen. Steaks darin mehrere Stunden oder über Nacht abgedeckt im Kühlschrank marinieren. Gelegentlich wenden. Schärfer wird die Marinade, wenn man einige frische Chilistückchen zufügt.

Tomaten-Kräuter-Marinade

125 ml Tomatensauce, 60 ml Rot- oder Weißwein, 2 EL Öl, je 1 EL Zitronensaft und Worcestersauce, 2 zerdrückte Knoblauchzehen und 1 TL gemischte Trockenkräuter mischen. Über die Steaks geben und mehrere Stunden oder über Nacht abgedeckt im Kühlschrank marinieren. Gelegentlich wenden.

STEAKSAUCEN

Mit einer Sauce verleihen Sie Ihrem Steak auf ebenso einfache wie schmackhafte Weise eine besondere Note. Hier steht Ihnen eine Auswahl köstlicher, schnell zubereiteter Saucen zur Verfügung, die aus jedem Steak etwas Besonderes machen. Die angegebenen Mengen reichen jeweils für ca. 4 Steaks.

Sauce béarnaise

125 ml Estragonessig, 2 Lorbeerblätter, 1 TL Pfefferkörner und 4 feingehackte Frühlingszwiebeln in einem kleinen Topf zum Kochen bringen und auf mittlerer Stufe ohne Deckel weiter köcheln lassen, bis die Flüssigkeit sich auf 2 EL verringert hat. Abseihen, die Flüssigkeit aufbewahren und mit 5 Eigelben in der Küchenmaschine oder dem Mixer 30 Sekunden verrühren. Unter ständigem Rühren langsam 250 g zerlassene Butter zufügen. Alles in eine kleine Schüssel oder Terrine geben und während der Steakzubereitung warm stellen.

Champignonsauce

Steaks in der Pfanne braten, dann aus der Pfanne nehmen und in Alufolie gewickelt warm halten. 30 g Butter, 1 kleine Dose abgetropfte und feingehackte Champignons, 1 feingehackte Frühlingszwiebel und 1/2 TL getrockneten Thymian zum Pfanneninhalt geben. 5 Minuten kochen, bis die Champignons weich sind. 60 ml Weißwein und 80 ml Sahne zugeben und 2 Minuten kochen, bis die Sauce leicht eindickt. Salz und frisch gemahlenen Pfeffer zugeben. Über die Steaks schöpfen und servieren.

Zwiebel-Rotwein-Sauce

Steaks in der Pfanne braten, aus der Pfanne nehmen und in Alufolie gewickelt warm stellen. 30 g Butter und 1 in Ringe geschnittene Zwiebel zum Pfanneninhalt geben. Unter Rühren 5 Minuten kochen, bis die Zwiebel weich ist. 1 TL Mehl und 2 TL braunen Zucker zufügen und 1 Minute kochen. 200 ml Rotwein zugeben. Zum Kochen bringen und auf mittlerer Stufe 5 Minuten unter Rühren kochen, bis die Menge sich auf die Hälfte reduziert hat. Salz und frisch gemahlenen schwarzen Pfeffer zugeben. Über die Steaks schöpfen, mit 2 EL feingehackter Petersilie bestreuen und servieren.

Tomatensauce

Steaks in der Pfanne braten, aus der Pfanne nehmen und in Alufolie gewickelt warm stellen. 1 EL Öl und 1 feingehackte rote Zwiebel zum Pfanneninhalt geben. Unter Rühren 5 Minuten kochen, bis die Zwiebel weich ist. 3 geschälte, geputzte und gehackte Tomaten, 60 ml Barbecuesauce, 1 TL Zucker und 1 EL Balsamico-Essig zugeben und unter Rühren 5–7 Minuten kochen, bis die Tomate weich ist. Salzen und pfeffern und 2 EL frisch gehacktes Basilikum oder Petersilie zufügen. Über die Steaks schöpfen und servieren.

Senfsauce

STEAKS in der Pfanne braten, dann aus der Pfanne nehmen und in Alufolie gewickelt warm stellen. 80 ml Rinderbrühe, je 1 EL Tomatensauce und braunen Zucker, 2 TL Rotweinessig, 1/2 TL Worcestersauce, 1–2 zerdrückte Knoblauchzehen und 2 EL körnigen Senf zum Pfanneninhalt geben. Zum Kochen bringen und 2–3 Minuten rühren, bis die Sauce leicht eindickt. 60 ml Sahne zugeben. Über die Steaks schöpfen und servieren.

Teriyakisauce

STEAKS in der Pfanne braten, dann aus der Pfanne nehmen und in Alufolie gewickelt warm stellen. 60 ml Teriyakisauce aus der Flasche, 2 EL Sherry, 2 EL Brühe oder Wasser, 1 EL Honig, 1 TL geriebenen grünen Ingwer und 1 zerdrückte Knoblauchzehe zum Pfanneninhalt geben, verrühren und aufkochen. Über die Steaks schöpfen, mit 1 TL gerösteten Sesamkörnern bestreuen und servieren.

Zitronen-Kräuter-Sauce

STEAKS in der Pfanne braten, aus der Pfanne nehmen und in Alufolie gewickelt warm stellen. 50 g Butter, 60 ml Brühe oder Wasser, 60 ml Zitronensaft, 1 TL geriebene Zitronenschale und 1 TL braunen Zucker zum Pfanneninhalt geben. Zum Kochen bringen und 1–2 Minuten köcheln lassen. Je 1 EL frische Petersilie, Schnittlauch und Thymian zugeben, verrühren, Sauce über die Steaks schöpfen, servieren.

Barbecuesauce

STEAKS in der Pfanne braten, dann aus der Pfanne nehmen und in Alufolie gewickelt warm stellen. 1 EL Öl und 1 feingehackte kleine Zwiebel zum Pfanneninhalt geben. 5 Minuten kochen, bis die Zwiebel weich ist, je 1 EL Balsamico-Essig und braunen Zucker, 80 ml Tomatensauce und 2 EL Sojasauce zufügen. Zum Kochen bringen und 5 Minuten weiter köcheln lassen, bis die Sauce leicht eindickt. Über die Steaks schöpfen und mit 1 EL gehackter Petersilie garnieren.

Teufelssauce

STEAKS in der Pfanne braten, aus der Pfanne nehmen und in Alufolie gewickelt warm stellen. 30 g Butter, 2 feingehackte Frühlingszwiebeln und 1 zerdrückte Knoblauchzehe in die Pfanne geben und 2 Minuten kochen. 125 ml Tomatensauce, 1 EL Weißweinessig und 1 TL Worcestersauce zufügen, verrühren und erhitzen. 1 EL feingehackten Schnittlauch oder Petersilie zugeben. Über die Steaks schöpfen und servieren.

Von links: Sauce béarnaise; Champignonsauce; Zwiebel-Rotwein-Sauce; Tomatensauce; Senfsauce; Teriyakisauce; Zitronen-Kräuter-Sauce; Barbecuesauce und Teufelssauce

STEAKBUTTER

Mit Kräutern, Senf, Wein oder Gemüse angemachte Butter ist die einfachste Art und Weise, einem Steak zusätzliche Würze zu verleihen. Eine Scheibe Kräuterbutter ist eine appetitliche Garnierung und leckere Geschmacksbereicherung zugleich. Mit den hier angegebenen Mengen läßt sich jeweils Kräuterbutter für etwa 8 Steaks herstellen.

Um die Butter dem Fleisch schon vor den Braten oder Grillen beizugeben, schneidet man am besten mit einem scharfen Messer in die Seiten jedes Steaks eine kleine Tasche und füllt diese mit 1–2 TL Kräuterbutter. Während des Bratens oder Grillens das Fleisch häufig mit der restlichen Kräuterbutter bestreichen.

Senfbutter

125 G BUTTER schaumig schlagen. 2–3 EL französischen oder körnigen Senf zugeben, je 1 TL Saft und abgeriebene Schale einer unbehandelten Zitrone und 1 EL gehackten Schnittlauch zufügen und gut verrühren. Die Buttermasse mit Klarsichtfolie zu einer Rolle formen und im Kühlschrank fest werden lassen.

Meerrettichbutter

125 G BUTTER schaumig schlagen. 1 EL Meerrettichcreme, 2 EL feingehackte Petersilie und 1 TL Senf zugeben und glattrühren. In einer Schüssel im Kühlschrank fest werden lassen.

Frische Kräuterbutter

125 G BUTTER schaumig schlagen. Je 1 EL gehackte Petersilie, Schnittlauch und Estragon, 1 TL abgeriebene Schale einer unbehandelten Zitrone, Salz und gemahlenen schwarzen Pfeffer zugeben und glattrühren. Mit Klarsichtfolie zu einer Rolle formen und im Kühlschrank fest werden lassen.

Paprika-Schnittlauch-Butter

1 KLEINE ROTE PAPRIKA halbieren und putzen. Von außen mit Öl bestreichen und unter dem vorgeheizten Backofengrill gut bräunen. Abkühlen lassen, Haut abziehen und Fleisch grob hacken. 125 g kleingehackte Butter, Paprika und 1 EL feingehackten Schnittlauch in der Küchenmaschine oder im Mixer 1 Minute verrühren. In eine Servierschüssel geben und im Kühlschrank fest werden lassen.

Links: Senfbutter, untere Reihe von links: Meerrettichbutter; frische Kräuterbutter und Petersilien-Zitronen-Butter

Chili-Koriander-Butter

125 G BUTTER schaumig schlagen. 1 kleine, sehr feingehackte rote Chilischote, 1 EL frisch gehackten Koriander und 2 TL Zitronensaft zugeben und glattrühren. Mit Klarsichtfolie zu einer Rolle formen und im Kühlschrank fest werden lassen.

Knoblauch-Rosmarin-Butter

125 G BUTTER schaumig schlagen. 4 zerdrückte Knoblauchzehen, 1 EL frisch gehackten Rosmarin, 1 EL Zitronensaft, Salz und frisch gemahlenen schwarzen Pfeffer zugeben und alles gut verrühren. In eine Servierschüssel geben und im Kühlschrank fest werden lassen.

Petersilien-Zitronen-Butter

125 G BUTTER schaumig schlagen. 2 EL feingehackte Petersilie, 1 TL abgeriebene Schale einer unbehandelten Zitrone, Salz und frisch gemahlenen schwarzen Pfeffer zufügen und alle Zutaten sorgfältig glattrühren. Die Buttermasse mit Klarsichtfolie zu einer Rolle formen und im Kühlschrank fest werden lassen.

Rechts: Chili-Koriander-Butter, unten links: Paprika-Schnittlauch-Butter, unten rechts: Knoblauch-Rosmarin-Butter

Pfannensteak in Rotweinsauce

2 Rib-Eye-Steaks oder Filetsteaks • 30 g Butter • 1 EL Öl • 60 ml Rotwein • 1–2 TL Senf • 80 ml Sahne • frisch gehackte Petersilie oder Schnittlauch zum Garnieren
Für 2 Personen

STEAKS von überschüssigem Fett und Sehnen befreien. Butter und Öl in einer großen gußeisernen Pfanne erhitzen. Wenn das Fett schäumt, die Steaks zugeben. Zum Versiegeln auf höchster Stufe 2 Minuten von jeder Seite anbraten. Blutige Steaks erhält man nach 1 Minute Braten von jeder Seite. Für durchgegartere Steaks auf mittlere Stufe herunterschalten. Medium-Steaks sind nach weiteren 2–3 Minuten von jeder Seite fertig und durchgebratene nach 4–6 Minuten Braten von jeder Seite.

DEN WEIN in die Pfanne gießen. Unter Rühren zum Kochen bringen. 1 Minute köcheln lassen, dann auf untere Stufe herunterschalten und Senf und Sahne einrühren. Gut verrühren. Sauce auf mittlerer Stufe 1–3 Minuten köcheln lassen, bis sie leicht eindickt. Steaks in die Pfanne geben und 1 Minute in der Sauce köcheln lassen.

STEAKS auf Serviertellern anrichten, Sauce darüber schöpfen und mit Petersilie oder Schnittlauch garnieren.

HINWEIS: Rotwein kann man durch Weißwein ersetzen.

Unten: Pfannensteak in Rotweinsauce, Mitte: Steak in Gemüsesauce, rechts: Grillsteak mit Blauschimmelkäse-Butter

Steak in Gemüsesauce

2 Entrecôte-Steaks • 1 EL Zitronensaft • 2 TL gehackter Thymian • ***Gemüsesauce:*** *1 EL Olivenöl • 20 g Butter • 1 Zwiebel, feingehackt • 1 Knoblauchzehe, zerdrückt • 1 Tomate, gehackt • 1 kleine rote Paprika, in Ringe geschnitten • 2 TL brauner Zucker • 1 EL Rotwein oder Balsamico-Essig • 2 EL Korinthen*

Für 2 Personen

STEAKS von überschüssigem Fett und in eine nicht-metallene Schüssel legen. Zitronensaft darüber geben und mit Kräutern bestreuen. Abgedeckt 15 Minuten stehen lassen.

FLEISCH auf ein leicht eingefettetes Backblech legen. Zum Versiegeln unter dem vorgeheizten Backofengrill 1–2 Minuten grillen, einmal wenden. Blutige Steaks erhält man nach 1 Minute Braten von jeder Seite. Für durchgegartere Steaks Temperatur herunterschalten. Medium-Steaks sind nach weiteren 2–3 Minuten von jeder Seite fertig und durchgebratene nach 3–5 Minuten von jeder Seite.

FÜR DIE GEMÜSESAUCE Öl und Butter in einem Topf erhitzen, darin Zwiebel und Knoblauch bei mittlerer Hitze weich kochen. Tomaten zufügen und 1 Minute rühren. Paprika, Zucker, Essig und Korinthen zufügen und 2 Minuten kochen. Hitze reduzieren und 5–10 Minuten köcheln lassen, dabei gelegentlich umrühren. Steaks mit Sauce und nach Wunsch mit Zuckererbsen servieren. Mit Thymianzweigen garnieren.

Grillsteak mit Blauschimmelkäse-Butter

2 große T-Bone-Steaks • ***Blauschimmelkäse-Butter:*** *125 g Butter • 100 g Blauschimmelkäse • 1 EL frisch gehackter Schnittlauch oder Thymian*

Für 2 Personen

STEAKS von überschüssigem Fett und Sehnen befreien, auf den heißen, leicht eingefetteten Grillrost oder das Grillblech legen. Zum Versiegeln auf höchster Stufe 2 Minuten von jeder Seite grillen. Blutige Steaks erhält man nach weiteren 1–2 Minuten Grillen von jeder Seite. Für durchgegartere Steaks auf eine weniger heiße Stelle des Grills legen. Medium-Steaks sind nach weiteren 2–3 Minuten von jeder Seite fertig und durchgebratene nach 4–5 Minuten von jeder Seite. Steaks mit Scheiben der Blauschimmelkäse-Butter belegen und nach Wunsch mit gedünstetem Spargel und Kartoffelecken servieren. Mit Estragon garnieren.

FÜR DIE BLAUSCHIMMELKÄSE-BUTTER Butter mit Blauschimmelkäse verrühren und Schnittlauch oder Thymian hinzufügen. Alles glattrühren. Mit Klarsichtfolie zu einer Rolle formen und im Kühlschrank fest werden lassen.

HINWEIS: Die Blauschimmelkäse-Butter kann man mit einer Spritztülle in kleinen Portionen auf ein Tellerchen setzen und im Kühlschrank fest werden lassen oder einfach mit einem Teelöffel zum Oval formen und auf das Steak geben.

Rindfleisch-Pfannengemüse

400 g Rumpsteak • 1 EL Sojasauce • 1 EL Sherry • 1 TL Stärke • 1 EL Öl • 1 Knoblauchzehe, zerdrückt • 1 TL frisch geriebener Ingwer • 2 EL Öl , zusätzlich • 300 g Brokkoliröschen • 1 rote Paprika, in Ringe geschnitten • 125 ml Hühnerbrühe oder Wasser • 1–2 EL Hoisin-Sauce nach Geschmack • 40 g geröstete Mandeln oder Cashewkerne, je nach Geschmack

Für 2 Personen

FLEISCH in dünne Streifen schneiden. Sojasauce, Sherry und Stärke in einer Rührschüssel mischen, das Rindfleisch zugeben und gut verrühren. Öl im Wok erhitzen, Knoblauch, Ingwer und Fleisch zugeben. Auf höchster Stufe 2–3 Minuten braten. Fleisch aus dem Wok nehmen und abgedeckt warm stellen.

ZUSÄTZLICHES ÖL, Brokkoli und Paprika erhitzen. Auf höchster Stufe 2 Minuten anbraten. Brühe oder Wasser zufügen (langsam die Wände des Woks hinunterlaufen lassen) und abgedeckt weitere 2 Minuten braten. Fleisch und Hoisin-Sauce zugeben. Unter Rühren wieder erhitzen. Nach Wunsch mit gehackten Mandeln oder Cashewkernen und Nudeln servieren. Mit frischem Estragon garnieren.

HINWEIS: Statt der Hoisin-Sauce kann auch jede andere asiatische Sauce verwendet werden. Statt Brokkoli und Paprika können sie als Variation Spargel, grüne Bohnen und Zwiebeln verwenden.

Steak in Fladenbrot

750 g Filetsteak am Stück • 1 Fladenbrot • sonnengetrocknete Tomaten oder Paprika • saure Gurken
*• **Knoblauchbutter:** 125 g Butter • 3 zerdrückte Knoblauchzehen • 2 EL frisch gehackter Schnittlauch*
*• **Sardellenbutter:** 125 g Butter • 1 EL feingehackte Sardellen, 2 EL feingehackte Petersilie*
Für 2–4 Personen

Backofen auf 210 °C (Gas 190 °C) vorheizen. Fleisch auf ein Backblech legen und 30 Minuten für blutiges Steak, 40 Minuten für Medium-Steak und 45–50 Minuten für durchgebratenes Steak backen. Abgedeckt 10 Minuten stehen lassen.

Fladenbrot vierteln, dann längs aufschneiden und anrösten. Mit Knoblauch- oder Sardellenbutter bestreichen. Fleisch diagonal in ca. 5 mm dicke Scheiben schneiden und die unteren Hälften der Brotviertel damit belegen, sonnengetrocknete Tomaten, Brot, Butter, saure Gurken und evtl. eine Sauce nach Wunsch zufügen. Die oberen Brothälften zuoberst legen. Mit grünem Salat und nach Wunsch mit Chilischoten servieren. Mit Schnittlauchspitzen garnieren.

Für die Knoblauchbutter Butter in einer Rührschüssel mit Knoblauch und Schnittlauch glattrühren.

Für die Sardellenbutter Butter in einer kleinen Rührschüssel mit Sardellen und Petersilie glattrühren.

Hinweis: Dicke geröstete Weißbrotscheiben anstelle des Fladenbrots verwenden. Die Butter kann einige Stunden im voraus zubereitet werden.

Rinderschnitzel

4 Rinderschnitzel • 60 g weichgerührte Butter • je 1 TL feingehackter Schnittlauch und Petersilie • 30 g Butter, zusätzlich • 2 Zwiebeln, in dünne Ringe geschnitten • 60 ml Weinbrand • 2 EL Sherry

Für 2–4 Personen

FLEISCH von überschüssigem Fett und Sehnen befreien. Schnitzel mit einem Fleischklopfer auf ca. 1 cm Dicke bringen und an den Rändern einschneiden, damit sie sich nicht zusammenziehen. Mit Küchenpapier trockentupfen. Butter mit Kräutern verrühren und im Kühlschrank fest werden lassen.

ZUSÄTZLICHE BUTTER in einer gußeisernen Pfanne erhitzen. Zwiebeln zufügen und auf mittlerer Stufe 3–4 Minuten goldbraun braten. Zwiebeln aus der Pfanne nehmen.

PFANNE wieder erhitzen, Schnitzel von jeder Seite auf höchster Stufe 30 Sekunden braten, einmal wenden. Schnitzel auf Servierteller legen, Zwiebelringe auf den Schnitzeln verteilen, abdecken und warm stellen.

PFANNE vom Herd nehmen. Weinbrand zugeben und entzünden. Pfanne rütteln, bis die Flamme erlischt. Sherry hineinrühren und kurz erhitzen. Auf jedes Schnitzel 1/4 der Kräuterbutter geben und mit Sauce begießen. Heiß mit Lollo-Rosso-Salat, gedünstetem Kürbis und Zucchini servieren.

Pfeffersteak

4 Rib-Eye-Steaks, je ca. 2 cm dick • 1 Knoblauchzehe, geschält und halbiert • 1 EL Öl • 2 EL schwarze Pfefferkörner • 1 EL weiße Pfefferkörner, je nach Geschmack • 50 g Butter • 60 ml Weinbrand • 125 ml Sahne

Für 4 Personen

Steaks von überschüssigem Fett und Sehnen befreien. Mit einem Fleischklopfer auf ca. 1 cm Dicke bringen. Von beiden Seiten mit Knoblauch einreiben und mit Öl bestreichen. Pfefferkörner grob zerstoßen und mit den Fingern in einer dünnen Schicht auf die Steaks pressen. 30 Minuten ruhen lassen.
Butter in einer großen gußeisernen Pfanne erhitzen. Zum Versiegeln auf höchster Stufe 2 Minuten von jeder Seite braten, dabei einmal wenden. Blutige Steaks erhält man nach 1 weiteren Minute Braten von jeder Seite. Für durchgegartere Steaks auf mittlere Stufe herunterschalten. Medium-Steaks sind nach weiteren 2–3 Minuten von jeder Seite fertig und durchgebratene nach 4–6 Minuten von jeder Seite.
Pfanne vom Herd nehmen. Weinbrand zugeben und mit einem langen Streichholz oder Anzünder entzünden. Pfanne rütteln, bis die Flamme erlischt. Steaks auf Servierteller legen. Abdecken und warm stellen. Sahne unter Rühren zum Pfanneninhalt geben. Wieder erhitzen und 1–2 Minuten weiter rühren. Sauce über die Steaks schöpfen und nach Wunsch mit Maiskölbchen, Endiviensalat und mit Paprika bestreuten sautierten Kartoffelscheiben heiß servieren.
Hinweis: Statt Weinbrand und Sahne kann man auch 1 EL Zitronensaft in die Pfanne geben, dann unter Rühren erhitzen, bis der Saft zu schäumen beginnt. Über die Steaks geben.

Steak Diane

4 Filetsteaks, je ca. 150 g • 2 Knoblauchzehen, zerdrückt • 1 TL frisch gemahlener schwarzer Pfeffer • 30 g Butter, zusätzlich • 4 Frühlingszwiebeln, feingehackt • 2 TL Dijonsenf • 2 EL Worcestersauce • 1 EL Weinbrand • 60 ml Sahne • 2 EL feingehackte Petersilie

Für 4 Personen

STEAKS von überschüssigem Fett und Sehnen befreien. Mit einem Fleischklopfer auf ca. 1,5 cm Dicke bringen. Von beiden Seiten mit Knoblauch einreiben und mit Pfeffer bestreuen.

BUTTER in einer großen gußeisernen Pfanne erhitzen. Zum Versiegeln Steaks auf höchster Stufe 2 Minuten braten, dabei einmal wenden. Blutige Steaks erhält man nach 1 weiteren Minute Braten von jeder Seite. Medium-Steaks sind nach weiteren 2–3 Minuten von jeder Seite fertig und durchgebratene nach 4–6 Minuten von jeder Seite. Aus der Pfanne nehmen, abdecken und warm stellen.

ZUSÄTZLICHE BUTTER in der Pfanne erhitzen. Frühlingszwiebeln zufügen und 2 Minuten kochen. Senf, Worcestersauce und Weinbrand zugeben. Rühren und dabei die Kruste vom Pfannenboden lösen. Sahne hineinrühren und 5 Minuten köcheln lassen. Steaks mit Petersilie wieder in die Pfanne geben und erhitzen. Nach Wunsch mit gedünsteten Maiskolbenscheiben und frischen Borlotti-bohnen heiß servieren.
Mit Schnittlauch garnieren.

Schinken und Spiegelei mit Aprikosen

4 Schinkensteaks, direkt vom Knochen, je ca. 1–1,5 cm dick • 30 g Butter, zerlassen • frisch gemahlener schwarzer Pfeffer • 1/2 TL Senf • 440 g Aprikosenhälften aus der Dose, abgetropft • 2 EL Honig • 1 EL Zitronensaft • 30 g Butter, zusätzlich • 4 Eier • Brunnenkresse zum Garnieren

Für 4 Personen

SCHINKENSTEAKS von überschüssigem Fett und Haut befreien. An den Rändern einschneiden, damit sie sich nicht zusammenziehen. Butter, Pfeffer und Senf verrühren. Steaks auf beiden Seiten mit der Mischung bestreichen und auf mittlerer Stufe 3 Minuten von jeder Seite braten, bis sie leicht gebräunt sind. Aus der Pfanne nehmen, abdecken und warm stellen.

HONIG UND ZITRONENSAFT mischen und Aprikosenhälften damit überziehen. In die Pfanne geben und 1–2 Minuten sacht erhitzen. Mehrmals mit dem Überzug bestreichen.

BUTTER in einer großen gußeisernen Pfanne erhitzen. Spiegeleier braten, aus der Pfanne nehmen und auf Küchenpapier abtropfen lassen. Heiß mit Schinken und Aprikosen sowie nach Wunsch mit getoastetem Roggenbrot oder Schwarzbrot servieren. Mit Brunnenkresse garnieren.

STEAK-SPIESSCHEN

Eine reizvolle Alternative zum traditionellen Steak: Bereiten Sie doch einmal Steakfleisch-Spießchen zu. Stecken Sie in kleine Stücke geschnittenes Steakfleisch auf kleine Holz- oder Metallspieße und grillen Sie die Spießchen im Backofen oder auf dem Grill. Das Fleisch kann mariniert und die Spießchen mit einer leckeren Steaksauce serviert werden. Die angegebenen Mengen reichen jeweils für ca. 2–4 Personen.

Asiatische Rindfleisch-Spießchen

750 G MAGERES RUMPSTEAK in lange dünne Streifen schneiden. Umgefaltet auf Metall- oder Holzspieße stecken und in eine flache, nicht-metallene Schüssel legen. 80 ml Pflaumensauce, 2 EL Sojasauce, 1 EL Öl, 2 zerdrückte Knoblauchzehen und 1 TL geriebenen Ingwer verrühren. Über das Fleisch geben und mehrere Stunden im Kühlschrank marinieren. Gelegentlich wenden.
SPIESSE unter den vorgeheizten Backofengrill oder auf den heißen, eingefetteten Grillrost legen. Häufig mit Marinade einstreichen und wenden. 8–10 Minuten grillen und mit Erdnußsauce servieren.

Schweinefleisch-Paprika-Spießchen

750 G MAGERES SCHWEINEFLEISCH in 2,5 cm dicke Würfel schneiden. 1 rote und 1 grüne Paprika in 2 cm große Stücke schneiden. 425 g Ananasstücke aus der Dose abtropfen lassen und 125 ml Saft zurückbehalten. Fleisch im Wechsel mit Ananas und Paprika auf Spieße stecken und in eine nicht-metallene Schüssel legen. Den zurückbehaltenen Saft, 2 EL Öl, 125 ml Balsam- oder Rotweinessig, 2 EL braunen Zucker und 1–2 EL Chilisauce verrühren. Über das Fleisch geben und einige Stunden im Kühlschrank marinieren. Spießchen abtropfen lassen und die Marinade zurückbehalten.
MARINADE mit 2 EL Stärke in einem kleinen Topf verrühren und die Mischung auf mittlerer Stufe erhitzen, bis sie eindickt. Spieße mit Marinade bestreichen und 15 Minuten grillen, Mit Sauce servieren.

Rindfleisch-Gemüse-Spießchen

750 G MAGERES RUMPSTEAK in ca. 2,5 cm große Würfel schneiden. 2 EL Öl, 2 TL Zitronensaft, 1 TL abgeriebene Schale einer unbehandelten Zitrone, 125 ml Weißwein, 2 zerdrückte Knoblauchzehen, 1 TL Oreganoblätter und 1/2 TL gemahlenen Kreuzkümmel verrühren. Fleisch mehrere Stunden im Kühlschrank marinieren. 2 kleine rote Zwiebeln in Spalten schneiden, 1 gelbe Paprika in 2 cm große Stücke schneiden und 200 g Champignons halbieren. Gemüse und Fleisch abwechselnd auf Metall- oder Holzspieße stecken.
SPIESSE unter den vorgeheizten Backofengrill oder auf den heißen, eingefetteten Grillrost legen und 6–8 Minuten grillen. Häufig mit Marinade bestreichen und wenden.

Rechts: asiatische Rindfleisch-Spießchen, darunter: Schweinefleisch-Paprika-Spießchen, unten: Rindfleisch-Gemüse-Spießchen, unten rechts: Schweinefleisch-Paprika-Marinade. Gegenüberliegende Seite von links nach rechts: Erdnußsauce; Teriyaki-Spießchen; Schweinefleisch-Spießchen mit Honig; Rinderhack-Spießchen und Rindfleisch-Curry-Spieße

Teriyaki-Spießchen

750 G MAGERES RUMPSTEAK in ca. 1 cm dicke und 15 cm lange Scheiben schneiden. Umgefaltet auf Metall- oder Holzspieße stecken. In einer Marinade aus 125 ml Sojasauce, 125 ml Sherry oder Sake, 1 Knoblauchzehe und je 1 TL Ingwerpulver und Zucker einlegen. In eine nicht-metallene Schüssel legen und mindestens 1 Stunde kühlen. Abtropfen lassen.
SPIESSE unter den vorgeheizten Backofengrill oder auf den Grillrost legen. Von jeder Seite 30 Sekunden grillen.

Schweinefleisch-Spießchen mit Honig

750 G MAGERES SCHWEINEFILET in ca. 2,5 cm dicke Würfel schneiden. 4 dicke Scheiben Schinkenspeck von Fett befreien und in ca. 2 cm breite Streifen schneiden. Fleisch und Schinken abwechselnd mit 250 g Kirschtomaten auf Metall- oder Holzspieße stecken. In einer Marinade aus 100 g Honig, 80 ml Öl, 2 EL Worcestersauce, dem Saft und der abgeriebenen Schale einer unbehandelten Orange und 2 zerdrückte Knoblauchzehen mindestens 1 Stunde kühlen. Abtropfen lassen.
SPIESSE unter dem vorgeheizten Backofengrill oder auf dem Grillrost 10–15 Minuten grillen. Mit Marinade bestreichen.

Rinderhack-Spießchen

750 G RINDERHACK, 1 geriebene kleine Zwiebel, 30 g frisch gehackte Petersilie, 2 EL frisch gehackten Koriander, je 1 TL getrockneten Kreuzkümmel, Muskat, Kardamom, Oregano und Minze vermengen. 1 Stunde stehen lassen. Mischung mit nassen Händen zu 24 Röllchen formen und je 2–3 davon mit einem Limonenstück dazwischen auf einen Spieß stecken.
SPIESSE unter den vorgeheizten Backofengrill oder auf den heißen, eingefetteten Grillrost bzw. das Grillblech legen und 10–12 Minuten grillen. Häufig wenden.

Rindfleisch-Curry-Spieße

750 G MAGERES RUMPSTEAK in 2,5 cm dicke Würfel schneiden. Je 1 TL Kreuzkümmel, Koriander, Currypulver und Garam Masala (indische Würzmischung) mit 1 zerdrückten Knoblauchzehe, 2 EL Zitronensaft und 2 EL Öl mischen. Mindestens 1 Stunde kühlen. Fleisch abwechselnd mit Zucchinischeiben auf Metall- oder Holzspieße stecken.
SPIESSE unter den vorgeheizten Backofengrill oder auf den heißen, eingefetteten Grillrost legen. 6–8 Minuten grillen. Mehrmals mit Marinade bestreichen und wenden.

Steak in Sauce béarnaise

6 Rib-Eye-Steaks, je ca. 200 g • 30 g Butter • 2 TL Öl • 1 Knoblauchzehe, zerdrückt
Für 4–6 Personen

SAUCE BÉARNAISE nach dem Rezept auf S. 132 zubereiten. In eine kleine Schüssel oder Terrine geben und warm stellen. STEAKS von überschüssigem Fett befreien und ca. 1,5 cm dick klopfen. An den Rändern einschneiden, damit sie sich nicht rollen. Butter, Öl und Knoblauch in einer Pfanne erhitzen. Fleisch zufügen und zum Versiegeln auf höchster Stufe 2 Minuten von jeder Seite anbraten. Einmal wenden. Blutige Steaks erhält man nach 1 Minute Braten von jeder Seite. Für durchgegartere Steaks auf mittlere Stufe herunterschalten. Medium-Steaks sind nach weiteren 2–3 Minuten von jeder Seite fertig und durchgebratene nach 4–6 Minuten von jeder Seite. Mit Sauce béarnaise, Kopfsalat, in Scheiben geschnittener Avocado und Alfalfa- sowie Mungobohnensprossen servieren. Mit frischen Salbeiblättern garnieren.
HINWEIS: Die Sauce kann bis zum Zufügen der zerlassenen Butter einige Stunden im voraus zubereitet werden. Sauce erst kurz vor dem Zubereiten der Steaks fertig bereiten.

Steaks mit Austernfüllung

4 Rib-Eye-Steaks, je ca. 4 cm dick • 8 Austern ohne Schale • 1 TL frisch gehackte Petersilie • 2 TL Zitronensaft • frisch gemahlener schwarzer Pfeffer • 2 EL Öl • 250 ml Rinderbrühe • 2 TL Worcestersauce • 60 g Butter, gehackt
Für 4 Personen

STEAKS von überschüssigem Fett und Sehnen befreien. Mit dem Messer in jede Seite einen tiefen Einschnitt machen, so daß eine Tasche entsteht. Austern, Petersilie, Zitronensaft und Pfeffer in einer Schüssel mischen. In die Steaktaschen füllen und mit Zahnstochern verschließen. ÖL in einer großen gußeisernen Pfanne erhitzen. Steaks auf höchster Stufe 2 Minuten von jeder Seite anbraten. Blutige Steaks erhält man nach 1 Minute Braten von jeder Seite. Für durchgegartere Steaks Hitze drosseln. Medium-Steaks sind nach weiteren 2–3 Minuten von jeder Seite fertig und durchgebratene nach 4–6 Minuten von jeder Seite. Abtropfen lassen, abdecken und warm stellen. BRÜHE in der Pfanne aufkochen. Hitze drosseln, Butter einrühren und alles über die Steaks schöpfen. Mit gedünsteten Zuckererbsen und Rosenkohl servieren.

Bœuf en Croûte

4 Rib-Eye-Steaks, je 4 cm dick • 20 g Butter • 1 TL Öl • 100 g Leberpastete • 4 Blätterteigplatten, aufgetaut • 1 Eigelb • 2 TL Wasser • **Füllung:** *50 g Butter • 4 Frühlingszwiebeln, feingehackt • 1 dicke Scheibe Schinkenspeck, feingehackt • 150 g Champignons, feingehackt • 3 TL Mehl • 1 EL Weinbrand oder Sherry • 1 EL frischer Estragon • gemahlener schwarzer Pfeffer*

Für 4 Personen

STEAKS von überschüssigem Fett und Sehnen befreien. Butter in einer großen gußeisernen Pfanne erhitzen. Steaks auf höchster Stufe 2 Minuten von jeder Seite anbraten. Blutige Steaks erhält man nach 1 Minute Braten von jeder Seite. Für durchgegartere Steaks auf mittlere Stufe herunterschalten. Medium-Steaks sind nach weiteren 2–3 Minuten von jeder Seite fertig und durchgebratene nach 4–6 Minuten von jeder Seite. Steaks vom Herd nehmen, abdecken und abkühlen lassen.

FÜR DIE FÜLLUNG Butter in einem mittelgroßen Topf erhitzen, Frühlingszwiebeln und Schinkenspeck zugeben. Unter Rühren 3 Minuten kochen, Champignons zugeben und weitere 2 Minuten kochen. Mit Mehl bestreuen und noch einmal 2 Minuten köcheln lassen. Weinbrand oder Sherry zugeben. Vom Herd nehmen, Estragon und Pfeffer zugeben und abkühlen lassen.

STEAKS von jeder Seite mit einer Schicht Leberpastete bestreichen. Füllung in 4 Portionen teilen und auf einer Seite über die Pastetenschicht streichen. Jedes Steak mit der Füllung nach unten auf eine Blätterteigplatte legen. Aus dem Blätterteig eine gut verschlossene Hülle um das Fleisch formen. Mit einer Mischung aus Eigelb und Wasser versiegeln. Den Rest der Mischung zurückbehalten. Mit den Blätterteigresten die Fleischpasteten dekorieren. Jede Pastete zweimal von oben einritzen, damit der Dampf entweichen kann. Backofen auf 210 °C (Gas 190 °C) vorheizen.

DIE FLEISCHPASTETEN vor dem Backen in den Kühlschrank stellen, damit der Blätterteig fest wird. Die Oberseite mit verbleibender Eigelb-Wasser-Mischung bestreichen. 5 Minuten backen. Den Backofen auf 180 °C herunterschalten und weitere 10–12 Minuten backen. Nach Wunsch mit Spargelspitzen und sautierten jungen Kartoffeln servieren. Mit frischen Estragonblättern garnieren.

Links: Steak in Sauce béarnaise, Mitte: Steaks mit Austernfüllung, rechts: Bœuf en Croûte

Steak mit Hummerschwänzen

2 EL Öl • 1 großer Hummerschwanz (oder 2 kleine Schwänze) ohne Panzer • 4 Filetsteaks • 170 g Krebsfleisch aus der Dose, abgetropft • ***Zitronen-Senf-Sauce:*** *30 g Butter • 1 Frühlingszwiebel, feingehackt • 1 Knoblauchzehe, zerdrückt • 1 EL Mehl • 250 ml Milch • 2 EL Sahne • 1 EL Zitronensaft • 2 TL Senf*
Für 4 Personen

ÖL in einer großen gußeisernen Pfanne erhitzen. Hummerschwanz auf mittlerer Stufe 3 Minuten von jeder Seite braten. Aus der Pfanne nehmen und warm stellen.
STEAKS in die Pfanne geben. Auf höchster Stufe 2 Minuten von jeder Seite anbraten und einmal wenden. Blutige Steaks erhält man nach 1 Minute Braten von jeder Seite. Für durchgegartere Steaks auf mittlere Stufe herunterschalten. Medium-Steaks sind nach weiteren 2–3 Minuten von jeder Seite fertig und durchgebratene nach 4–6 Minuten von jeder Seite. Auf Küchenpapier abtropfen lassen.
FÜR DIE ZITRONEN-SENF-SAUCE Butter in einem Topf erhitzen. Frühlingszwiebel und Knoblauch zufügen. Auf mittlerer Stufe 1 Minute weich kochen. Mehl zugeben und 1 Minute auf unterer Stufe rühren. Nach und nach Milch einrühren und unter ständigem Rühren auf mittlerer Stufe kochen, bis die Sauce eindickt; 1 Minute köcheln lassen. Vom Herd nehmen und Sahne, Zitronensaft sowie Senf einrühren.
STEAKS auf Serviertellern anrichten und das in Scheiben geschnittene Hummer- sowie das Krebsfleisch darüber geben. Zitronen-Senf-Sauce darüber schöpfen und mit grünem Salat servieren. Mit Dill garnieren.

Filet Mignon

4 Rinderfiletstücke, je 3–4 cm dick • 4 dicke Scheiben Schinkenspeck ohne Kruste • 30 g Butter • 2 TL Öl • 20 g Butter, zusätzlich • 1 Knoblauchzehe, zerdrückt • 1 TL frischer Rosmarin • 60 ml Weinbrand • 1 EL französischer Senf • 2 EL Sahne • Salz und frisch gemahlener Pfeffer
Für 4 Personen

FILETS von überschüssigem Fett und Sehnen befreien. Mit einem Fleischklopfer auf ca. 1,5 cm Dicke bringen. Um jedes Steak eine Scheibe Schinkenspeck wickeln und mit einem Zahnstocher feststecken.
BUTTER und Öl in einer großen gußeisernen Pfanne erhitzen. Steaks auf höchster Stufe 2 Minuten von jeder Seite anbraten, einmal wenden. Blutige Steaks erhält man nach 1 Minute Braten von jeder Seite. Für durchgegartere Steaks auf mittlere Stufe herunterschalten. Medium-Steaks sind nach weiteren 2–3 Minuten von jeder Seite fertig und durchgebratene nach 4–6 Minuten von jeder Seite. Steaks aus der Pfanne nehmen, Zahnstocher entfernen, abdecken und warm stellen.
ZUSÄTZLICHE BUTTER, Knoblauch, Rosmarin, Weinbrand, Senf und Sahne in der Pfanne unter Rühren köcheln lassen, bis die Sauce leicht eindickt. Salzen und pfeffern. Sauce über die Steaks schöpfen. Nach Wunsch mit gepfefferten Spiralnudeln und Salat servieren.

Steak in grüner Pfeffersauce

4 Filetsteaks, je ca. 150 g • 30 g Butter • 2 EL Öl • 250 ml Rinderbrühe • 200 ml Sahne • 2 TL Stärke • 2 EL eingelegte grüne Pfefferkörner, abgespült und abgetropft • 2 EL Weinbrand
Für 4 Personen

STEAKS von überschüssigem Fett befreien. Mit einem Fleischklopfer auf ca. 1,5 cm Dicke bringen und an den Rändern einschneiden, damit sie sich nicht rollen. BUTTER und Öl in einer Pfanne erhitzen. Fleisch zugeben und auf höchster Stufe 2 Minuten von jeder Seite anbraten. Einmal wenden. Blutige Steaks erhält man nach 1 Minute Braten von jeder Seite. Für durchgegartere Steaks auf mittlere Stufe herunterschalten. Medium-Steaks sind nach weiteren 2–3 Minuten von jeder Seite fertig und durchgebratene nach 4–6 Minuten von jeder Seite. Steaks auf einer Platte anrichten und mit Alufolie abdecken. BRÜHE in die Pfanne geben. Auf mittlerer Stufe unter Rühren zum Kochen bringen. Sahne mit Stärke verquirlen. Mischung in die Pfanne geben und unter ständigem Rühren 2–3 Minuten eindicken lassen. Pfefferkörner und Weinbrand oder Sherry nach Geschmack dazu geben. 1 weitere Minute kochen und vom Herd nehmen. Sauce über die Steaks schöpfen. Nach Wunsch mit Pfefferpasta und rotem Eichblattsalat servieren.

Links: Steak mit Hummerschwänzen, rechts: Filet Mignon, rechts oben: Steak in grüner Pfeffersauce

Schottische Schnittchen

4 Rib-Eye-Steaks, je ca. 2 cm dick • 50 g Butter • 2 mittelgroße Zwiebeln, in Ringe geschnitten • 125 g Champignons, in Scheiben geschnitten • 2 TL Mehl • 60 ml Weißwein • 180 ml Hühnerbrühe • 1 EL Austernsauce • Salz und schwarzer Pfeffer

Für 4 Personen

STEAKS von überschüssigem Fett und Sehnen befreien und gleich dick klopfen. Mit Küchenpapier trockentupfen. Die Hälfte der Butter in einer Pfanne erhitzen, Steaks zugeben und 2 Minuten von jeder Seite braten. Blutige Steaks erhält man nach 1 Minute Braten von jeder Seite. Für durchgegartere Steaks auf mittlere Stufe herunterschalten. Medium-Steaks sind nach weiteren 2–3 Minuten von jeder Seite fertig und durchgebratene nach 4–6 Minuten von jeder Seite. Steaks auf einen vorgewärmten Teller legen und abdecken. RESTLICHE BUTTER erhitzen, Zwiebeln zufügen und 5 Minuten auf mittlerer Stufe erhitzen. Champignons zugeben und unter Rühren weitere 5 Minuten braten. Mehl darüber streuen, 1–2 Minuten rühren. Wein, Brühe und Austernsauce zugeben. 2 Minuten rühren, bis die Sauce kocht und eindickt. Salzen und pfeffern, dann über die Steaks schöpfen. Nach Wunsch mit Tagliatelle servieren und mit Salbeiblättern garnieren.

Wiener Schnitzel

4 dünne Kalbsschnitzel • 50 g Mehl • Salz und frisch gemahlener Pfeffer • 1 Ei, leicht verquirlt • 125 g Semmelbrösel • 60 ml Öl • 30 g Butter • 1 Zitrone, in Scheiben geschnitten • 2 EL Kapern, abgetropft • 2 Gewürzgurken, in Scheiben geschnitten
Für 4 Personen

FLEISCH von überschüssigem Fett und Sehnen befreien. Die Schnitzel auf 5 mm Dicke bringen und an den Rändern einschneiden, damit sie sich nicht zusammenziehen. Mit Küchenpapier trockentupfen. Jedes Schnitzel in einer Mischung aus Mehl, Salz und Pfeffer wälzen und den Überschuß abschütteln. In die Eimasse tauchen und mit Semmelbröseln überziehen. Auf ein mit Alufolie ausgelegtes Backblech legen. Abdecken und mindestens 30 Minuten kühl stellen.

BUTTER und Öl in einer Pfanne erhitzen. Schnitzel auf mittlerer Stufe 3–4 Minuten braten. Wenden und 2–3 Minuten goldbraun braten. Heiß und nach Wunsch mit Zitrone, Kapern, Gewürzgurken, gedünsteten kleinen Möhren und gebutterten jungen Kartoffeln mit Petersilie servieren.

Steak-Tatar

250 g Filetsteak ohne Fett und Sehnen • 2 Eigelb • Salz und frisch gemahlener schwarzer Pfeffer • 2 EL Kapern • 2 EL feingehackte Zwiebeln • 4 Sardellenfilets, abgetropft und zerkleinert • Roggenbrot als Beilage
Für 2 Personen

DAS FLEISCH direkt vor dem Servieren sehr fein hacken. Zu 2 Frikadellen formen und auf Serviertellern anrichten. In die Mitte jeder Frikadelle eine Mulde drücken und in die Mulden je 1 ganzes Eigelb setzen.

SALZ, Pfeffer, Kapern, Zwiebeln und Sardellen getrennt zum Fleisch reichen. Das Fleisch ganz nach Geschmack mit den übrigen Zutaten kombinieren. Mit Roggenbrot servieren.

HINWEIS: Das Fleisch für Steak-Tatar muß von bester Qualität und sehr frisch sein. Die klassische Methode sieht ein Feinhacken von Hand (vgl. Spezialtechniken S. 127) vor.

Links: Schottische Schnittchen, unten: Wiener Schnitzel, rechts: Steak-Tatar

Steak-Nieren-Pastete

750 g Rumpsteak • 4 Lammnieren • 2 EL Mehl • 1 EL Öl • 1 mittelgroße Zwiebel, gehackt • 30 g Butter • 125 g Champignons, geviertelt • 1 EL Worcestersauce • 1 EL Tomatenmark • 125 ml Rotwein • 250 ml Rinderbrühe • $^{1}/_{2}$ TL getrockneter Thymian • 5 EL gehackte Petersilie • Salz und frisch gemahlener schwarzer Pfeffer • 375 g tiefgefrorener Blätterteig • 1 Ei, verquirlt

Für 4–6 Personen

STEAKFLEISCH von überschüssigem Fett und Sehnen befreien und in ca. 2 cm dicke Würfel schneiden. Nieren vierteln und von Fett befreien. Fleisch und Nieren in dem Mehl wälzen. Öl in einer Pfanne erhitzen, Zwiebel zugeben und ca. 5 Minuten braten. Mit einem Schöpflöffel aus der Pfanne nehmen. Butter in die Pfanne geben, Fleisch und Nieren in kleinen Portionen kurz auf mittlerer Stufe bräunen. ZWIEBEL, Fleisch und Nieren in einem mittelgroßen Topf mit Champignons, Worcestersauce, Tomatenmark, Wein, Brühe, Thymian und Petersilie erhitzen. Zum Kochen bringen, herunterschalten und 1 Stunde abgedeckt köcheln lassen, bis das Fleisch zart ist. Gelegentlich umrühren. Salzen, pfeffern und abkühlen lassen. Mischung in eine $1^{1}/_{4}$ Liter fassende Auflaufform geben.
BACKOFEN auf 210 °C (Gasherd 190 °C) vorheizen. Blätterteig auf einer leicht bemehlten Arbeitsfläche 4 cm breiter als der Durchmesser der Auflaufform ausrollen. Den Formrand mit Ei bestreichen. Einen ca. 2 cm breiten Rand von dem Pastetenteig abschneiden und um den Formrand legen. Den restlichen Teig vorsichtig auf die Pastete legen. Überstehende Ränder mit einem Messer abschneiden. In den Pastetendeckel 2 Schnitte machen, damit Dampf entweichen kann. Pastete mit dem übrigen Blätterteig dekorieren und die Oberfläche mit Ei bestreichen. 35–45 Minuten backen, bis der Blätterteig aufgegangen und goldbraun ist. Während der letzten 10 Minuten Backzeit die Temperatur auf 190 °C reduzieren.

Kalbssteak mit Parmesan

4 dünne Kalbssteaks • 125 g Semmelbrösel • Salz und frisch gemahlener schwarzer Pfeffer • 1/2 TL getrocknetes Basilikum • 30 g Parmesan, frisch gerieben • etwas Mehl • 1 Ei, leicht verquirlt • 1 EL Milch oder Sahne • 125 ml Olivenöl • 60 g frisch geriebener Parmesan, zusätzlich • 100 g Mozzarella oder Cheddar, gerieben oder in dünne Scheiben geschnitten • ***Tomatensauce:*** *1 EL Öl • 1 Zwiebel, feingehackt • 1/2 Selleriestange, feingehackt • 1 Möhre, feingehackt • 1 kleine grüne Paprika, feingehackt • 1 Knoblauchzehe, zerdrückt • 400 g passierte Tomaten aus der Dose • 1 EL Tomatenmark • 1 TL getrocknetes Basilikum • 1 TL Zucker*
Für 4 Personen

BACKOFEN auf 180 °C vorheizen. Fleisch von überschüssigem Fett befreien, auf 5 mm Dicke klopfen und an den Rändern einschneiden. Trockentupfen. Semmelbrösel, Salz, Pfeffer, Basilikum und Parmesan mischen und auf fettundurchlässigem Papier verteilen, Kalbssteaks in Mehl wälzen, dann in Ei/Milch- bzw. Ei/Sahne-Mischung, dann in Semmelbröselmischung wälzen. Mindestens 30 Minuten kühl stellen.
ÖL in einer großen gußeisernen Pfanne erhitzen, Steaks auf mittlerer Stufe ca. 2 Minuten anbraten, wenden und weitere 2 Minuten goldbraun braten. Auf Küchenpapier abtropfen lassen.
FÜR DIE SAUCE Öl in einem Topf erhitzen, Zwiebel, Selleriestange, Möhre, Paprika und Knoblauch zugeben. Auf unterer Stufe 10 Minuten unter Rühren weich kochen. Tomaten, Tomatenmark, Basilikum und Zucker zufügen. 30 weitere Minuten kochen, dabei mehrmals umrühren. Abkühlen lassen.
EINE SCHICHT Tomatensauce in eine feuerfeste Schüssel geben. Kalbssteaks in einer Lage auf die Sauce legen und restliche Sauce darüber schöpfen. Mit Parmesan und Mozzarella oder Cheddar bestreuen. 20–30 Minuten kochen. Nach Wunsch mit Radicchio servieren. Mit Basilikumblättern garnieren.
HINWEIS: Die Sauce kann bis zu 2 Tagen im voraus zubereitet oder bis zu 1 Monat eingefroren werden.

Teriyaki-Steaks

4 Entrecôte-Steaks ohne Knochen, je ca. 200 g • 60 ml Sojasauce • 125 ml Teriyakisauce • 2 EL Mirin (japanischer Reiswein) oder süßer Sherry • 2 EL Honig • 1–2 Knoblauchzehen, zerdrückt • 2 TL geriebener Ingwer • 4 Frühlingszwiebeln, feingehackt
Für 4 Personen

STEAKS von überschüssigem Fett und Sehnen befreien. Sojasauce, Teriyakisauce, Mirin oder Sherry, Honig, Knoblauch und Ingwer in einer nicht-metallenen Schüssel mischen. Steaks darin gut von Flüssigkeit bedeckt einlegen. Abgedeckt mindestens 2 Stunden oder über Nacht im Kühlschrank marinieren. Fleisch abtropfen lassen und Flüssigkeit aufbewahren.
STEAKS unter den vorgeheizten Backofengrill oder in eine große gußeiserne Pfanne legen. Auf höchster Stufe 2 Minuten von jeder Seite anbraten. Blutige Steaks erhält man nach 1 Minute Braten von jeder Seite. Für durchgegartere Steaks auf mittlere Stufe herunterschalten. Medium-Steaks sind nach weiteren 2–3 Minuten von jeder Seite fertig und durchgebratene nach 4–6 Minuten von jeder Seite. Während der letzten Minuten mehrmals mit Marinade bestreichen.
NACH WUNSCH 1 TL heiße Marinade über jedes Steak schöpfen und sofort servieren. Mit Frühlingszwiebeln garnieren.
HINWEIS: Je länger die Steaks mariniert werden, desto intensiver werden sie im Geschmack. Man kann auch Rib-Eye-, T-Bone- oder Filetsteaks verwenden.

Parmesan-Carpaccio

400 g Filetsteak am Stück • 2 EL Zitronensaft • Salz und frisch gemahlener schwarzer Pfeffer • 60 ml natives Olivenöl • 1 hartgekochtes Ei, Eigelb durchs Sieb püriert • 1/2 Selleriestange, in Juliennestreifen geschnitten • 50 g Parmesan am Stück

Für 2–4 Personen

Rindfleisch ca. 2 Stunden in den Gefrierschrank legen. Mit einem scharfen Messer sämtliches Fett wegschneiden. Fleisch in hauchdünne Scheiben schneiden.

Rindfleischscheiben in einer Lage auf Servierteller verteilen. Zitronensaft, Salz, Pfeffer und Öl darüber geben. Eigelb, Selleriestreifen und Parmesan über das Fleisch verteilen. Nach Wunsch mit Rucola garnieren und sofort servieren.

Hinweis: Das Fleisch muß ausgesprochen frisch und von bester Qualität sein (vgl. Spezialtechniken S. 127).

Kalbssteak Cordon Bleu

8 dünne Kalbssteaks • 4 dünne Scheiben Räucherschinken oder Prosciutto • 4 Scheiben Emmentaler oder Gruyère • etwas Mehl • Salz und frisch gemahlener Pfeffer • 2 Eier, leicht verquirlt • 250 g Semmelbrösel • 30 g Butter • 60 ml Olivenöl

Für 4 Personen

STEAKS von überschüssigem Fett befreien und auf eine gleichmäßige Dicke von ca. 5 mm klopfen. Je eine Scheibe Schinken und Käse auf 4 der Steaks legen. Die restlichen Steaks zuoberst legen. Steaks in mit Salz und Pfeffer gemischtem Mehl wälzen, in die Eimasse tauchen und anschließend in Semmelbröseln wälzen. Brösel fest andrücken. Abgedeckt mindestens 30 Minuten kalt stellen.

BUTTER und Öl in einer großen gußeisernen Pfanne erhitzen. Steaks auf mittlerer Stufe 3–4 Minuten braten. Vorsichtig wenden und weitere 3–4 Minuten goldbraun braten. Auf Küchenpapier abtropfen lassen. Nach Wunsch mit sautierten Zuckererbsen, feingeschnittenen roten Zwiebeln und halbierten mit schwarzem Pfeffer bestreuten Kirschtomaten servieren. Mit Minzeblättern garnieren und heiß servieren.

HINWEIS: Die Steaks können einige Stunden im voraus zubereitet werden. Abdecken und kalt stellen. Erst kurz vor dem Servieren braten.

Zwiebel-Schmorsteak

750 g Rinderfilet am Stück • 60 ml Öl • 4 mittelgroße Zwiebeln, in dünne Ringe geschnitten • 2 EL brauner Zucker • 2 EL Mehl • 375 ml Bier • 2 Lorbeerblätter • 1 EL frisch gehackter Oregano • 2 EL Tomatenmark
Für 4 Personen

Fleisch von überschüssigem Fett und Sehnen befreien. In 8 gleich große Steaks schneiden und mit einem Fleischklopfer auf ca. 1 cm Dicke bringen. Mit Küchenpapier trockentupfen. Öl in einer gußeisernen Pfanne erhitzen. Zwiebeln zugeben und auf mittlerer Stufe 30 Minuten köcheln lassen, bis die Zwiebeln weich sind und leicht karamelisieren. Regelmäßig umrühren. Zwiebeln aus der Pfanne nehmen und abtropfen lassen. Öl durch ein Sieb gießen und aufbewahren.

Öl in die Pfanne zurückgießen und, falls nötig, zusätzliches Öl zugeben, bis 1 EL Öl in der Pfanne ist. Erhitzen, Fleisch zugeben und auf mittlerer Stufe von jeder Seite ca. 1 Minute bräunen. Steaks aus der Pfanne nehmen und in einen mittelgroßen Topf legen.

Temperatur auf mittlere Stufe herunterschalten und Zwiebeln zurück in die Pfanne geben. Zucker und Mehl zugeben und ca. 2 Minuten mit dem Pfanneninhalt verrühren. Bier langsam dazu gießen und alles glattrühren. Zum Kochen bringen und 2–3 Minuten kochen lassen. Lorbeerblätter, Oregano und Tomatenmark zufügen. Sauce über die Steaks schöpfen und gut verrühren. Abgedeckt $1\,^1/_4$ Stunden köcheln lassen und gelegentlich umrühren. Auf Serviertellern mit frischem Oregano garniert anrichten.

Hinweis: Dieses Gericht kann bis zu 1 Tag im voraus zubereitet und im Kühlschrank gelagert werden.

Kalbssteak Marsala

4 dünne Kalbssteaks • 2 EL Mehl • Salz und frisch gemahlener schwarzer Pfeffer • 60 g Butter • 80 ml Marsala • 125 ml Hühnerbrühe • 30 g Butter, zusätzlich
Für 4 Personen

FLEISCH von überschüssigem Fett und Sehnen befreien. Steaks mit einem Fleischklopfer auf 5 mm Dicke bringen. Mit Küchenpapier trockentupfen. An den Rändern einschneiden, damit sie sich nicht zusammenziehen. Steaks in mit Salz und Pfeffer gemischtem Mehl wälzen und überschüssiges Mehl abschütteln. Butter in einer Pfanne erhitzen. Fleisch auf mittlerer Stufe 1 Minute von jeder Seite braten, dabei einmal wenden. Steaks aus der Pfanne nehmen. MARSALA und Brühe in die Pfanne geben und alles zum Kochen bringen. Ohne Deckel 2 Minuten unter Rühren kochen. Steaks wieder in die Pfanne geben, Temperatur herunterschalten, Deckel auflegen und 10 Minuten köcheln lassen. Gelegentlich Sauce über die Steaks streichen. Steaks auf Servierteller legen. Sauce 2–3 Minuten kochen, bis sie eine sirupartige Konsistenz annimmt. Zusätzliche Butter hineinrühren und Sauce über die Steaks schöpfen. Nach Wunsch mit Nudeln und Eichblattsalat servieren. Mit Estragon garnieren.

Bœuf Stroganoff

750 g Rumpsteak am Stück • 2 El Mehl • 1/4 TL gemahlener schwarzer Pfeffer • 1 TL Paprikapulver • 50 g Butter • 2 EL Öl • 1 große Zwiebel, in Ringe geschnitten • 250 g Champignons, geviertelt • 2 EL Tomatenmark • 1 TL Senf • 60 ml Weißwein • 125 ml Rinderbrühe • 200 ml Sauerrahm • 2 EL feingehackte Petersilie
Für 2–4 Personen

Fleisch von überschüssigem Fett und Sehnen befreien und in kurze, dünne Streifen schneiden. Mehl, Pfeffer und Paprika auf einem Stück fettabweisendem Papier mischen. Fleisch in dem gewürzten Mehl wälzen und Überschuß abschütteln. Die Hälfte der Butter und das Öl in einer gußeisernen Pfanne erhitzen. Fleisch in 2 bis 3 Portionen auf mittlerer Stufe braten, bis es gut gebräunt ist. Aus der Pfanne nehmen.
Restliche Butter in die Pfanne geben. Zwiebel zugeben und auf mittlerer Stufe 3 Minuten anbraten. Champignons zufügen und auf mittlerer Hitze 5 Minuten schmoren. Tomatenmark, Senf, Weißwein und Rinderbrühe in die Pfanne geben und zum Kochen bringen. Auf unterer Stufe 5 Minuten ohne Deckel köcheln lassen, dabei gelegentlich umrühren. Fleisch wieder in die Pfanne geben und wieder 2–3 Minuten erhitzen. Sauerrahm zugeben und alles gut verrühren. Nicht kochen lassen. Mit Petersilie bestreuen und nach Wunsch mit grünem Salat und mit Mohn bestreuten Fettuccine oder Tagliatelle servieren. Mit frischem Schnittlauch garnieren.
Hinweis: Ohne Sauerrahm und Petersilie schon einige Stunden im voraus zubereiten und kühl stellen. Zusammen mit den restlichen Zutaten vorsichtig wieder aufwärmen.

Saltimbocca (Kalbschnitzel mit Schinken)

4 dünne Kalbsschnitzel • 2 Knoblauchzehen, zerdrückt • 1/4 TL Salz • 1/2 TL frisch gemahlener schwarzer Pfeffer • 4 Salbeiblätter • 4 Scheiben Schinken • 30 g Butter • 180 ml Marsala
Für 4 Personen

FLEISCH von überschüssigem Fett befreien und auf 5 mm Dicke klopfen. An den Rändern einschneiden, damit sie sich nicht rollen. Trockentupfen. Auf einer Seite mit Salz, Pfeffer und Knoblauch einreiben. 1 Scheibe Schinken auf jedes Schnitzel legen (der Schinken sollte nicht über die Ränder des Kalbsschnitzels hinausragen) und ein Salbeiblatt darauf legen. BUTTER in einer gußeisernen Pfanne erhitzen und Schnitzel darin auf mittlerer Stufe 5 Minuten von einer Seite goldbraun braten. Nicht wenden. MARSALA zugeben ohne die Oberseiten der Schnitzel zu benetzen. 20 Minuten bei schwacher Hitze köcheln lassen. Schnitzel auf angewärmten Tellern anrichten. Sauce 2–3 Minuten kochen, bis sie eine sirupartige Konsistenz annimmt, und über die Schnitzel schöpfen. Mit Spinat-Spaghetti, Zitronenscheiben und Salbeiblättern servieren.

Bœuf Sauté mit Champignon-Sahnesauce

4 Filetsteaks, je 200 g • 1 EL Öl • 30 g Butter • 200 g Champignons, in dünne Scheiben geschnitten • 2 Frühlingszwiebeln, feingehackt • 1 Knoblauchzehe, zerdrückt • 60 ml Sherry • 180 ml Rinderbrühe • 2 TL Stärke • 125 ml Sahne • Salz und frisch gemahlener schwarzer Pfeffer

Für 4 Personen

FLEISCH von überschüssigem Fett und Sehnen befreien. Öl in einer großen gußeisernen Pfanne erhitzen. Steaks auf höchster Stufe 2 Minuten von jeder Seite anbraten. Einmal wenden. Blutige Steaks erhält man nach 1 Minute Braten von jeder Seite. Für durchgegartere Steaks Hitze drosseln. Medium-Steaks sind nach weiteren 2–3 Minuten von jeder Seite fertig und durchgebratene nach 4–6 Minuten von jeder Seite. Aus der Pfanne nehmen und auf Küchenpapier abtropfen lassen. Mit Alufolie abdecken und warm stellen.

BUTTER in der Pfanne erhitzen. Champignons, Frühlingszwiebeln und Knoblauch zugeben und auf mittlerer Stufe 5 Minuten braten. Sherry, Brühe und Stärke vermischen und zufügen. Zum Kochen bringen und ohne Deckel unter ständigem Rühren 4 Minuten kochen, bis die Sauce leicht eindickt. Sahne zufügen und mit Salz und Pfeffer abschmecken. Sauce vorsichtig wieder aufwärmen, ohne sie kochen zu lassen, und über die Steaks schöpfen. Nach Wunsch mit sautierten, mit Paprikapulver bestreuten Butterbohnen, Kirschtomaten und grünem Salat servieren. Mit Basilikum garnieren.

TOURNEDOS UND CHATEAUBRIAND

Tournedos sind dicke, rund geschnittene Rinderlendenfilets, die im allgemeinen auf einer dicken Scheibe Röstbrot oder auf Pilzen, manchmal auch auf gebratenen Auberginen, angerichtet und meist mit gehaltvollen Saucen und phantasievollen Garnierungen serviert werden. Es gibt viele beliebte Tournedosaucen, die leichter zuzubereiten sind, als man vielleicht annimmt. Auch wenn Tournedos ein wenig zeitaufwendiger in der Verarbeitung sind als die üblichen Steaks, lohnt sich die Mühe doch mit Sicherheit. Die angegebenen Mengen reichen jeweils für 4 Personen.

Rechts: Champignon-Madeira-Tournedos, ganz rechts: Tournedos mit Artischockenherzen

Tournedos

4 RUNDE FILETSTEAKS, je ca. 3 cm dick, mit Küchenpapier trockentupfen. Mit frisch gemahlenem schwarzen Pfeffer bestreuen. 30 g Butter und 1 zerdrückte Knoblauchzehe in einem kleinen Topf erhitzen. 4 Brotscheiben, je ca. 2 cm dick, auf die gleiche Größe wie die Steaks schneiden. Brot von beiden Seiten mit einer Mischung aus Knoblauch und Butter bestreichen. Auf ein Backblech legen und bei 180 °C 20 Minuten goldbraun backen.

30 G BUTTER und 1 EL Öl in einer gußeisernen Pfanne erhitzen. Steaks zugeben und auf höchster Stufe 2 Minuten von jeder Seite anbraten. Einmal wenden. Blutige Steaks erhält man nach 1 Minute Braten von jeder Seite. Für durchgegartere Steaks auf mittlere Stufe herunterschalten. Medium-Steaks sind nach weiteren 2–3 Minuten von jeder Seite fertig und durchgebratene nach 4–6 Minuten von jeder Seite. Abdecken und warm stellen, während Sie die Sauce zubereiten.

Champignon-Madeira-Tournedos

50 G BUTTER in einer gußeisernen Pfanne erhitzen. 4 feingehackte Frühlingszwiebeln zugeben und 2 Minuten anbraten. 200 g halbierte Champignons zufügen und weitere 5 Minuten braten. Mit Salz und Pfeffer abschmecken. Champignons aus der Pfanne nehmen und beiseite stellen. Nach dem Rezept links zubereitete Steaks auf runden gerösteten Brotscheiben anrichten.

180 ML RINDERBRÜHE und 2 TL Tomatenmark zum Pfanneninhalt geben und aufkochen, bis sich die Flüssigkeit auf ca. 80 ml reduziert hat. 60 ml Madeira oder Weißwein mit 2 TL Stärke mischen und in die Pfanne geben. Unter Rühren kochen, bis die Sauce leicht eindickt. Champignons wieder in die Pfanne geben und 3 EL gehackte Petersilie zugeben. Sauce über die Steaks schöpfen und nach Wunsch mit gedünsteten Zwergkürbissen und Krokettenbällchen servieren. Mit Koriander garnieren.

Tournedos mit Artischockenherzen

NACH DEM REZEPT links zubereitete Steaks auf runden gerösteten Brotscheiben anrichten. Warm stellen. 80 ml Madeira oder Weißwein und 80 ml Rinderbrühe zum Pfanneninhalt geben und aufkochen, bis sich die Flüssigkeit auf ca. 50 ml reduziert hat. Sauce über die Steaks schöpfen. Heiß mit Artischockenherzen und nach Wunsch mit Sauce béarnaise und sautierten Zwergkürbissen und Thymian servieren. Mit Basilikum garnieren.

FÜR DIE ARTISCHOCKENBEILAGE 400 g Artischockenherzen aus der Dose abtropfen lassen, in 30 g Butter braten; dabei mehrmals wenden. Sauce béarnaise darüber schöpfen.

HINWEIS: Ein Rezept für Sauce béarnaise finden Sie auf S. 132.

Oben links: Auberginen-Tournedos mit Tomatencoulis, oben: Tournedos Rossini, oben rechts: Champignon-Tournedos mit Sauce bordelaise, ganz rechts: Chateaubriand

Auberginen-Tournedos mit Tomatencoulis

Für die Tomatencoulis 1 feingehackte Zwiebel 5 Minuten in 1 EL Olivenöl braten. 425 g passierte Tomaten aus der Dose, je 1/2 TL Zucker, getrocknetes Basilikum, Thymian und Koriander zufügen. 1 Prise Salz und frisch gemahlenen schwarzer Pfeffer, 1 Lorbeerblatt und ein ca. 2 cm großes Stück Schale einer unbehandelten Orange dazu geben. Ohne Deckel 30 Minuten köcheln lassen. Lorbeerblatt und Orangenschale entfernen. Alles pürieren und warm stellen. 4 Zwergauberginen in Längsrichtung aufschneiden. 30 g Butter und 1 EL Olivenöl in einer großen Pfanne erhitzen. 1 Knoblauchzehe zufügen und Auberginen 5–6 Minuten braten, dabei mehrmals wenden. Auf Küchenpapier abtropfen lassen. Nach dem Rezept auf S. 162 zubereitete Steaks auf fächerförmig arrangierten Auberginen anrichten. Die heiße Tomatencoulis darüber schöpfen und nach Wunsch mit Reisnudeln und feingehackter gelber Paprika servieren. Mit frischem Basilikum garnieren.

Tournedos Rossini

400 g Artischockenherzen aus der Dose abtropfen lassen und Artischockenherzen halbieren. In 30 g Butter 2–3 Minuten braten, dabei mehrmals vorsichtig wenden. Abdecken und warm stellen. 4 ca. 2 cm dicke Scheiben Leberpastete abschneiden. Nach dem Rezept auf S. 162 zubereitete Steaks damit belegen. Abdecken und warm stellen. 180 ml Rinderbrühe zum Pfanneninhalt geben und kochen, bis sich die Menge auf die Hälfte reduziert hat. 1 TL Stärke mit 1 EL Madeira oder Sherry mischen und in die Pfanne geben. Rühren, bis die Sauce leicht eindickt. 2 EL Sahne einrühren und Sauce über die Steaks schöpfen. Mit Brunnenkresse garnieren. Mit Artischockenherzen und Krokettenbällchen servieren.

Champignon-Tournedos mit Sauce bordelaise

Für die Sauce bordelaise 250 ml Rinderbrühe, 250 ml Wasser, 125 ml Rotwein, 1 El Tomatenmark, 2 gehackte Frühlingszwiebeln, 1 Lorbeerblatt und 1 Petersilienzweig in einem mittelgroßen Topf mischen. Zum Kochen bringen und weiter köcheln lassen, bis die Flüssigkeit sich auf 200 ml reduziert hat. Abgießen.
30 g Butter in einer gußeisernen Pfanne erhitzen. 4 große frische Champignons zufügen und 3–4 Minuten braten. Aus der Pfanne nehmen. Pfanneninhalt zur Sauce geben.
Steaks nach dem Rezept auf S. 162 zubereiten und auf den Champignons anrichten. 2 TL Mehl in die Pfanne geben, 1 Minute rühren, Sauce zugeben und alles unter ständigem Rühren zum Kochen bringen. 30 g Butter portionsweise einrühren. Mit gedünsteten grünen Bohnen und mit Thymian bestreuten Zwergkürbissen servieren. Mit Thymian garnieren.

Chateaubriand

500 g Rib-Eye-Steak am Stück von überschüssigem Fett und trockentupfen. Eine Schnur in gleichmäßigen Abständen um das Fleisch binden, damit es nicht auseinanderfällt. Mit frisch gemahlenem schwarzem Pfeffer bestreuen.
60 g Butter in einer gußeisernen Pfanne erhitzen. Fleisch darin von allen Seiten 2–3 Minuten anbraten. Auf mittlere Stufe herunterschalten und weitere 20–25 Minuten köcheln lassen, dabei mehrmals wenden. Das Fleisch sollte von außen gut gebräunt und in der Mitte noch blutig sein. Aus der Pfanne nehmen, abdecken und warm stellen.
Für die Sauce 250 ml Weißwein in die Pfanne geben, zum Kochen bringen und köcheln lassen, bis sich die Flüssigkeit auf ca. 80 ml reduziert hat. 15 g Butter in einem kleinen Topf erhitzen, 6 feingehackte Frühlingszwiebeln zugeben und 2–3 Minuten weich kochen. Wein in die Mischung geben und 2–3 Minuten weiter köcheln, dann vom Herd nehmen. 15 g Butter und je 1 TL frisch gehackten Estragon und Petersilie zugeben.
Filet in dicke Scheiben schneiden und mit Sauce, gewürzten Kartoffeln, Spargelspitzen und Brunnenkresse servieren.

Schweinemedaillons mit Mandarinen

4 Schweinemedaillons, je ca. 125 g • Salz und frisch gemahlener schwarzer Pfeffer • 45 g Butter • 1 EL Olivenöl • 2 Knoblauchzehen, feingehackt • 1 EL frisch gehackter Rosmarin • 1/2 TL Zimtpulver• 1 Prise gemahlene Nelken • 2 EL brauner Zucker • 1 TL abgeriebene Schale einer unbehandelten Orange • 180 ml Marsala • 60 g Preiselbeeren, frisch oder tiefgefroren • 1/2 Tasse filetierte Mandarinenspalten aus der Dose, abgetropft

Für 2–4 Personen

MEDAILLONS salzen und pfeffern. 30 g Butter und Öl in einer Pfanne sacht erhitzen. Medaillons von jeder Seite 3–4 Minuten leicht bräunen. Vom Herd nehmen und warm stellen. PFANNE auswischen und restliche Butter erhitzen. Knoblauch, Rosmarin, Zimt, Nelken, Zucker und Orangenschale zufügen. Unter Rühren aufkochen, Marsala zufügen und kochen, bis die Flüssigkeit sich deutlich reduziert hat. Hitze drosseln. Preiselbeeren und Mandarinenspalten einrühren, 1 Minute kochen. Sauce über das Fleisch geben.

Oben links: Schweinemedaillons mit Mandarinen, links: Filet Mignon mit buntem Pfeffer, rechts: Rindfleischstreifen nach asiatischer Art

Filet Mignon mit buntem Pfeffer

2 EL rote Pfefferkörner • 2 EL grüne Pfefferkörner • 2 EL schwarze Pfefferkörner • 2 TL Steinsalz • 2 EL Olivenöl • 4 Filetsteaks, je ca. 250 g, von überschüssigem Fett befreit • 6 Knoblauchzehen, zerdrückt • 2 EL Weinbrand • 250 ml Sahne

Für 4 Personen

PFEFFERKÖRNER im Mörser zerstoßen und mit Salz und Olivenöl vermengen. Die Mischung fest auf den Steaks andrücken. Eine schwere beschichtete Pfanne auf höchste Stufe erhitzen und Steaks hineingeben. Hitze drosseln und auf mittlerer Stufe 2–3 Minuten braten. Steaks vorsichtig wenden und ebenso lange von der anderen Seite medium-gar braten. Steaks auf eine Servierplatte anrichten und warm stellen.

PFANNE auswischen und Hitze wieder erhöhen. Knoblauch und Weinbrand zugießen und auf mittlerer Stufe unter ständigem Rühren 3–4 Minuten kochen. Sauce über die Steaks schöpfen. Nach Wunsch mit gemischtem Salat servieren.

Rindfleischstreifen nach asiatischer Art

500 g Rinderfilet, von überschüssigem Fett befreit • 2 mittelgroße rote Zwiebeln • 1 EL Pflanzenöl • 180 g frische Bohnensprossen • frisch gemahlener schwarzer Pfeffer • ***Beilagen:*** *1/4 Tasse feingehackte Frühlingszwiebel • 100 g Rettich, gerieben • 80 ml Sojasauce • grob zerstoßener schwarzer Pfeffer*

Für 2 Personen

RINDFLEISCH in dünne Streifen schneiden. Rote Zwiebeln vierteln, dann jedes Viertel in Scheiben schneiden. Einen Wok oder eine große gußeiserne Pfanne mit sehr wenig Pflanzenöl erhitzen und Rindfleisch, Zwiebeln und Bohnensprossen unter häufigem Wenden separat braten, bis das Fleisch sich verfärbt und die Zwiebeln weich werden. Während des Bratens reichlich Pfeffer zugeben.

RINDFLEISCHSTREIFEN, Frühlingszwiebeln und Rettich auf einer Platte anrichten, dazu Bohnensprossen, Sojasauce, rote Zwiebeln und Pfeffer in separaten Schälchen servieren.

Entrecôte-Steak mit Kreuzkümmel-Salzkruste

1 EL Kreuzkümmel, ganze Samenkapseln • 2 EL schwarze Pfefferkörner • 1 EL gemahlener Kreuzkümmel • 4 Knoblauchzehen, zerdrückt • 2 EL Olivenöl • 2 EL Steinsalz • 1 kg Entrecôte-Steak ohne Knochen • ***Grillgemüse:*** *2 gelbe Paprika • 4 kleine Auberginen, längs halbiert • 8 Miniknollen rote Bete mit Stiel • Olivenöl • Steinsalz, zusätzlich • schwarzer Pfeffer, zerstoßen*
Für 4–6 Personen

KREUZKÜMMELSAMEN und Pfefferkörner grob mahlen. Gemahlenen Kreuzkümmel, Knoblauch, Öl und Salz zufügen und zu einer Paste verrühren. Paste auf das Rindfleisch streichen. Fleisch auf einen leicht gefetteten Backofen-Grillrost legen, darunter ein Backblech einschieben. 30–35 Minuten bei 180 °C grillen und 10 Minuten ruhen lassen.
PAPRIKA längs vierteln und putzen. Mit der Haut nach oben auf ein Backblech legen. Auberginenhälften mit diagonalen Schnitten einritzen und mit roten Beten auf das Backblech setzen. Mit Öl bestreichen und 30–35 Minuten grillen.
PAPRIKA und Auberginen aus dem Ofen nehmen, wenn sie gut gebräunt sind. Rote Bete herausnehmen, wenn sie weich Paprika abziehen und in Streifen schneiden. Rote Bete schälen. Gemüse mit Steinsalz und Pfeffer bestreuen.

Unten: Entrecôte-Steak mit Kreuzkümmel-Salzkruste, rechts: Feurige Rindfleischtortillas, rechts oben: Teriyaki-Kalbssteaks

Feurige Rindfleischtortillas

500 g mageres Rumpsteak • Saft von 2 Orangen • Saft von 2 Limonen • Saft von 1 Zitrone • 60 ml Olivenöl • 1 1/2 TL gemahlener Szechuanpfeffer • 1/2 TL frisch gemahlener schwarzer Pfeffer • 2 Knoblauchzehen, zerdrückt • 1 TL frisch geriebener Ingwer • 2 Frühlingszwiebeln, feingehackt • 1 TL frisch gehackter Koriander • 1 TL Steinsalz • 60 ml Teriyakisauce • 1/2 TL Kreuzkümmel, ganze Samenkapseln, ohne Öl angeröstet • 1/2 TL Chilipulver • 2 kleine rote Chilischoten, geputzt und feingehackt • 1 mittelgroße rote Paprika, geputzt und in feine Streifen geschnitten • 1 mittelgroße gelbe Paprika, geputzt und in feine Streifen geschnitten • 1 rote Zwiebel, in dünne Ringe geschnitten • 4 große Weizentortillas • 250 g Avocadocreme
Für 2–4 Personen

FLEISCH in dünne Streifen schneiden. Fruchtsäfte, Öl, Szechuan- und schwarzen Pfeffer, Knoblauch, Ingwer, Frühlingszwiebeln, Koriander, Salz, Sauce, Kreuzkümmel und Chilipulver mit dem Schneebesen verrühren. Fleischstreifen in die Marinade legen. Abdecken und 1 1/2 Stunden kühlen.
CHILLIES, Paprika und Zwiebel untermengen. Wieder abdecken und 30 Minuten kalt stellen. Fleisch und Gemüse abtropfen lassen und 2–3 Minuten in einer heißen Pfanne braten. Tortillas 5–6 Minuten im Backofen bei 150 °C aufbacken, mit Fleisch, Gemüse und Avocadocreme belegen und einrollen.

Teriyaki-Kalbssteaks

500 g Kalbsnuß • 60 ml Sojasauce • 2 EL Mirin (japanischer Reiswein) oder süßer Sherry • 1 TL feingehackter frischer Ingwer • 3 Knoblauchzehen, zerdrückt • 1 TL brauner Zucker • 2 EL Sesamöl • 375 ml Hühnerbrühe • 1 Frühlingszwiebel, in dünne Ringe geschnitten
Für 2–4 Personen

KALBFLEISCH diagonal in 4 Steakscheiben schneiden und in eine flache Schüssel legen. Sojasauce, Mirin oder süßen Sherry, Ingwer, Knoblauch und Zucker mit dem Schneebesen verrühren. Über die Steaks geben und diese mehrmals in der Marinade wenden. Abdecken und 2–3 Stunden gekühlt marinieren. Gelegentlich wenden.
KALBSSTEAKS aus der Marinade nehmen, abtropfen lassen, Marinade auffangen und aufbewahren. Fleisch von beiden Seiten mit Öl bestreichen und unter dem vorgeheizten Backofengrill 3–4 Minuten grillen. Wenden und weitere 3–4 Minuten grillen.
MARINADE in einem Topf aufkochen und 3–4 Minuten köcheln lassen. Über die Kalbssteaks schöpfen. Mit Frühlingszwiebeln garnieren und mit Reis und Austernpilzen servieren.

Kalbfleisch mit Himbeer-Vinaigrette

650 g Kalbsnuß • 2 EL Olivenöl • 150 g sonnengetrocknete Tomaten, in dünne Streifen geschnitten • 200 g Himbeeren • 125 ml Olivenöl, zusätzlich • 125 ml Himbeeressig • frisch gemahlener schwarzer Pfeffer • Brunnenkresse zum Garnieren
Für 2–4 Personen

BACKOFEN auf 210 °C (Gasherd 190 °C) vorheizen. Kalbfleisch mit Olivenöl einreiben und 70 Minuten unter dem Backofengrill grillen. Das Fleisch sollte im Innern noch leicht rötlich sein. Aus dem Ofen nehmen. Abdecken und kalt stellen. In sehr dünne Scheiben schneiden.
KALBFLEISCHSCHEIBEN auf Serviertellern anrichten. Tomatenstreifen und Himbeeren über das Fleisch geben. Olivenöl und Himbeeressig mit dem Schneebesen verquirlen und darüber träufeln. Mit frisch gemahlenem schwarzem Pfeffer würzen und mit Brunnenkresse garniert servieren.

Lammfleischsalat mit Pestodressing

2 EL Öl • 350 g Lammnuß • 200 g sonnengetrocknete Paprika, in Streifen geschnitten • 4 eingelegte Artischockenherzen, abgetropft und halbiert • 50 g schwarze Oliven • 1 Bund Feldsalat, gewaschen und abgetropft • 60 g Parmesan, gerieben • frisch zerstoßener schwarzer Pfeffer • ***Pestodressing:*** *50 g Basilikumblätter • 2 Knoblauchzehen, zerdrückt • 2 EL Pinienkerne • 30 g Parmesan, frisch gerieben • 180 ml Olivenöl*
Für 2 Personen

Den Rost eines Holzkohlegrills leicht einfetten und Lammfleisch darauf grillen, bis es gut gebräunt und »medium« ist. Vom Grill nehmen und abkühlen lassen.

Fleisch von jeglichem sichtbaren Fett befreien, in dünne Scheiben schneiden und mit sonnengetrockneter Paprika, Artischocken, Oliven, Feldsalat und geriebenem Parmesan auf Serviertellern anrichten. Mit zerstoßenem Pfeffer bestreuen und mit Pestodressing servieren.

Für das Pestodressing Basilikum, Knoblauch, Pinienkerne und Käse mit 60 ml Öl im Mixer glattrühren. Restliches Öl nach und nach zugeben und gut verrühren.

Hinweis: Sie können auch Endivien- oder Eichblattsalat zum Fleisch reichen.

Lammsteaks mit Kichererbsenmus und Couscous

12 Schmetterlingssteaks vom Lamm • 2 TL getrocknete Minze • Cayennepfeffer • 2 EL Olivenöl • ***Kichererbsenmus:*** *425 g Kichererbsen aus der Dose, gründlich gespült und abgetropft • 60 g Tahini (Sesampaste) • 80 ml frischer Limonensaft • 2 Knoblauchzehen, zerdrückt • 60–80 ml Wasser • Paprikapulver •* ***Couscous:*** *250 g Couscous • 300 ml Wasser • 30 g Butter • 1 kleine rote Paprika, feingehackt • 2 EL feingehackte glattblättrige Petersilie*

Für 6 Personen

STEAKS von Fett befreien, mit Minze und Cayennepfeffer bestreuen. Öl in einer gußeisernen Pfanne auf mittlerer Stufe erhitzen. Steaks 4–5 Minuten braten. Gelegentlich wenden. Mit Kichererbsenmus und Couscous servieren. Mit Minze garnieren.
FÜR DAS KICHERERBSENMUS Kichererbsen, Tahini, Limonensaft und Knoblauch in der Küchenmaschine glattrühren. Wasser zugeben, bis ein festes Mus entsteht.
COUSCOUS in einer Schüssel mit kochendem Wasser übergießen und 2 Minuten ruhen lassen, bis das Wasser aufgesogen ist. Butter in einer Pfanne erhitzen, Paprika zugeben und 1 Minute unter Rühren anbraten.
Couscous und Petersilie zugeben und alles gut verrühren.

Rindfleisch-Carpaccio mit Orangen-Limonen-Sauce

350 g Rinderfilet am Stück • Schale von 2 unbehandelten Zitronen, in lange Streifen geschnitten • frische Korianderblätter zum Garnieren • 1 grüne Chilischote, gegrillt, entkernt, abgezogen und in Juliennestreifen geschnitten • ***Orangen-Limonen-Sauce:*** *60 ml frischer Orangensaft • 60 ml frischer Limonensaft • 60 ml Fischsauce • 1 TL Chilipulver • 2 Knoblauchzehen, feingehackt • 1 TL Tomatenmark • 1 EL Olivenöl • 1 Prise Cayennepfeffer • 1 Prise Salz*
Für 2–4 Personen

FLEISCH ca. 2 Stunden in den Gefrierschrank legen. In hauchdünne Scheiben schneiden. Steakscheiben während der Saucenzubereitung mit Wachspapierblättern voneinander getrennt aufbewahren.
FÜR DIE ORANGEN-LIMONEN-SAUCE Orangensaft, Limonensaft, Fischsauce, Chilipulver, Knoblauch, Tomatenmark, Öl, Cayennepfeffer und Salz im Mixer oder in der Küchenmaschine 1–2 Minuten gründlich verrühren.
EINE DÜNNE RINDFLEISCHSCHICHT auf Serviertellern anrichten. Sauce über das Fleisch träufeln und mit Zitronenschale, Korianderblättern und Chili-Juliennestreifen garnieren. Dazu Baguettebrot reichen.
HINWEIS: Fischsauce ist in asiatischen Spezialitätengeschäften erhältlich. Julienne sind sehr fein geschnittene Gemüsestreifen.

Warmer Rindfleisch-Ingwer-Salat nach thailändischer Art

350 g Rinderfilet, in ca. 1 cm dicke Scheiben geschnitten • 2 Knoblauchzehen, dünn geschnitten • ca. 3 cm frischer Ingwer, in dünne Streifen geschnitten • 1 Zitronengrasstengel, feingehackt • 4 kleine rote Chilischoten, entkernt und in feine Streifen geschnitten • 2 EL Fischsauce • 2 EL Sojasauce • 2 TL Zucker • 2 EL Erdnußöl • 1 kleiner Kopfsalat, gewaschen und in Einzelblätter gezupft • 1 kleine rote Zwiebel, in dünne Ringe geschnitten • 3 EL frische Korianderblätter • 4 EL frische Minzeblätter • 40 g geröstete Erdnüsse, gehackt • ***Dressing:*** *60 ml frischer Limonensaft • 60 ml Erdnußöl • 2 EL Tamarindensauce • 1 TL feingehackte Korianderwurzeln*

Für 2–4 Personen

FLEISCH mit Knoblauch, Ingwer, Zitronengras und Chilischoten in eine Schüssel geben. Fischsauce, Sojasauce und Zucker verquirlen und über die Steaks geben. Fleisch in der Schüssel wenden, damit alle Teile gut bedeckt sind. Abdecken und 1–2 Stunden kalt stellen.

ERDNUSSÖL im Wok erhitzen und Steaks darin auf mittlerer Stufe 2–3 Minuten braten. Aus der Pfanne nehmen und ein wenig abkühlen lassen.

FÜR DAS DRESSING Limonensaft portionsweise in das Öl rühren. Tamarindensauce und Korianderwurzel zufügen.

STEAKS in dünne Scheiben schneiden, in das Dressing tunken und mit Zwiebelringen, Koriander und Minze auf Salatblättern anrichten.

HINWEIS: Fisch- und Tamarindensauce sind in asiatischen Lebensmittelgeschäften erhältlich.

Schweinefleischsalat mit schwarzen Bohnen

Ingwer-Chili-Dressing: *125 ml Erdnußöl • 4 getrocknete rote Chilischoten, zerstoßen • ca. 2 cm frischer Ingwer, feingehackt • 2 Knoblauchzehen, in feine Scheiben geschnitten • 2 EL Sesamöl • 2 EL Sojasauce • 2 EL Erdnußöl , zusätzlich •* ***Salat:*** *500 g Schweinefilet, in ca. 2 cm dicke Scheiben geschnitten • 2 EL schwarze Bohnen aus der Dose • 60 ml trockener Sherry • 1 kleine rote Paprika, entkernt und in feine Streifen geschnitten • 1 Tasse kleine Spinatblätter*

Für 2–4 Personen

FÜR DAS DRESSING Öl in einer Pfanne erhitzen. Chili, Ingwer und Knoblauch bei mittlerer Hitze unter ständigem Rühren 2 Minuten anbraten. Sesamöl und Sojasauce zufügen und weitere 2 Minuten braten. Abkühlen lassen und durch ein feines Sieb in eine Schüssel streichen.

RESTLICHES ÖL in einer Pfanne auf höchster Stufe erhitzen. Schweinefleisch 2–3 Minuten von jeder Seite braten. Schwarze Bohnen, Sherry und Paprika hinzugeben und 1 weitere Minute unter ständigem Rühren braten. Vom Herd nehmen. Mit Spinatblättern anrichten und mit Dressing beträufeln.

Thailändische Lammpasteten

Kräuterpaste: *2 EL Erdnußöl • 4 kleine rote Chilischoten, feingehackt • 1 Zitronengrasstengel, feingehackt • 2 Frühlingszwiebeln, feingehackt • 2 Knoblauchzehen, feingehackt • ca. 2 cm frischer Ingwer, gerieben • 1 EL feingehackte Korianderwurzeln • 4 frische Limonen- oder Zitronenblätter, gehackt • 4 Lendensteaks vom Lamm, je ca. 200 g • 4 Blätter Frühlingsrollenteig (oder tiefgekühlter Blätterteig, zum Quadrat ausgerollt) • 2 EL Pflanzenöl • 1 EL Sesamöl • 6–8 Spinatblätter, in mundgerechte Stücke gezupft, gewaschen und getrocknet • 30 g rote Basilikumblätter • 3 EL frische Korianderblätter •* ***Ingwersauce:*** *80 ml Fischsauce • 50 g Palmzucker oder brauner Zucker • ca. 4 cm frischer Ingwer, abgezogen und in dünne Scheiben geschnitten • 2 TL Hoisin-Sauce*
Für 4 Personen

FÜR DIE KRÄUTERPASTE Öl in einem großen Wok erhitzen. Chilischoten, Zitronengras, Frühlingszwiebeln, Knoblauch, Ingwer und Korianderwurzel auf mittlerer Stufe 1–2 Minuten anbraten. Limonenblätter zufügen und vom Herd nehmen. 5 Minuten abkühlen lassen. Im Mixer oder der Küchenmaschine pürieren. Steaks von Fett befreien, mit Kräuterpaste einreiben, abdecken und 1–2 Stunden kalt stellen.
FRÜHLINGSROLLEN- oder Blätterteigquadrate mit etwas Öl einpinseln und einige kleine Spinatblätter darauf legen. Überstehende Spinatränder abschneiden. Lammsteaks jeweils in die Mitte der Quadrate legen und diese zu einem Päckchen falten. Kanten vorsichtig unterschlagen und die Ecken mit etwas Öl versiegeln. Pasteten mit Sesamöl bestreichen und auf ein eingefettetes Backblech legen. Im Backofen bei 180 °C 10–12 Minuten backen. Herausnehmen und abkühlen lassen.
FÜR DIE INGWERSAUCE Fischsauce mit Palm- oder braunem Zucker auf unterer Stufe in einem Topf erhitzen, bis der Zucker geschmolzen ist. Ingwer und Hoisin-Sauce zufügen und 10–15 Minuten sachte köcheln lassen. Die Flüssigkeit darf sich nicht reduzieren. Pasteten durchschneiden, Sauce darüber schöpfen und mit Koriander und Basilikum bestreuen. Mit Glasnudeln servieren.

Rindfleisch-Mozzarella-Salat

350 g Filetsteaks • 2 TL Pfeffer • 1 EL Olivenöl • 2 mittelgroße rote Paprika • 250 g Mozzarella, in Scheiben geschnitten • 1 Bund Rucolasalat, gewaschen und geputzt • ***Vinaigrette:*** *60 ml Orangensaft • 1 TL Safranfäden • 1/4 Tasse rote Pfefferkörner, ganz • 125 ml Walnußöl • 1 Knoblauchzehe, zerdrückt • 2 EL Weißweinessig • Salz und frisch gemahlener schwarzer Pfeffer*

Für 2–4 Personen

STEAKS von beiden Seiten mit Pfeffer bestreuen. Öl in einer Pfanne erhitzen und die Steaks darin auf höchster Stufe 1 Minute von jeder Seite anbraten. Blutige Steaks erhält man nach 2–3 weiteren Minuten Braten von jeder Seite, Medium-Steaks sind nach weiteren 4 Minuten von jeder Seite fertig. Abdecken und kalt stellen. Steaks in dünne Scheiben schneiden.

PAPRIKA enthäuten (s. S. 246) und in feine Streifen schneiden. Fleisch, Paprika und in Scheiben geschnittenen Mozzarella auf einem Bett aus Rucolasalat anrichten. Vinaigrette darüber schöpfen und servieren.

FÜR DIE VINAIGRETTE Orangensaft, Safran und Pfefferkörner in einer Pfanne unter ständigem Rühren 4–5 Minuten auf mittlerer Stufe erhitzen. Auf Zimmertemperatur abkühlen lassen. Wanußöl und Knoblauch mischen und Weißweinessig vorsichtig einrühren. Orangensaftmischung unter ständigem Rühren langsam zugeben. Vinaigrette nach Geschmack salzen und pfeffern.

Würziger Lamm-Glasnudel-Salat

3 Frühlingszwiebeln, feingehackt • 2 Knoblauchzehen, feingehackt • ca. 2 cm Ingwer, frisch gerieben • ca. 2 cm Galangal, feingehackt • 2 kleine rote Chilischoten, entkernt und feingehackt • 1 EL Palmzucker • 2 EL Erdnußöl • 2 EL Fischsauce • 2 EL Hoisin-Sauce • 4 Lendensteaks vom Lamm, je ca. 200 g • ***Dressing:*** *1 EL Erdnußöl • 1 EL Tahini (Sesampaste) • 1/4 TL Chinagewürz • 80 ml frischer Limonensaft • 2 EL Fischsauce • 2 EL Palmzucker oder brauner Zucker •* ***Salat:*** *1 rote Zwiebel, feingehackt • 5 Limonenblätter, feingehackt • 2 große rote Chilischoten, in dünne Ringe geschnitten • 50 g asiatische Glas-Reisnudeln, in kochendem Wasser eingeweicht und abgetropft • 60 g frische Korianderblätter • 50 g frische grüne oder rote Basilikumblätter*
Für 4–6 Personen

ZWIEBELN, Frühlingszwiebeln, Knoblauch, Ingwer, Galangal, Chili, Zucker, Öl, Fischsauce und Hoisin-Sauce in Mixer oder Küchenmaschine zu einem glatten Püree verarbeiten. 1 EL davon abnehmen und aufbewahren. Lamm von überschüssigem Fett befreien und mit dem restlichen Püree bestreichen. Über Nacht gekühlt marinieren.
FÜR DAS DRESSING Öl im Wok erhitzen, mit Chinagewürz vermischtes Tahini zugeben und kurz anbraten. Saft, Fischsauce und Zucker in einer Schüssel mischen. Angebratene Pastenmischung zugeben.
LAMM im Backofen auf den eingefetteten Rost über ein Auffangblech legen und im auf 180 °C vorgeheizten Ofen 8–10 Minuten »medium« backen. Danach abgedeckt 10 Minuten ruhen lassen. Lamm in feine Streifen schneiden. Zwiebel, Limonenblätter und Chiliringe mischen. Verrühren. Glas-Reisnudeln auf Servierteller geben und Lammfleisch darauf anrichten. Mit Koriander- und Basilikumblättern bestreuen.
HINWEIS: Ingwer- und Galangalwurzeln, Fisch- und Hoisin-Sauce sowie Glas-Reisnudeln und Limonenblätter sind in asiatischen Lebensmittelgeschäften erhältlich.

Rindfleisch in Ahornsirupglasur

1 EL Olivenöl • 4 kleine Filetsteaks • 30 g Butter • 1 TL frisch geriebener Ingwer • 2 EL Ahornsirup • 1 EL Honig • 1/4 TL gemahlener Kreuzkümmel • ***Süßer Kartoffelbrei:*** *500 g Kartoffeln, geschält und kleingehackt • 500 g Bataten (Süßkartoffeln), geschält und kleingehackt • 30 g Butter • 1 Lauchstange, feingehackt • 125 ml Sahne • frisch gemahlener schwarzer Pfeffer*
Für 2–4 Personen

ÖL in einer gußeisernen Pfanne erhitzen und Steaks darin auf höchster Stufe 2 Minuten von jeder Seite anbraten. Auf mittlere Stufe herunterschalten. Medium-Steaks sind nach weiteren 2–3 Minuten von jeder Seite fertig und durchgebratene nach 4–6 Minuten von jeder Seite. Steaks aus der Pfanne nehmen, mit Alufolie abdecken und warm stellen.
BUTTER und Ingwer in die Pfanne geben und 1 Minute anbraten. Ahornsirup, Honig und gemahlenen Kreuzkümmel zugeben und unter Rühren aufkochen. Vom Herd nehmen und die Sauce über die Steaks schöpfen. Mit süßem Kartoffelbrei und nach Wunsch mit grünen Bohnen servieren.
FÜR DEN SÜSSEN KARTOFFELBREI Kartoffeln und Bataten weich kochen oder dämpfen. Abtropfen lassen und zu Brei verarbeiten. Butter in einer Pfanne erhitzen, Lauch zugeben und 1–2 Minuten anbraten. Aus der Pfanne nehmen und mit dem Kartoffelbrei verrühren. Sahne unterrühren und mit Pfeffer abschmecken.

Gegrilltes Heidelbeer-Lamm

1 EL Koriander, ganze Samenkapseln • 1 EL Wacholderbeeren • 1 EL Olivenöl • 2 Knoblauchzehen, zerdrückt • 350 g Lammnuß • 125 ml trockener Weißwein • 250 ml Rinderbrühe • 1–2 EL geröstete Pinienkerne • 1 Tasse frische Heidelbeeren • 1 TL feingehackte Minze
Für 2–4 Personen

KORIANDER, Wacholderbeeren und Pfefferkörner zerstoßen. Mit Öl und Knoblauch zu einer groben Paste verarbeiten. Lamm von überschüssigem Fett befreien und mit der Paste bestreichen. Backofen auf 180 °C vorheizen. Fleisch unter dem Backofengrill auf einen eingefetteten Rost über ein Auffangblech legen und 25–30 Minuten medium-gar grillen. Danach mit Alufolie abdecken. AUFGEFANGENEN FLEISCHSAFT mit Wein aufkochen, bis sich die Menge halbiert hat. Brühe zugeben und ein wenig köcheln lassen. Hitze drosseln, Pinienkerne, Heidelbeeren und Minze zufügen. Mit Sauce und Nudeln servieren.

Schweinefleisch mit Chilinudeln

4 Schmetterlingssteaks vom Schwein, je ca. 125 g, von überschüssigem Fett befreit • 60 ml Sojasauce • 1 EL Honig • 80 ml Zitronensaft, frisch gepreßt • 2 EL trockener Sherry • 1/4 TL chinesische Fünf-Kräuter-Würzmischung • 1 Knoblauchzehe, zerdrückt • 1 TL frisch geriebener Ingwer • 1–2 unbehandelte Pink Grapefruits, ungeschält und in ca. 1 cm dicke Scheiben geschnitten • 200 g chinesische Eiernudeln, frisch oder getrocknet • 1 EL Sesamöl • 1–2 TL Chilisauce

Für 4 Personen

STEAKS in eine flache, nicht-metallene Schüssel legen. Sojasauce, Honig, Zitronensaft, Sherry, Fünf-Kräuter-Würzmischung, Knoblauch und Ingwer verrühren und die Mischung über die Steaks geben. Abgedeckt im Kühlschrank 1–2 Stunden marinieren. Gelegentlich wenden.

STEAKS abtropfen lassen und Marinade aufbewahren. Steaks und Grapefruit auf einem heißen, eingefetteten Grillrost oder unter dem Backofengrill 8–10 Minuten grillen. Gelegentlich wenden und mit der aufbewahrten Marinade bestreichen. (Die Grapefruit evtl. früher vom Grill nehmen als das Fleisch.)

NUDELN in einem Topf mit kochendem Wasser 2 Minuten kochen und abtropfen lassen. Sesamöl in einer Pfanne erhitzen, Nudeln und Chilisauce zugeben und 1–2 Minuten unter Rühren braten. Steaks mit Grapefruitscheiben und Chilinudeln servieren.

Kalbssteaks mit süß-sauren Zwiebeln

4 Kalbssteaks, je ca. 200 g • 100 ml roten Fertigpesto • 2 EL Olivenöl • ***Süß-saure Zwiebeln:*** *30 g Butter • 2 mittelgroße Zwiebel, in Ringe geschnitten • 2 EL Wasser • 60 g brauner Zucker • 125 ml dunkler Essig • 2 EL Sultaninen • 1 TL abgeriebene Schale einer unbehandelten Orange •* ***Pastinakenpüree:*** *500 g Pastinaken, geschält und geputzt • 125 ml Sahne • 1/2 TL Muskat*

Für 4 Personen

JEDES STEAK mit rotem Pesto bestreichen. Öl auf mittlerer Stufe in einer gußeisernen Pfanne erhitzen. Steaks zugeben. 4–5 Minuten braten, dabei häufig wenden. Steaks aus der Pfanne nehmen, abdecken und warm stellen.

FÜR DIE SÜSS-SAUREN ZWIEBELN Butter in der Pfanne erhitzen, Zwiebeln zugeben und 2–3 Minuten anbraten. Wasser zugeben, den Deckel auflegen und auf unterer Stufe 10 Minuten köcheln lassen, dabei gelegentlich umrühren. Zucker, Essig und Sultaninen zufügen. 5–6 Minuten köcheln lassen, bis sich die Flüssigkeit ein wenig reduziert hat. Orangenschale einrühren.

PASTINAKEN in Scheiben schneiden und weich kochen. In der Küchenmaschine mit Sahne und Muskat glattrühren. Steaks mit Zwiebeln und Püree servieren. Mit Salbeiblättern garnieren.

Kalbssteaks im Schinken-Spinatmantel

1 Bund Spinat, ohne Stiele und gewaschen • 4 Kalbssteaks, je ca. 200 g, leicht flachgeklopft • 2 EL grobkörniger Senf • 16 Scheiben Prosciutto oder Räucherschinken • 2 EL Olivenöl • 2 Knoblauchzehen, zerdrückt • 125 ml trockener Weißwein • 250 ml Hühnerbrühe • 1 EL Dijon-Senf • 1 TL Stärke, mit 2 EL kaltem Wasser vermischt • 1 EL frische Kerbelblätter • ***Wildreis mit Honig:*** *150 g Wildreis-Mischung • 1/2 Tasse Reisnudeln • 30 g Butter • 1 mittelgroße Zwiebel, feingehackt • 1 Knoblauchzehe, zerdrückt • 1 EL Honig • 1 EL Sojasauce*

Für 4–6 Personen

SPINAT dünsten, bis er leicht zusammenfällt, mit kaltem Wasser abspülen, abtropfen und trocknen lassen. Einige Spinatblätter auf einem Brett so ausbreiten, daß sie jeweils eine Fläche bilden, die etwas größer als das Steak ist. Steaks darauf legen, mit Senf bestreichen und mit dem Spinat einrollen. Je 4 Scheiben Schinken, die man zuvor überlappend angeordnet hat, als äußerste Schicht darum rollen.

ÖL in einer Pfanne auf mittlerer Stufe erhitzen. Steaks darin leicht bräunen, dabei mehrmals wenden. Herausnehmen und auf einem Backblech im auf 180 °C vorgeheizten Ofen 10–15 Minuten backen. Herausnehmen und warm stellen.

FLEISCHSAFT vom Auffangblech in einem Topf mit Knoblauch und Wein auf mittlerer Stufe 2 Minuten kochen. Senf, Brühe und Stärke-Wassermischung zugeben. Aufkochen, bis die Sauce eindickt. Abseihen. Kalbfleisch in Scheiben schneiden. Mit Sauce, Kerbelblättern und Wildreis mit Honig servieren.

REIS in einem Topf mit kochendem Wasser ohne Deckel 25 Minuten kochen, abtropfen lassen. Reisnudeln 10 Minuten kochen; abtropfen lassen. Butter in einer Pfanne erhitzen, darin Zwiebel und Knoblauch weich braten. Reis, Reisnudeln, Honig und Sojasauce zugeben, mischen und vom Herd nehmen.

HERZHAFTE KOTELETTS UND RIPPCHEN

Koteletts und Rippchen gehören zu den beliebtesten Fleischsorten. Sie lassen sich schnell und einfach zubereiten, können aber auch exotisch angerichtet werden. Dieses Kapitel bietet Ihnen eine Zusammenstellung beliebter Rezepte aus aller Welt.

KOTELETT- UND RIPPENSTÜCKE

Diese beliebten Fleischstücke sind einfach in der Zubereitung, relativ preiswert und schmackhaft. Zudem sind sie günstiger als Steaks und fettärmer als viele andere Fleischsorten.
Rippchen eignen sich hervorragend für Grillfeste. Man kann sie mariniert und gegrillt in großen Mengen zubereiten und bequem auf der Hand essen.
Kotelettstücke – sei es vom Schwein, Kalb oder Lamm – sind wahre Verwandlungskünstler. Man kann sie »in die Pfanne hauen« oder höchst elegant als Spalier oder Kronenbraten servieren.
Die folgende Aufstellung umreißt kurz die in diesem Buch verwendeten Fleischstücke (Abbildungen auf S. 188 und 189) und ihre Zubereitungsarten.

Kotelettstücke

LAMM

Sofern Lammkoteletts nicht geschmort werden, brät man sie gewöhnlich auf beiden Seiten scharf an und gart sie dann, bis sie zart und saftig und innen noch leicht rosa sind. Für manche Gerichte müssen die Knochen von Fett, Sehnen und Fleisch befreit werden.
Scheiben aus der Keule: schmoren oder im Backofen braten
Nackenkoteletts: schmoren oder dünsten
Lendenkoteletts: im Backofen oder in der Pfanne braten oder grillen

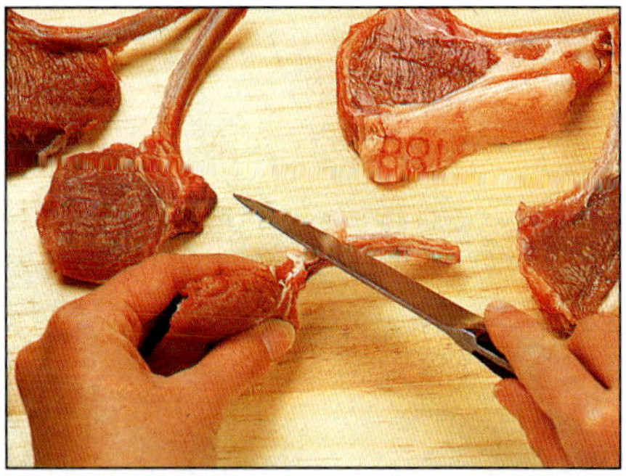

Beim Kotelett vom oberen Teil des Knochens alles Fleisch, Fett und Sehnen abschaben.

Stielkoteletts: braten, auf Holzkohle oder im Backofen grillen
Karree oder Rippenbraten (besteht meist aus sechs Stielkoteletts): im Backofen braten
Lammkrone (zwei Karrees, zusammengebunden und in »Kronenform« gebracht): füllen und im Backofen braten

KALB

Mild im Geschmack und mit geringem Fettgehalt verlangt Kalbfleisch schonende Garmethoden und wird oft in der Pfanne gebraten, damit es nicht austrocknet. Kräftige Gewürze runden ein Kalbsgericht erst ab.
Koteletts: grillen oder in der Pfanne braten
Karree oder Rippenbraten (gewöhnlich vier Koteletts): im Backofen braten
Lendenkoteletts: auf Holzkohle oder im Ofen grillen, braten oder schmoren

SCHWEIN

Schweinekoteletts werden normalerweise durchgegart, bis der austretende Fleischsaft klar aussieht, obwohl ein solches Verfahren aus gesundheitlichen Gründen, wie es früher erforderlich war, mittlerweile überholt ist.
Filetkoteletts: in der Pfanne braten oder marinieren und grillen
Stielkoteletts: braten oder grillen
Nackenkoteletts: braten oder schmoren

Rippenstücke

VOM RIND

Die Rippenstücke werden sowohl im ganzen oder in Einzelstücke zerteilt angeboten. Wenn Sie sie getrennt servieren wollen, lassen Sie sie vom Metzger zerteilen – man braucht dazu ein äußerst scharfes Hackbeil. Im ganzen garen sie länger, aber der Knochen wird dabei weicher, und so ist es leichter, gare Fleischstücke zu schneiden als rohe.
Querrippe: grillen, schmoren, im Backofen oder in der Pfanne braten

Schwarte und überschüssiges Fett von der dicken Rippe abschneiden.

Schälrippchen in Portionen zu vier oder sechs Knochen zerteilen.

kurze Rippe: grillen, im Backofen oder in der Pfanne braten
Hochrippe: im Backofen braten

VOM SCHWEIN

Schälrippchen sind lange, dünne Stücke, an denen weniger Fleisch sitzt als an der dicken Rippe. Sie werden im ganzen oder in Teilstücken zu vier oder sechs Knochen angeboten. Am besten erst marinieren, dann grillen oder braten. In einzelne Rippchen zerteilt, kann man sie – zusammen mit einem Dip – gut auf der Hand essen. Vorheriges Schmoren oder Kochen vermindert ihren Fettgehalt und macht das Fleisch zarter.
dicke Rippe: marinieren und grillen oder mit Sauce bestreichen und im Backofen kross braten

EINKAUF: Kaufen Sie die besten und magersten Koteletts und Rippenstücke, die Sie finden können – ein paar Fettadern machen das Fleisch zarter und schmackhafter; jedes Zuviel an Fett jedoch ist ein schlechter Kauf. Frisches Fleisch ist feucht, nicht trocken. Es sieht hellrosa bis rot aus, ohne graue Stellen, und es sollte nicht unangenehm riechen. Abgepacktes Fleisch darf nicht im eigenen Saft liegen und sollte den Tag des Einkaufs als Abpackdatum ausweisen.

LAGERUNG: Das Frischfleisch gehört nach dem Einkauf so schnell wie möglich in den Kühlschrank. Nicht gekühltes Fleisch kann an warmen Tagen zur rasanten Brutstätte von Krankheitserregern werden.
Fleisch, das man noch am Tag des Einkaufs zubereiten will, kann bis dahin einfach im Kühlschrank aufbewahrt werden. Fleisch, das erst in einigen Tagen zum Verzehr bestimmt ist, wickelt man am besten aus und legt es in ein Auftaugefäß, damit austretender Fleischsaft abtropfen kann. Mit Alufolie abdecken, nicht mit Frischhaltefolie, darunter kann das Fleisch schwitzen. Der kälteste Platz im Kühlschrank ist genau richtig. Während zwei oder drei Tagen Kühlung machen fleischeigene Enzyme das Stück sogar noch etwas zarter. Tiefkühlware sollte durchgängig fest, die Packung unbeschädigt sein.
Bereiten Sie rohes und gegartes Fleisch nicht zusammen zu, um das Risiko einer Bakterienübertragung auszuschließen. Schrubben Sie das Hackbrett, die Arbeitsutensilien und Ihre Hände gut ab, wenn Sie mit rohem Fleisch hantiert haben! Gegarte Fleischreste vor dem Lagern im Kühlschrank abkühlen.

Zum Marinieren nur Glas- oder Keramikschalen verwenden.

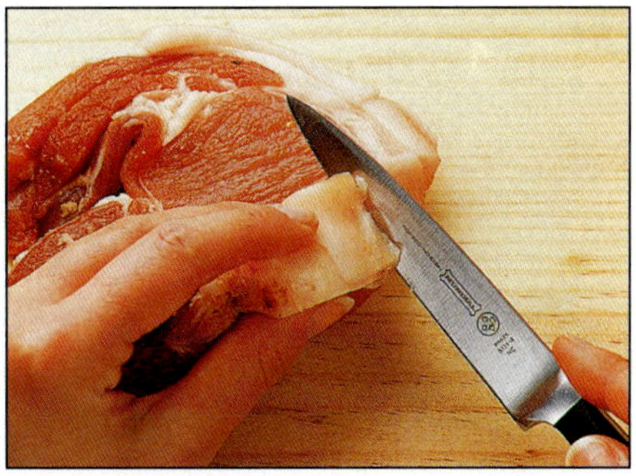

Den Fettrand der Koteletts einschneiden, damit sie sich beim Garen nicht wölben.

MARINIEREN: Viele der in diesem Buch beschriebenen Fleischstücke profitieren von Marinaden, die sie gleichzeitig würzen und zart machen. Wein, Kräuter, Essig, Sojasauce, Zitronensaft oder Öl eignen sich hierfür. Bestreicht man das Fleisch beim Braten mit einer Marinade auf Öl- oder Essigbasis, trocknet es nicht aus. Marinieren Sie Fleisch immer in einem nicht-metallenen Gefäß, damit es keinen Metallgeschmack annimmt.

GAREN: Koteletts und Rippenstücke sollten vor dem Garen auf Raumtemperatur gebracht und von überschüssigem Fett und Sehnen befreit werden. Schneiden Sie den Fettrand flacher Stücke ein, damit sie sich beim Braten nicht aufwölben. Lassen Sie mariniertes Fleisch vorher abtropfen. Kleinere, zarte Stücke sollten Sie vor dem Garen nicht salzen, sonst werden sie trocken.
Lammfleisch brät man erst rundum scharf an, damit sich die Poren schließen und den Fleischsaft im Inneren versiegeln; dann werden sie sanft gegart, bis sie innen noch leicht rosa sind. Schweinefleisch dagegen wird durchgegart, bis der austretende Fleischsaft klar bleibt. Da Schweine- und Kalbfleisch trockener ist, benötigen Sie für diese Stücke etwas mehr Bratfett. Wählen Sie die Pfanne groß genug, damit Sie das Fleisch nicht so eng zusammenschieben müssen, denn dann wird es gedünstet. Vergewissern Sie sich beim Grillen, daß der Backofen oder Grill heiß genug ist, damit das Fleisch nicht hart wird. Wenden Sie das Fleisch mit Grillzangen oder Bratenwendern, aber stechen Sie nicht mit einer Gabel hinein, dann verliert es seinen Saft und wird trocken. Mit der Grillzange können Sie auch prüfen, wie gar das Fleisch ist: Gibt es nach, ist es noch roh; ein geringer Widerstand zeigt an, daß es halb durchgegart ist; und bei stärkerem Widerstand ist es gar.

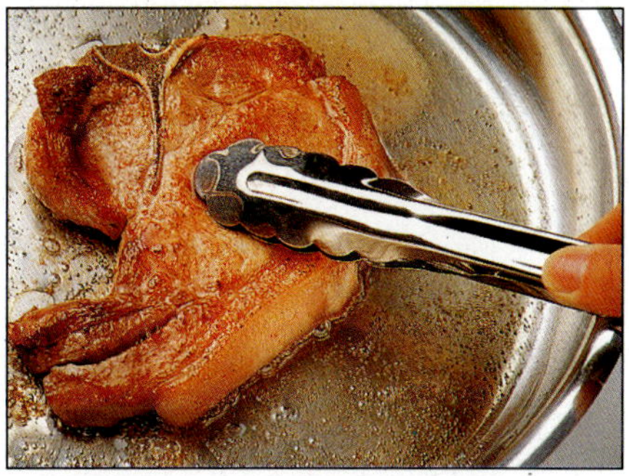

Das Fleisch mit einer Grillzange drücken, um zu prüfen, ob es gar ist.

EINFRIEREN: Die Verpackung entfernen und jedes Kotelett oder Rippenstück einzeln in Plastikfolie wickeln, dabei die Luft herausdrücken. Spitze Knochen mit Alufolie umwickeln, damit sie die Hülle nicht durchlöchern. Das Fleisch in einen Gefrierbeutel legen, dabei wiederum die Luft herausdrücken und fest verschließen. Die Päckchen kennzeichnen und mit Datum versehen. Obwohl man Fleisch länger als 6 Monate einfrieren kann, verringert sich nach diesem Zeitraum der Feuchtigkeitsgehalt, und Geschmack und Konsistenz nehmen ab. Einmal aufgetautes Fleisch darf roh nicht wieder eingefroren werden; durchgegart schon. Das Fleisch im Kühlschrank oder in der Mikrowelle auftauen; niemals bei Raumtemperatur oder in der mit Wasser gefüllten Spüle, denn dort können sich Bakterien rasend schnell vermehren.

Schälrippchen vom Schwein (grillen, schmoren oder braten)

Nackenkotelett vom Schwein (braten oder schmoren)

Dicke Rippe vom Schwein (grillen oder braten)

Stielkotelett vom Schwein (braten oder grillen)

Filetkotelett vom Schwein (grillen oder braten)

Lendenkotelett vom Kalb (grillen, braten oder schmoren)

Von oben: Stielkotelett vom Kalb (grillen oder braten) und Kalbsrippenbraten bzw. Kalbskarree (braten)

Lammkrone (füllen und braten)

Von links: einfaches Lammkotelett (grillen oder braten) und Lammkarree (braten)

Lendenkotelett vom Lamm (grillen oder braten)

Nackenkotelett vom Lamm (schmoren oder braten)

Lammkotelett aus der Keule (braten oder schmoren)

Querrippe vom Rind (braten oder auf Holzkohle grillen)

Hochrippe vom Rind (braten)

Marinierte Schweinerippen – Grundrezept

1 kg dicke Rippe vom Schwein • 125 ml Pflaumensauce • 2 EL Sojasauce • 2 EL Honig • 2 TL geriebener frischer Ingwer • 2 Knoblauchzehen, zerdrückt
Für 6 Personen

RIPPEN von Schwarte und überschüssigem Fett befreien. Nebeneinander in eine tiefe Glas- oder Keramikform legen.
FÜR DIE MARINADE Pflaumensauce, Sojasauce, Honig, Ingwer und Knoblauch in einem Schälchen gut mischen. Über das Fleisch gießen und das Fleisch darin wenden, damit alles gut bedeckt ist. Mit Klarsichtfolie abdecken und mindestens 2, höchstens 8 Stunden im Kühlschrank marinieren; dabei hin und wieder wenden.
EINE GRILLPLATTE (für Holzkohlen- oder Elektrogrill) erhitzen und ein wenig mit Öl einpinseln. Rippen aus der Marinade nehmen und bei 180 °C etwa 20 Minuten grillen, bis das Fleisch zart ist. Dabei gelegentlich wenden.

Marinaden-Variationen

Marinade für den Holzkohlengrill
250 ml Tomatensauce • 1/2 TL Zwiebelpulver • 1/2 TL Knoblauchpulver • 2 EL Rotweinessig • 2 EL brauner Zucker • 2 EL Worcestersauce

Chili-Marinade
130 g Tomatenpüree • 2 EL Honig • 2 EL Chilisauce oder nach Geschmack • 1 EL Hoisinsauce • 2 Knoblauchzehen, zerdrückt

Ingwer-Marinade
2 EL geriebener frischer Ingwer • 1/2 TL gemahlener Pfeffer • 1 TL Sesamöl • 1 EL Zitronensaft • 1 kleine Zwiebel, geraspelt • Salz und Pfeffer

Von links nach rechts: Schweinerippen mit Marinaden-Grundrezept, mit Marinade für den Holzkohlengrill, mit Chili- und mit Ingwer-Marinade

Gebratene Schweinekoteletts mit Apfelkompott

4 Filetkoteletts vom Schwein • 1 EL Öl • 25 g Butter • ***Apfelkompott:*** *3 grüne Äpfel • 125 ml Wasser • 2 TL Zitronensaft • 1 TL Zucker • 1/2 TL abgeriebene Zitronenschale • 1 Prise Zimt*

Für 4 Personen

KOTELETTS von überschüssigem Fett und Sehnen befreien. Öl und Butter in einer großen, schweren Pfanne erhitzen. Wenn es raucht, Koteletts hineinlegen. Bei mittlerer Hitze jede Seite etwa 6 Minuten braten, bis sie weich sind. Mit Apfelkompott servieren. Dazu Pommes frites und Mais oder Gemüse nach Wahl reichen.

FÜR DAS KOMPOTT Äpfel schälen, entkernen und grob würfeln. Zusammen mit Wasser und Zitronensaft in einem mittelgroßen Topf zum Kochen bringen und zugedeckt 15 Minuten köcheln lassen. Die Äpfel sollten sehr weich sein. Zucker, Zitronenschale und Zimt einrühren. Mit einem Pürierstab oder im Mixer zu einer glatten Masse pürieren. Warm oder bei Raumtemperatur servieren.

Gegrillte Kalbskoteletts mit Kräuterbutter

*6 Kalbskoteletts • **Kräuterbutter:** 80 g weiche Butter • 2 TL feingehackte frische Petersilie • 2 TL feingehackter frischer Salbei • 1 TL abgeriebene Zitronenschale • Salz*
Für 6 Personen

DAS FLEISCH von überschüssigem Fett und Sehnen befreien. Auf eine leicht geölte Grillpfanne legen und bei großer Hitze auf jeder Seite 2 Minuten braten, damit sich die Poren schließen. Dabei nur einmal wenden. Nach weiteren 2 Minuten pro Seite ist das Fleisch innen noch leicht rosa (halb durchgegart). Mit Kräuterbutter servieren. Schmeckt sehr gut mit Kartoffeln und grünem Spargel.
FÜR DIE KRÄUTERBUTTER die Butter locker und cremig schlagen. Petersilie, Salbei, Zitronenschale und Salz zugeben und gut unterschlagen. Die Butter in einer Folie zu einer Rolle formen und im Kühlschrank fest werden lassen. In Scheiben servieren.

Gebratene Lammkoteletts mit Minzsauce

8 große Stielkoteletts vom Lamm • 1 EL Olivenöl • ***Minzsauce:*** *60 ml Wasser • 70 g weißer Zucker • 2 EL Malzessig • 20 g feingehackte frische Minze*
Für 4 Personen

JEDES KOTELETT mit einem kleinen, scharfen Messer von überschüssigem Fett und Sehnen befreien. Das gesamte Bindegewebe vom Knochen schaben, bis der Knochen freiliegt, dann das Fleisch zu einer Scheibe parieren.

ÖL in einer Pfanne erhitzen. Bei starker Hitze jede Seite 2 Minuten anbraten, dann noch 1 Minute pro Seite weiterbraten. Mit Minzsauce servieren. Schmeckt sehr gut mit kleinen, neuen Kartoffeln, Kürbis und Zucchini.

FÜR DIE SAUCE Wasser und Zucker in einem kleinen Topf mischen. Zucker bei geringer Hitze unter Rühren auflösen, dann aufkochen, herunterschalten und 3 Minuten köcheln lassen. Von der Platte nehmen und in einem Krug mit Essig und Minze mischen. Bei Raumtemperatur servieren.

Lammspalier mit Rosmarin-Kartoffeln und Rahmspinat

2 Karrees vom Lamm (mit 6 Koteletts pro Stück) • 1 EL Olivenöl • frisch gemahlener schwarzer Pfeffer • ***Rosmarin-Kartoffeln:*** *4–5 große Kartoffeln (etwa 1,5 kg) • 80 ml Olivenöl • 1 EL gehackter frischer Rosmarin • 1 Knoblauchzehe, zerdrückt • Salz und Pfeffer •* ***Rahmspinat:*** *1 kg frischer Spinat • 20 g Butter • 1/2 TL Muskat • 60 ml Sahne*
Für 4 Personen

BACKOFEN auf 180 °C vorheizen. Das Fleisch von überschüssigem Fett und Sehnen befreien, mit Öl bepinseln und mit Pfeffer würzen. Knochen mit Alufolie umwickeln, damit sie nicht verbrennen.
RIPPENSTÜCKE gegeneinander und senkrecht in eine feuerfeste Form stellen, so daß die Fleischseite außen ist und die Knochen ineinander greifen. 40 Minuten im Ofen braten. Das durchgegarte Fleisch auf einen Teller legen, mit Alufolie bedecken und 5 Minuten ruhen lassen. In Portionen zu je 3 Koteletts zerteilen und mit Rosmarin-Kartoffeln und Rahmspinat servieren.
KARTOFFELN gleichmäßig würfeln, mit kaltem Wasser abspülen und gründlich mit Küchenkrepp abtrocknen. In einer großen, schweren Pfanne Öl erhitzen und die Kartoffeln darin langsam in etwa 20 Minuten gar und goldbraun braten. Dabei häufig wenden, damit sie nicht zusammenkleben. Nach der Hälfte der Garzeit den Deckel teilweise auflegen (die Pfanne nicht ganz abdecken), damit die Kartoffeln besser durchgaren. Rosmarin und Knoblauch zufügen und in den letzten 5 Minuten abschmecken.
SPINAT WASCHEN und in einen großen Topf geben. Deckel auflegen und kurz bei schwacher Hitze dünsten, bis der Spinat leicht zusammenfällt. Abkühlen lassen, überschüssige Flüssigkeit ausdrücken und in Streifen schneiden. Butter in einer Pfanne zerlassen, Spinat hineingeben und unter Rühren etwa 1 Minute dünsten. Muskat und Sahne einrühren, nach Geschmack würzen und unter Rühren erwärmen.

Würzige Schälrippchen vom Grill

1 kg Schälrippchen vom Schwein • 500 ml Tomatensauce • 60 ml Worcestersauce • 60 ml Sherry • 3 Knoblauchzehen, zerdrückt • 50 g brauner Zucker • Tabascosauce

Für 4–6 Personen

RIPPCHEN in Stücke mit 3–4 Knochen schneiden. Die Saucen, Sherry, Knoblauch und Zucker in einem großen Topf mischen und nach Geschmack mit Tabascosauce würzen.

RIPPCHEN zugeben und zum Kochen bringen. Die Hitze reduzieren und zugedeckt 15 Minuten köcheln lassen, Rippchen dabei hin und wieder wenden, damit sie gleichmäßig garen.

RIPPCHEN mitsamt der Garflüssigkeit in einer Glas- oder Keramikschale abkühlen lassen. Mit Klarsichtfolie abdecken und mehrere Stunden oder über Nacht im Kühlschrank marinieren. 30 Minuten vor dem Grillen aus dem Kühlschrank nehmen.

RIPPCHEN auf einen leicht geölten Rost legen und auf gut durchgeglühter Holzkohle etwa 15 Minuten grillen, dabei hin und wieder wenden und mit der aufgehobenen Marinade bestreichen. Schmeckt sehr gut mit Röstkartoffeln und grünem Salat.

Schweinerippen süß-sauer

1 kg dicke Rippe vom Schwein, zerlegt • 1 EL Pflanzenöl • 2 Knoblauchzehen, zerdrückt • 1 mittelgroße rote Zwiebel, feingehackt • 1 EL brauner Zucker • 60 ml Limonensaft • 60 ml süßer Ananassaft • 2 EL Austernsauce • 80 ml Tomatensauce • 2 EL süße Chilisauce • 2 EL helle Sojasauce • 1 EL Weißweinessig • 440 g Ananasstücke aus der Dose, abgetropft • 230 g Bambussprossen aus der Dose, abgetropft und kleingeschnitten • 2 Frühlingszwiebeln, feingehackt

Für 4 Personen

BACKOFEN auf 200 °C vorheizen. Rippen von Schwarte und überschüssigem Fett befreien. Öl in einer mittelgroßen Pfanne erhitzen, Knoblauch und Zwiebeln darin 2–3 Minuten unter Rühren glasig dünsten.

ZUCKER, Säfte, Saucen und Essig in einem mittelgroßen Topf verrühren und die Zwiebeln damit ablöschen. Aufkochen und ohne Deckel etwa 2 Minuten köcheln lassen, bis die Sauce leicht andickt.

DAS FLEISCH auf einen leicht geölten Rost über der Fettpfanne legen und großzügig mit Sauce bestreichen. Im vorgeheizten Ofen 10 Minuten braten; dann die Hitze auf 180 °C reduzieren und weitere 15 Minuten braten, bis das Fleisch knusprig ist. Dabei regelmäßig wenden und mit Sauce bestreichen.

IN DEN LETZTEN 10 Minuten Ananasstücke und Bambussprossen zufügen. Mit Frühlingszwiebeln garniert servieren. Dazu paßt ein Reissalat.

Lammkoteletts mit Curry

1 kg Nackenkoteletts vom Lamm • 60 ml Öl • 1 Knoblauchzehe, zerdrückt • 1 EL geriebener frischer Ingwer • 1 große Zwiebel, gehackt • 1 TL Garam Masala • 1 TL Chilipulver • 2 EL Currypulver • 500 ml Hühnerbrühe • 1 EL brauner Zucker • 1 EL Tomatenmark • 2 Nelken
Für 4 Personen

DAS FLEISCH von überschüssigem Fett und Sehnen befreien. Vom Öl 2 EL abnehmen und in einer gußeisernen Pfanne erhitzen. Das Fleisch darin in kleinen Portionen bei mittlerer Hitze schnell gut anbräunen. Auf Küchenkrepp abtropfen lassen.

RESTLICHES ÖL in der Pfanne erhitzen. Knoblauch, Ingwer und Zwiebeln zugeben und bei mittlerer Hitze 3 Minuten glasig dünsten, dabei ständig rühren. Garam Masala, Chili- und Currypulver zufügen und unter Rühren 2 Minuten bei mittlerer Hitze weiterbraten.

DAS FLEISCH wieder in die Pfanne legen und Brühe, Zucker, Tomatenmark und Nelken zufügen. Aufkochen und zugedeckt $1\frac{1}{2}$ Stunden köcheln lassen, bis das Fleisch zart ist. Dabei gelegentlich umrühren. Noch weitere 30 Minuten ohne Deckel garen lassen. Mit Reis servieren.

Panierte Kalbskoteletts mit Tomaten-Relish

*12 Kalbskoteletts • 30 g Weizenmehl • Salz und Pfeffer • 2 Eier, leicht geschlagen • 150 g Paniermehl • 40 g Parmesan, gerieben • 60 ml Öl • **Tomaten-Relish:** 3 mittelgroße Tomaten • 2 TL Öl • 1 kleine Zwiebel, feingehackt • 1 Knoblauchzehe, zerdrückt • 2 TL brauner Zucker • 1 EL Rotweinessig*
Für 6–8 Personen

Koteletts von überschüssigem Fett und Sehnen befreien. Mehl auf Butterbrotpapier streuen und nach Geschmack mit Salz und Pfeffer würzen. Das Fleisch darin wenden, überschüssiges Mehl abschütteln.
Jedes Kotelett erst im Ei und dann im mit Parmesan vermischten Paniermehl wälzen. Das Fleisch fest in die Mischung drücken, dann überschüssiges Paniermehl abschütteln. Koteletts nebeneinander auf eine Platte legen, abdecken und 30 Minuten im Kühlschrank ruhen lassen.
Für das Tomaten-Relish die Haut jeder Tomate kreuzweise einritzen. 2 Minuten mit kochendem Wasser überbrühen, abtropfen und etwas abkühlen lassen. Haut abziehen, geschälte Tomaten halbieren und vorsichtig die Kerne herausdrücken; zurückgebliebene Kerne mit einem Teelöffel auskratzen. Tomatenfleisch fein hacken. In einem Topf Öl erhitzen und darin die Zwiebel bei mittlerer Hitze 3 Minuten glasig dünsten. Knoblauch zufügen und 1 weitere Minute dünsten. Tomaten, Zucker und Essig zugeben und aufkochen lassen. Die Hitze reduzieren und 10 Minuten köcheln lassen, dabei gelegentlich umrühren. Warm servieren.
Öl in einer schweren Pfanne erhitzen. Koteletts auf jeder Seite 4 Minuten goldbraun braten. Mit Relish und Salat servieren.

Rinderkarree mit gebackenem Gemüse

1,5 kg Karree vom Rind • 1 EL Öl • frisch gemahlener schwarzer Pfeffer • 80 ml Öl für das Gemüse • 8 mittelgroße Kartoffeln, geschält • 8 kleine Zwiebeln, geschält • 850 g Kürbis, geschält und in 8 Stücke geschnitten • 2 EL Öl zum Einpinseln • Paprikapulver • 2 EL Mehl • 250 ml Rinderbrühe

Für 8 Personen

Backofen auf 240 °C vorheizen. Das Fleisch von überschüssigem Fett befreien und die einzelnen Rippen mit Küchengarn einbinden, damit sie die Form bewahren. Rundum mit Öl und Pfeffer einreiben. Mit den Knochen nach unten in einen Bräter legen – so entsteht ein natürlicher Bratrost. Das Fleisch 15 Minuten anbraten, dann auf 180 °C herunterschalten und in weiteren $1^1/_2$ Stunden halb durchbraten, dabei hin und wieder mit Bratensaft begießen.

Öl für das Gemüse in einer Auflaufform im Ofen erhitzen. Kartoffeln halbieren und mit der Schnittseite nach unten auf ein Brett legen. Kartoffeln in kurzen, regelmäßigen Abständen zu zwei Dritteln ein-, aber nicht durchschneiden. Zusammen mit Zwiebeln und Kürbisstücken in die Form mit dem sehr heißen Öl legen und 1 Stunde im Ofen backen, bis die Kartoffeln braun und knusprig sind, dabei das Gemüse hin und wieder mit dem heißen Öl beträufeln. Die knusprigen Kartoffeln leicht mit Paprikapulver bestreuen.

Das Fleisch aus dem Bräter nehmen, auf eine vorgewärmte Platte legen, mit Alufolie bedecken und 10 Minuten ruhen lassen. Dann das Küchengarn entfernen. Zum Tranchieren eng an den Rippenknochen entlang schneiden und das Fleisch auslösen, dann senkrecht in Scheiben schneiden.

Für die Sauce Mehl in den Bratenfond einrühren und den Bräter auf dem Herd bei mittlerer Temperatur erhitzen. Unter Rühren aufkochen lassen, bis die Masse Blasen wirft. Unter ständigem Rühren nach und nach Brühe zugießen, bis die Mischung wieder kocht und eindickt. Noch 1 Minute weiterkochen lassen und rühren. Sofort servieren.

Schweinekoteletts mit Zitrone und Salbei

4 Filetkoteletts vom Schwein • 1 EL Öl • 30 g Butter • 60 ml Hühnerbrühe • 60 ml Zitronensaft • 1 TL abgeriebene Zitronenschale • 1 TL Zucker • 1 EL feingehackte frische Salbeiblätter
Für 4 Personen

DIE KOTELETTS von überschüssigem Fett und Sehnen befreien. Das Öl in einer Pfanne erhitzen und die Koteletts darin auf jeder Seite 5–6 Minuten bei mittlerer Hitze braten. Auf Küchenkrepp abtropfen lassen. Auf einer mit Alufolie überzogenen Servierplatte warm stellen.

BUTTER, Hühnerbrühe, Zucker, Zitronensaft und Zitronenschale in die Pfanne geben, verrühren und aufkochen. Die Hitze reduzieren und 3 Minuten köcheln lassen. Den Salbei einrühren, die Koteletts mit der Sauce überziehen und sofort servieren. Schmeckt hervorragend mit Nudeln und grünen Bohnen.

Panierte Lammkoteletts

12 Lammkoteletts • 30 g Weizenmehl • Salz und Pfeffer • 2 Eier • 150 g Paniermehl • 60 ml Öl

Für 4 Personen

KOTELETTS von überschüssigem Fett und Sehnen befreien. Mehl nach Geschmack mit Salz und Pfeffer würzen und auf eine Lage Butterbrotpapier streuen. Koteletts leicht in der Mischung wälzen, jedes Zuviel an Mehl abschütteln.

EIER in eine Schüssel schlagen und mit einer Gabel leicht verquirlen. Koteletts erst im Ei, dann im Paniermehl wälzen. Das Paniermehl mit den Fingern leicht gegen das Fleisch drücken, dann den Überschuß abschütteln.

KOTELETTS nebeneinander auf eine Platte legen und 30 Minuten im Kühlschrank ruhen lassen. Öl in einer Pfanne erhitzen und darin jeweils einige Koteletts 3 Minuten pro Seite braten, bis sie goldbraun und zart sind. Dabei das Öl nicht zu heiß werden lassen, damit die Panade nicht verbrennt, bevor das Fleisch gar ist. Auf Küchenkrepp abtropfen lassen und sofort servieren.

Kalbskoteletts auf italienische Art

4 Kalbskoteletts • 2 EL Mehl • frisch gemahlener Pfeffer • 2 EL Öl • 1 große Zwiebel, gehackt • 1 Knoblauchzehe, zerdrückt • 125 ml Hühnerbrühe • 125 ml Weißwein • 440 g Tomaten aus der Dose, kleingeschnitten • 1 EL Tomatenmark • 2 TL getrocknetes Basilikum • 2 TL getrockneter Oregano • frisches Basilikum zum Garnieren
Für 4 Personen

BACKOFEN auf 150 °C vorheizen und eine Auflaufform leicht einölen. Koteletts von überschüssigem Fett und Sehnen befreien. Mehl und Pfeffer auf Butterbrotpapier mischen, das Fleisch darin leicht wenden und überschüssiges Mehl abschütteln.

ÖL in einer großen, schweren Pfanne erhitzen. Das Kalbfleisch portionsweise auf beiden Seiten 2–3 Minuten bräunen. Auf Küchenkrepp abtropfen lassen und in die Backform legen.

ZWIEBELN und Knoblauch in die Pfanne geben und 5 Minuten hellbraun braten. Hühnerbrühe, Wein, Tomatenstücke, Tomatenmark, Basilikum und Oregano einrühren. Zum Kochen bringen, die Hitze reduzieren und 5 Minuten köcheln lassen.

DIE SAUCE über die Kalbskoteletts schöpfen. Die Auflaufform mit Alufolie abdecken und 1 Stunde im Ofen garen, bis das Fleisch zart ist. Schmeckt lecker zu Gnocchi mit dicken Bohnen und Zucchini.

Irish Stew

1 kg Nackenkoteletts vom Lamm • 30 g Weizenmehl • 4 mittelgroße Zwiebeln, in Ringe geschnitten • 500 ml Wasser • 8 mittelgroße Kartoffeln (2 kg), geviertelt • 15 g frische Petersilie, gehackt
Für 4 Personen

BACKOFEN auf 160 °C vorheizen. Koteletts von überschüssigem Fett und Sehnen befreien. Im Mehl wälzen und überschüssiges Mehl abschütteln.
KOTELETTS in eine Auflaufform mit 2 Litern Fassungsvermögen oder einen Bräter legen, Zwiebeln und Wasser zufügen, den Deckel auflegen und $1^1/_2$ Stunden schmoren.
GESCHÄLTE KARTOFFELN zugeben und 1 weitere Stunde zugedeckt schmoren, bis Fleisch und Kartoffeln gar sind. Petersilie unterrühren und sofort servieren.

Lammkrone

1 Lammkrone (2 zusammengebundene Karrees mit je 6 Koteletts) • 1 EL Öl • 1 kleine Zwiebel, feingehackt • 180 g frische Weißbrotkrumen • 15 g frische Petersilie, gehackt • 2 TL frischer Rosmarin • 2 Knoblauchzehen, zerdrückt • 2 TL abgeriebene Zitronenschale • 40 g Butter, in kleinen Stücken • 2 Eier, geschlagen • Salz und Pfeffer
Für 6 Personen

Backofen auf 180 °C vorheizen. Das Fleisch von überschüssigem Fett und Sehnen befreien. In einen Bräter legen und 15 Minuten rösten. Inzwischen Öl in einer Pfanne erhitzen und Zwiebel darin auf mittlerer Stufe in 5 Minuten weich und goldbraun dünsten.
Zwiebel in eine Schüssel geben und leicht abkühlen lassen. Weißbrotkrumen, Petersilie, Rosmarin, Knoblauch und Zitronenschale untermischen. Butter und Eier einrühren und kräftig würzen. Mit einem Messer mischen.
Den Bräter aus dem Ofen nehmen und überschüssiges Fett vom Boden entfernen. Ein kleines Stück Alufolie leicht einölen und die Mitte der Lammkrone damit auslegen, als Boden für die Füllung. Füllung hineingeben und die Krone weitere 30 Minuten im Ofen garen. 15 Minuten ruhen lassen, dann anschneiden. Mit Wachsbohnen und Kartoffelkroketten oder mit Gemüse nach Wahl servieren.

Gegrillte Kalbskoteletts mit weißen Bohnen

8 Kalbskoteletts • 1 große Lauchstange • 80 ml Olivenöl • 4 Knoblauchzehen, ungeschält • 6 frische Salbeiblätter • 800 g weiße Bohnen aus der Dose, abgetropft und gespült • 125 ml Hühnerbrühe • Salz und Pfeffer
Für 4–6 Personen

DAS FLEISCH von überschüssigem Fett und Sehnen befreien. Das harte Grün der Lauchstange abschneiden und wegwerfen. Die weiße Stange längs vierteln, die Viertel in 10 cm lange Stücke und diese in feine Streifen schneiden. Streifen waschen und gründlich abtropfen lassen. Öl in einer Kasserolle mit Sandwichboden erhitzen, Lauch darin 3 Minuten weich schmoren. Knoblauch und Salbei einrühren und Bohnen untermischen.

BRÜHE zugießen und mit etwas Salz würzen. Zugedeckt bei mittlerer Hitze 20 Minuten kochen, dabei hin und wieder umrühren. Bei Bedarf weitere Brühe oder Wasser zufügen. Die Sauce mit ein paar zerdrückten Bohnen andicken, dann bis zum Servieren warm stellen.

DAS FLEISCH auf ein leicht geöltes Grill- oder Backblech legen. Unter dem heißen Grill auf jeder Seite 2 Minuten anbraten, damit sich die Poren schließen, und in weiteren 2 Minuten pro Seite halb durchbraten.

BOHNEN vor dem Servieren kräftig pfeffern, durchrühren und neben den Koteletts anrichten. Schmeckt sehr gut mit gemischten Blattsalaten.

In Guinness geschmorte Lammkoteletts

8 Lammkoteletts aus der Keule • 2 EL Öl • 1 EL Butter • 2 große Zwiebeln, in dünne Ringe geschnitten • 375 ml Guinness • 1 EL brauner Zucker • 1 TL Maisstärke

Für 4–6 Personen

BACKOFEN auf 150 °C vorheizen und Koteletts von überschüssigem Fett befreien. Die Hälfte des Öls in einer gußeisernen Pfanne erhitzen. Das Fleisch darin bei mäßig starker Hitze auf beiden Seiten schnell und kräftig anbräunen. Auf Küchenkrepp abtropfen lassen, dann in einen Bräter legen.

BUTTER und restliches Öl in der Pfanne erhitzen. Zwiebeln einrühren und gut mit Fett bedecken. Ohne Deckel bei geringer Hitze 20 Minuten braten, bis die Zwiebeln sehr weich und auf die Hälfte ihres ursprünglichen Volumens eingekocht sind. Die Hitze steigern, so daß die Zwiebeln sanft bräunen, und weiterrühren, bis sie gleichmäßig braun sind. Nicht anbrennen lassen!

GUINNESS mit Zucker in einer Schale mischen und zu den Zwiebeln gießen. Aufkochen, Hitze reduzieren und 5 Minuten köcheln lassen. Inzwischen Maisstärke mit etwas Wasser anrühren. Die Pfanne mit den Zwiebeln von der Platte nehmen, Stärkemischung einrühren und zurück auf den Herd stellen. Unter Rühren aufkochen, bis die Mischung andickt.

SAUCE über die Koteletts gießen, Bräter mit Alufolie abdecken und $1\frac{1}{2}$ Stunden im Ofen schmoren. Schmeckt gut mit Kartoffelpüree und einem grünen Gemüse.

Kalbskoteletts mit Selleriepüree

8 Kalbskoteletts • 1 kg Knollensellerie, geschält • 2 TL Zitronensaft • 2 Knoblauchzehen, gehackt • 125 ml kaltgepreßtes Olivenöl • Salz und Pfeffer

Für 4–6 Personen

KOTELETTS von überschüssigem Fett befreien. Sellerie gleichmäßig würfeln und in kochendem Salzwasser zusammen mit Zitronensaft und Knoblauch in 8 Minuten weich kochen.

ABTROPFEN lassen und in den warmen Topf zurückschütten. Überschüssige Flüssigkeit ohne Deckel auf mittlerer Temperatur einige Minuten verdampfen lassen. Grob zerstampfen und Olivenöl unterschlagen, bis das Püree die gewünschte Konsistenz erhält. Abschmecken und bis zum Servieren warm stellen.

DAS FLEISCH auf ein leicht geöltes Grill- oder Backblech legen. Bei starker Hitze auf jeder Seite 2 Minuten grillen, damit sich die Poren schließen, dabei nur einmal wenden. In 2 weiteren Minuten pro Seite das Fleisch halb durchgrillen. Mit Selleriepüree sofort servieren. Rote Paprikaschoten sind eine ausgezeichnete Beilage zu diesem Gericht.

HINWEIS: Man kann auch ein gutes, kaltgepreßtes Olivenöl getrennt dazu reichen, damit sich davon jeder nach Geschmack über Fleisch und Selleriepüree träufeln kann. Auch Zitronenschnitze zum Auspressen passen gut dazu.

Schweinekoteletts mit Thai-Gemüse

4 dicke, magere Stielkoteletts • 2 TL schwarze Pfefferkörner • 8 Knoblauchzehen • $^{1}/_{2}$ Bund frischer Koriander, mit Stielen und Wurzeln • 2 mittelgroße Lauchstangen • 50 g Zuckerschoten • 1 EL Öl • 60 g Erbsensprossen • 15 g Thai-Basilikum, feingehackt • 1 EL Fischsauce

Für 4 Personen

KOTELETTS von überschüssigem Fett und Sehnen befreien und beiseite stellen. Pfefferkörner, Knoblauch und Koriander mit einem Pürierstab oder im Mixer zu einer glatten Paste verarbeiten. Koteletts rundum mit der Paste einreiben und in eine Glas- oder Keramikschüssel legen. Mit Klarsichtfolie abdecken und etwa 4 Stunden im Kühlschrank ruhen lassen.

KOTELETTS bei mäßiger Hitze bis zur gewünschten Garstufe grillen; nach 5 Minuten pro Seite sind sie halb durchgebraten. Mit Gemüse servieren.

VOM LAUCH die harten grünen Teile abschneiden und wegwerfen. Die weiße Stange in lange, dünne Streifen schneiden. Zuckerschoten oben und unten abschneiden. Öl in einem Wok oder einer gußeisernen Pfanne erhitzen. Lauch und Zuckerschoten darin in 2 Minuten unter Rühren bißfest braten. In der letzten Minute Erbsensprossen, Basilikum und Fischsauce zugeben und mischen.

Thai-Basilikum läßt sich notfalls auch durch gewöhnliches Basilikum ersetzen. Besonders delikat mit einer Beilage aus gebratenen Nudeln.

Schweinekoteletts mit Äpfeln in Weinbrand

4 Filetkoteletts vom Schwein • 80 ml Weinbrand • 50 g Butter • 1 TL abgeriebene Zitronenschale • 2 TL frische Thymianzweige • 2 Äpfel, Sorte »Granny Smith«, geschält und ohne Kerngehäuse • Salz, Zitronenschale und Weinbrand zum Würzen
Für 4 Personen

KOTELETTS von überschüssigem Fett und Sehnen befreien, mit der Hälfte des Weinbrands beträufeln und mindestens 1 Stunde kühl stellen.
BUTTER in einer schweren Pfanne zerlassen, restlichen Weinbrand, Zitronenschale und Thymian zugeben. Jeden Apfel in 8 Spalten teilen und in die Buttermischung geben. Sanft köcheln, bis die Apfelstücke eben gar sind. Hitze erhöhen und Apfelstücke weiterschmoren, bis sie leicht karamelisiert sind, dabei immer wieder vorsichtig wenden. Kurz vor dem Servieren nach Geschmack weitere Zitronenschale und Weinbrand zugeben.
KOTELETTS bei mittlerer Hitze 4–5 Minuten auf jeder Seite durchbraten. Salzen und sofort mit warmen Äpfeln anrichten. Dazu passen junge Möhren und eine Garnierung aus dünnen Zitronenscheiben.
HINWEIS: Den Weinbrand können Sie auch hervorragend durch Armagnac oder Obstbrände wie Calvados ersetzen.

Schälrippchen mit Süßkartoffeln und Paprika

1 kg Schälrippchen vom Schwein • 400 g Tomatenstücke aus der Dose • 875 ml Hühnerbrühe • 2 TL Paprikapulver • 1 kg orangefarbene Süßkartoffeln • 250 g rote und grüne Paprikaschoten, grobgehackt • weitere Paprikastücke zum Garnieren • gekochter Reis als Beilage
Für 4 Personen

RIPPCHEN in Portionen zu 2 Knochen zerteilen. Zusammen mit Tomaten (einschließlich Saft), Brühe und Paprikapulver in eine hochwandige Pfanne geben. Nicht salzen. Zum Kochen bringen und zugedeckt 35–40 Minuten köcheln lassen, bis das Fleisch am Knochen zart ist.
SÜSSKARTOFFELN schälen und etwa 5 cm dick würfeln. Zum Fleisch geben und in 10 Minuten gar köcheln.
PAPRIKASTÜCKE einrühren und aufkochen lassen. Vom Herd nehmen. Reis in eine tiefe Schüssel füllen und Rippchen darauf anrichten. Mit Salz und Pfeffer gewürzt servieren.
HINWEIS: Wenn Sie das Gericht länger kochen lassen, fallen die Süßkartoffeln auseinander und es entsteht eine delikate, sämige Suppe. Man kann diese herzhafte Suppe als ersten Gang oder als Hauptgericht servieren.

Flambierte Lammkoteletts mit schottischem Graupen-Pilaw

2 Lendenkoteletts vom Lamm pro Person • 185 g Perlgraupen • 30 g Butter • 1 l Hühner- oder Kalbsbrühe • 50 g Möhren, feingewürfelt • 50 g Staudensellerie, feingehackt • 2 EL feingehackte Sellerieblätter • Salz und Pfeffer • 80 ml Malt oder Scotch Whisky
Für 4–6 Personen

KOTELETTS von überschüssigem Fett und Sehnen befreien. Butter in einem großen Topf zerlassen und Graupen darin anbräunen. Mit der Brühe ablöschen, Möhren und Sellerie zugeben und ohne Deckel etwa 1 Stunde leise weich dünsten, gelegentlich umrühren. Zudecken und warm stellen.
LAMMKOTELETTS auf ein leicht geöltes Grill- oder Backblech legen. Bei großer Hitze jede Seite 2 Minuten grillen, damit sich die Poren schließen. Nur einmal wenden. In weiteren 2 Minuten pro Seite halb durchbraten und gut mit Salz und Pfeffer würzen.
GRAUPEN-MISCHUNG mit Salz und Pfeffer abschmecken und gehackte Sellerieblätter untermischen. Jede Portion in eine kleine Tasse füllen und auf vorgewärmte Teller stürzen. Koteletts neben den Graupen anrichten. Whisky in einem kleinen Topf anwärmen, entflammen und brennend über Fleisch und Graupen gießen. Dazu passen in feine Juliennestreifen geschnittene Zucchini.

Schweinekoteletts mit Bloody-Mary-Butter

4 Filetkoteletts vom Schwein • 8 große Eiertomaten • 2 TL Balsamico-Essig • 1 EL Öl • Meersalz • zerstoßene schwarze Pfefferkörner • 25 g weiche Butter • 1 EL Tomatenmark • 1 TL Worcestersauce • 1 EL Wodka • einige Tropfen Tabascosauce • Salz • frisch gemahlener schwarzer Pfeffer
Für 4 Personen

BACKOFEN auf 120 °C vorheizen. Koteletts von überschüssigem Fett und Sehnen befreien. Tomaten längs halbieren und Kerne grob auskratzen. Mit der Schnittfläche nach oben auf ein Backblech legen und mit dem mit Öl, Meersalz und grobem Pfeffer verrührten Essig beträufeln. 45 Minuten im Ofen backen.
BUTTER, Tomatenmark, Worcestersauce, Tabascosauce, Wodka, Salz und Pfeffer mit einem Pürierstab zu einer glatten Paste verarbeiten. In Klarsichtfolie zu einer langen Rolle formen und im Gefrierfach fest werden lassen.
KOTELETTS auf einen leicht geölten, kalten Grillrost legen. Bei mäßiger Hitze auf jeder Seite 3 Minuten halb durchgrillen. Mit gebackenen Tomaten und Scheiben der Buttermischung anrichten.

Lammkoteletts mit Wintergemüse

4 dicke Lendenkoteletts vom Lamm • 2 Knoblauchzehen • 1 EL gehackter frischer Rosmarin • 60 ml Olivenöl • 1 große Kartoffel • 2 mittelgroße Möhren • 2 mittelgroße Pastinaken • 1 große Sellerieknolle • Salz • ein paar frische Rosmarinzweige zum Garnieren

Für 4 Personen

KOTELETTS von überschüssigem Fett befreien. Knoblauchzehen halbieren, in einer kleinen Schüssel mit Öl und Rosmarin mischen und beiseite stellen. Alle Gemüse in dicke Stifte schneiden und in einem großen Topf mit kochendem Wasser 2–3 Minuten garen, dann gut abtropfen lassen.

KOTELETTS auf ein leicht geöltes Grill- oder Backblech legen. In 4 Minuten pro Seite halb durchgrillen oder nach Wunsch durchgaren. Das Fleisch auf einen Teller legen, mit Alufolie zudecken und ruhen lassen.

INZWISCHEN DIE GEMÜSE fertigstellen. Gemüse nebeneinander auf ein flaches Grill- oder Backblech legen. Mit gewürztem Öl einpinseln und kräftig mit Salz bestreuen. Unter dem heißen Grill in 3–5 Minuten leicht anbräunen. Sofort mit den Lammkoteletts anrichten und mit Rosmarinzweigen garnieren.

Kalbsschnitzel in Morchel-Rahmsauce

1 oder 2 Kalbskoteletts pro Person • 15–20 getrocknete Morcheln • 2 EL Sherry (»Medium« oder »Cream«) • 300 ml Sahne • 50 g luftgetrockneter Schinken, in feinen Streifen oder Scheiben • Salz und Pfeffer • Zitronenschnitze
Für 4 Personen

KOTELETTS von überschüssigem Fett und Sehnen befreien. Morcheln unter fließendem kaltem Wasser abspülen. Abgetropft mit Sherry in einen kleinen Topf geben und bei milder Hitze dünsten, bis die Morcheln den Sherry aufgenommen haben.

SAHNE zugießen und ohne Deckel 10–15 Minuten köcheln lassen, bis die Morcheln aufgegangen sind und die Sauce cremig eingekocht ist. Deckel auflegen und warm stellen, bis die Koteletts gar sind.

DAS FLEISCH auf ein leicht geöltes Grillblech (oder eine Grillpfanne für den Außengrill) legen und bei mäßiger Hitze jede Seite 2 Minuten grillen, damit sich die Poren schließen. Dann in weiteren 2 Minuten pro Seite halb durchgrillen oder in 3 Minuten durchgaren.

WÄHRENDDESSEN DIE SAUCE aufwärmen und Schinken einrühren. Abschmecken und sofort mit Zitronenschnitzen servieren. Dazu passen Spiralnudeln, die man auf Wunsch mit Dill garnieren kann.

HINWEIS: Das Gericht schmeckt auch ausgezeichnet mit Blattspinat, den man in heißem Olivenöl mit Knoblauch leicht zusammenfallen läßt. Dies ist eine Mahlzeit zum Verwöhnen oder für besondere Anlässe. Je mehr Morcheln Sie verwenden, desto intensiver werden Farbe und Geschmack.

Stielkoteletts mit gepfefferter Ananas in Gin

4 große Stielkoteletts vom Schwein • 8 dünne Scheiben frische Ananas • 50 g Butter • frisch gemahlener schwarzer Pfeffer • 1 EL Gin
Für 4 Personen

KOTELETTS von überschüssigem Fett und Sehnen befreien. Butter in einer großen Pfanne bei milder Hitze zerlassen. Ananasstücke darin auf einer Seite leicht anbräunen, wenden und auch die andere Seite leicht bräunen. In der Pfanne warm halten, während die Koteletts garen.
DAS FLEISCH auf ein leicht geöltes Grill- oder Backblech legen. Bei mäßiger Hitze auf jeder Seite 5 Minuten halb durchgrillen. Kurz bevor die Koteletts fertig sind, Ananasstücke kräftig mit frisch gemahlenem Pfeffer würzen. Dabei die Ananasstücke bei schwacher Hitze wieder aufwärmen. Nicht länger als 5 Minuten erhitzen, sonst geht der frische Geschmack des Pfeffers verloren. Gin auf die Ananasstücke träufeln und sofort mit den Koteletts servieren. Dazu passen Nudeln.
HINWEIS: Das Geheimnis dieses Rezepts liegt im Timing, denn schon nach wenigen Minuten des Erhitzens verlieren Pfeffer und Gin ihr Aroma.

Kalbskoteletts vom Grill mit Gemüse und Polenta

80 ml Olivenöl • 1 Knoblauchzehe, zerdrückt • einige Thymianzweige • 330 ml Hühnerbrühe • 250 ml Wasser • 220 g Maisgrieß • 60 g Parmesan, frisch gerieben • 2 mittelgroße Zucchini • 2 kleine Auberginen • 1 große rote Paprikaschote • 1 große grüne Paprikaschote • 6 Kalbskoteletts

Für 6 Personen

FÜR DIE POLENTA Öl, Knoblauch und Thymian in einem Schälchen verrühren und ziehen lassen. Hühnerbrühe mit Wasser in einem mittelgroßen Topf zum Kochen bringen. Maisgrieß zugeben und verrühren. Unter ständigem Rühren 10 Minuten kochen, bis der Maisgrieß sehr dick ist und sämtliche Flüssigkeit aufgenommen hat. Parmesan unterrühren, dann die Masse in eine mit Alufolie ausgelegte, runde Backform füllen und glattstreichen. Im Kühlschrank etwa 2 Stunden fest werden lassen.

ZUCCHINI und Auberginen längs in dünne Scheiben, Paprikaschoten in breite Streifen schneiden. Die Gemüse mit gewürztem Öl einpinseln und auf dem heißen Grill 3–5 Minuten braten, dabei hin und wieder wenden und mit Öl bepinseln.

POLENTA in tortenförmige Stücke zerteilen, mit Öl bepinseln und am Rand der Grillplatte leicht mitrösten. Inzwischen Koteletts von überschüssigem Fett befreien und zusammen mit den Gemüsen auf die Grillplatte legen. Pro Seite 4 Minuten grillen, dabei nur einmal wenden. Mit Gemüse und Polenta anrichten.

Schweinekoteletts mit China-Pilzen und Japankohl

3 getrocknete China-Pilze • 1 Bund Japankohl • 1 EL Sesamkörner • 4 Filetkoteletts • 1 EL Öl • 1 Knoblauchzehe, zerdrückt • 1 TL geriebener frischer Ingwer • Sesamöl
Für 4 Personen

PILZE in feine Streifen schneiden. In einer Schale ganz mit heißem Wasser bedecken und 15 Minuten einweichen. Japankohlblätter grob hacken. Sesamkörner in einer Pfanne ohne Öl anrösten, bis sie hellbraun sind, dann abkühlen lassen.

KOTELETTS von überschüssigem Fett und Sehnen befreien. Öl in einer großen Pfanne erhitzen. Koteletts darin 5 Minuten pro Seite braten, dann warm stellen. Knoblauch und Ingwer in die Pfanne geben und unter ständigem Rühren auf mittlerer Stufe 30 Sekunden braten.

PILZE abtropfen lassen und überschüssige Flüssigkeit ausdrücken. Japankohl in die Pfanne geben und unter Rühren zusammenfallen lassen. Pilze untermischen, mit Sesamöl beträufeln und unter Rühren erhitzen. Gemüse auf den Koteletts anrichten und mit Sesamkörnern bestreuen. Schmeckt sehr gut mit dünnen Nudeln.

Lammkoteletts auf Toast

8 dicke Filetkoteletts vom Lamm • 1 Baguette • Olivenöl • 1 gehäufter TL Senfkörner • 1/2 TL feingehackter frischer Rosmarin • 1 TL feingehackte frische Minze • 1 TL feingehackte frische Thymianblätter • 1/2 TL abgeriebene Zitronenschale •1 Knoblauchzehe, zerdrückt • Salz und Pfeffer
Für 4 Personen

BACKOFEN auf 180 °C vorheizen. Koteletts von überschüssigem Fett und Sehnen befreien und auf Raumtemperatur erhitzen. Brot in 8 dicke Scheiben schneiden. Jede Scheibe auf beiden Seiten mit Olivenöl bestreichen und leicht salzen. Das Brot auf ein Backblech oder in eine ofenfeste Form legen.

SENFKÖRNER mit den Kräutern mischen und nach Geschmack etwas Zitronenschale, Knoblauch oder beides zufügen. Kräftig würzen, denn alle diese Gewürze verlieren beim Kochen an Geschmack. Senfmischung gleichmäßig auf die vorbereiteten Brote streichen. Auf jede Scheibe ein Kotelett legen, dabei die Ränder einrollen und abschneiden oder mit Zahnstochern feststecken, so daß nichts über das Brot hinausragt.

IM OFEN 10 Minuten backen, dann die Koteletts auf dem Brot wenden und nochmals 10 Minuten backen. Nach weiteren 5 Minuten Ruhezeit außerhalb des Backofens ist das Fleisch schön rosa. Sollen die Koteletts stärker durchgegart sein, müssen sie pro Seite 2–3 Minuten länger gebacken werden. Nach Geschmack würzen. Schmeckt sehr lecker mit grünen und gelben Bohnen.

Geschmorte Rippe in Chutney-Sauce

1,5 kg kurze Rippe vom Rind in kleinen Stücken • 250 g Chutney • 250 ml Rotwein

Für 4–6 Personen

BACKOFEN auf 150 °C vorheizen.
RIPPCHEN von überschüssigem Fett und Sehnen befreien.
RIPPCHEN in einem großen Bräter mit Chutney und Rotwein übergießen und zugedeckt 2 Stunden schmoren, bis das Fleisch sehr weich und kräftig dunkelbraun ist.
HINWEIS: Besonders lecker ist ein Tomaten- oder Frucht-Chutney. Als Beilage eignet sich Kartoffelpüree.

Rippchen nach Rancherart

500 g Schälrippchen vom Schwein • 880 g rote Kidney-Bohnen aus der Dose, abgetropft und abgespült • 125 ml Tomatensauce • 125 ml Hühnerbrühe • 2 gehäufte TL mexikanisches Chiligewürz • 1 grüne Paprikaschote, gehackt • Reis, gehackte rote Paprikaschote und saure Sahne oder Crème fraîche zum Anrichten

Für 4 Personen

BACKOFEN auf 150 °C vorheizen. Das Fleisch in einzelne Rippchen teilen. Bohnen, Tomatensauce, Brühe, Chiligewürz und Paprikastücke in eine feuerfeste Form geben.

RIPPCHEN zufügen und in der Sauce wenden, bis sie ganz davon überzogen sind. Die Form mit einem gut schließenden Deckel oder mit Alufolie abdecken.

DIE RIPPCHEN 1½ Stunden schmoren, bis sie sehr weich sind. Gekochten Reis mit roten Paprikastücken mischen und mit Rippchen und einem Schlag saurer Sahne anrichten.

China-Rippchen mit fruchtiger Marinade

1,5 kg dicke Rippe vom Schwein • 60 ml Cream Sherry, Mirin oder chinesischer Reiswein • 2 EL Sojasauce • 2 Knoblauchzehen, gehackt • 1 Stück (5 cm) frischer Ingwer, geschält, in Scheiben geschnitten und gehackt • 2 breite Streifen Mandarinenschale

Für 4–6 Personen

RIPPCHEN von überschüssigem Fett und Sehnen befreien. Die Fettschicht mit einem scharfen Messer in Abständen von etwa 4 cm bis auf das Fleisch einschneiden. Die Rippchen mit kochendem Wasser überbrühen, mehrmals wenden und beiseite stellen.

INZWISCHEN DIE MARINADE zubereiten: Alkohol mit Sojasauce mischen, dann Knoblauch und Ingwer zufügen. Mandarinenschale soweit wie möglich von der weißen Haut befreien, dann in Streifen schneiden und fein hacken. Die gehackte Schale zu der Sojasaucen-Mischung geben.

RIPPCHEN abgießen und mit Marinade übergießen, solange sie noch warm sind. Gut mischen und zugedeckt bei Raumtemperatur mindestens 1 Stunde, im Kühlschrank mindestens 4 Stunden ziehen lassen.

BACKOFEN auf 220 °C vorheizen. Rippchen mit der Speckseite nach oben auf einen Rost über der Fettpfanne legen. 10 Minuten grillen, dann auf 170 °C herunterschalten und bis zu 1½ Stunden grillen, bis die Rippchen goldbraun und zart sind. Die Grillzeit hängt davon ab, wie dick die Scheiben sind. Heiß oder kalt mit etwas Chilisauce oder mit Tomatensalat und Orangenschnitzen servieren.

Schweinerippchen vom Grill in Mokka-Marinade

1,5 kg dicke Rippe vom Schwein, zerlegt • 1 EL Olivenöl • 1 kleine Zwiebel, feingehackt • 2 große Knoblauchzehen, zerdrückt • 140 g Tomatenmark • 2 EL Honig • 60 ml starker schwarzer Kaffee • 60 ml Sherry • 2 EL Balsamico-Essig • 1 Stück (2 cm) frischer Ingwer, geschält und gerieben • 1 EL Worcestersauce • 1 TL gemahlener Koriander • 1/2 TL Cayennepfeffer • Salz

Für 4 Personen

RIPPEN von überschüssigem Fett und Sehnen befreien. Öl in einem kleinen Topf erhitzen. Zwiebel darin unter ständigem Rühren glasig dünsten. Knoblauch zufügen und 1 Minute weiterdünsten.

IN EINE KLEINE SCHÜSSEL füllen und mit Tomatenmark, Honig, Kaffee, Sherry, Essig, Ingwer, Worcestersauce, Koriander, Pfeffer und Salz gut verrühren.

RIPPEN in eine tiefe, feuerfeste Form legen. Mit Marinade übergießen und wenden, damit beide Seiten bedeckt sind. Abdecken und über Nacht im Kühlschrank marinieren. Dabei mehrmals wenden.

BACKOFEN auf 180 °C vorheizen. Die Rippen auf einen geölten Rost über der Fettpfanne legen und 50 Minuten grillen. Nach der Hälfte der Garzeit wenden, dabei auf beiden Seiten mit Marinade bestreichen. Schmeckt sehr gut mit Zuckerschoten und Kroketten.

Lammkoteletts mit Birnen-Chutney und Chili-Kartoffel-Püree

12 Filetkoteletts vom Lamm (etwa 2,5 cm dick) • 4 Knoblauchzehen, feingehackt • 2 EL frisch gehackter Rosmarin • 60 ml Olivenöl • 125 ml schwarzer Johannisbeersaft • frisch gemahlener schwarzer Pfeffer • frische Minzezweige zum Garnieren • ***Birnen-Chutney:*** *5 feste Birnen, geschält, entkernt und gewürfelt • 1 große weiße Zwiebel, feingehackt • 125 g Rosinen • 80 g Ahornsirup • 1/2 TL Zimtpulver • 1/2 TL Muskat • 2 Knoblauchzehen, zerdrückt • 1 EL gehackte frische Minze • 250 ml Apfelessig • 1 Prise Cayennepfeffer* • ***Chili-Kartoffel-Püree:*** *5 mittelgroße, alte Kartoffeln, geschält und gewürfelt • 125 g saure Sahne • 60 g weiche Butter • ein paar Spritzer Tabascosauce • 1/4 Tasse Frühlingszwiebeln, feingehackt • 1/4 Tasse feingehackte frische grüne Chilischote • schwarzer Pfeffer*
Für 4 Personen

KOTELETTS von Fett und Sehnen befreien. Knoblauch, Rosmarin, Öl, Johannisbeersaft und Pfeffer in einer kleinen Schüssel gut mischen. Koteletts in eine tiefe Schale legen und mit Johannisbeersaft-Mischung gleichmäßig begießen, dabei das Fleisch wenden. Abgedeckt 2 Stunden im Kühlschrank marinieren.

FÜR DAS CHUTNEY Birnen, Zwiebeln, Rosinen, Sirup, Zimt, Muskat, Knoblauch, Minze, Essig und Cayennepfeffer in einem großen Topf zum Kochen bringen. Auf mittlere Stufe herunterschalten und ohne Deckel 20–25 Minuten köcheln lassen, bis die Birnen weich sind, dabei gelegentlich umrühren. Bei Raumtemperatur servieren.

FÜR DAS CHILI-KARTOFFEL-PÜREE Kartoffeln gar kochen oder dämpfen, abgießen und zerstampfen. Saure Sahne, Butter, Tabascosauce, Frühlingszwiebeln, Chilistücke und Pfeffer zufügen und weiter stampfen, bis das Püree klümpchenfrei ist. Abdecken und warm stellen.

LAMMKOTELETTS aus der Marinade nehmen, auf einen leicht geölten Grillrost legen und auf glühender Holzkohle in 4 Minuten pro Seite halb durchgrillen. Mit Birnen-Chutney und Chili-Kartoffel-Püree anrichten und mit Minze garnieren.

Schweinekoteletts und gebratene Nudeln auf chinesische Art

6 Filetkoteletts vom Schwein • 2 EL Erdnußöl • 1 EL brauner Zucker • 60 ml helle Sojasauce • $^{1}/_{2}$ TL Fünf-Gewürze-Pulver • $^{1}/_{4}$ TL getrocknete Chiliflocken • 3 Knoblauchzehen, zerdrückt • 60 ml trockener Sherry • 1 TL geriebener frischer Ingwer • frisches Koriandergrün zum Garnieren • ***Gebratene Nudeln:*** *300 g frische chinesische Eiernudeln • 1 EL Sesamöl • 1 EL Erdnußöl • 1 TL Chiliöl • 250 ml Hühnerbrühe • $^{1}/_{3}$ Tasse glatte, ungesalzene Erdnußbutter • 2 EL Reisessig • 1 EL helle Sojasauce • 2 EL geröstete Sesamkörner • 1 kleine Gurke, entkernt und feingewürfelt • 2 Frühlingszwiebeln, feingehackt • 40 g geröstete, ungesalzene Erdnußkerne, gehackt • 1 kleine rote Chilischote, feingehackt*

Für 6 Personen

KOTELETTS von Fett und Sehnen befreien. Für die Marinade Öl, Zucker, Sojasauce, Fünf-Gewürze-Pulver, Chiliflocken, Knoblauch, Sherry und Ingwer in einer kleinen Schale gut verrühren. Koteletts in eine Schüssel legen und mit Marinade übergießen. Abgedeckt im Kühlschrank 1–2 Stunden ziehen lassen.

EIN LEICHT GEÖLTES GRILLBLECH erhitzen. Koteletts aus der Marinade nehmen und auf das heiße Blech legen. Bei starker Hitze jede Seite 2 Minuten grillen, damit sich die Poren schließen, dabei einmal wenden. Hitze reduzieren und in weiteren 10–15 Minuten gar grillen, dabei häufig wenden und mit Marinade beträufeln. Mit Koriandergrün garnieren und zusammen mit gebratenen Nudeln anrichten.

FÜR DIE NUDELN einen großen Topf mit Wasser zum Kochen bringen. Die Eiernudeln gemäß Packungsanweisung gar kochen, abgießen. Sesam-, Erdnuß- und Chiliöl in einer großen Pfanne erhitzen. Nudeln zufügen und kräftig mischen. Hühnerbrühe mit Erdnußbutter, Essig und Sojasauce in einer Schale verquirlen. Zu den Nudeln gießen und vorsichtig erhitzen, aber nicht kochen lassen. Sesamkörner mit Gurkenwürfeln, Frühlingszwiebeln, Erdnüssen und Chiliflocken mischen und jede Portion vor dem Auftragen mit der Mischung bestreuen.

Schweinekoteletts mit Orangensauce

6 Filetkoteletts vom Schwein • 2 TL grobgehackter frischer Ingwer • 1 kleine Zwiebel, feingehackt • 4 Knoblauchzehen • 1 EL Tamarindenmark ohne Kerne • 2 EL Olivenöl • 250 g Joghurt • 2 TL gemahlener Kreuzkümmel • 1 EL Garam Masala • 1 1/2 TL gemahlene Kurkuma • 1 EL Paprikapulver • 1/2 TL Cayennepfeffer • 1/2 TL Salz
*• **Orangensauce:** 2 mittelgroße Orangen, in Schnitze zerteilt • 1 kleine rote Zwiebel, gehackt • 1 Knoblauchzehe, zerdrückt • 1–2 frische grüne Chilischoten, geröstet, gehäutet, entkernt und grobgehackt • 1 EL Olivenöl • 2 EL Limonensaft, frisch gepreßt • 2 EL frisch gehackter Koriander • frisch gemahlener schwarzer Pfeffer*
Für 6 Personen

KOTELETTS von überschüssigem Fett und Sehnen befreien. Ingwer, Zwiebeln, Knoblauch und Tamarindenmark fein pürieren. Olivenöl, Joghurt, Kreuzkümmel, Garam Masala, Kurkuma, Paprikapulver, Pfeffer und Salz zugeben und zu einer glatten Paste pürieren. Beide Seiten der Koteletts damit bestreichen und in eine Schale legen. Abgedeckt im Kühlschrank 2 Stunden marinieren.
FÜR DIE SAUCE jeden Orangenschnitz in 3 Stücke schneiden und in eine mittelgroße Schüssel füllen. Übrige Zutaten mit einem Pürierstab oder im Mixer fein zerhacken, dann zu den Orangenstücken in die Schüssel geben. Mit Klarsichtfolie bedecken und bei Raumtemperatur 1 Stunde ziehen lassen.
BACKOFEN auf 180 °C vorheizen. Koteletts aus dem Kühlschrank nehmen und auf einen geölten Rost über der Fettpfanne legen. 50 Minuten backen, dabei häufig wenden und mit Marinade beträufeln, bis das Fleisch gebräunt und durchgebraten ist. Mit Orangensauce servieren. Delikat mit jungem Blumenkohl und einem grünen Salat.

Schweinerippen mit Orangen-Ingwer-Glasur

*1 kg dicke Rippe vom Schwein • **Orangen-Ingwer-Glasur:** 150 g Tafelsirup • 125 ml Tomatensauce • 1 mittelgroße Zwiebel, feingehackt • 2 Knoblauchzehen, zerdrückt • 2 TL geriebener Ingwer • Schale von 1 Orange, in feinen Streifen • Saft von 1 Orange • 1 EL Weißweinessig • 1 EL Sonnenblumenöl • 1 EL Senf ohne Körner • Salz und frisch gemahlener Pfeffer • 1 EL Worcestersauce • 1 EL süße Chilisauce*
Für 4 Personen

BACKOFEN auf 180 °C vorheizen. Das Fleisch von Fett und Sehnen befreien. Die Rippen in eine ofenfeste Form legen, mit Alufolie abdecken und 20 Minuten braten.

FÜR DIE GLASUR den Sirup mit Tomatensauce, Zwiebeln, Knoblauch, Ingwer, Orangenschale und -saft, Essig, Öl, Senf, Salz, Pfeffer, Worcestersauce und süßer Chilisauce in einem mittelgroßenTopf verrühren, aufkochen und 3–4 Minuten unter Rühren kochen.

AUSGETRETENES FETT aus der Form abgießen und Rippen mit Glasur begießen. Die Ofentemperatur auf 200 °C erhöhen und die Rippen 35 Minuten schmoren, dabei hin und wieder begießen. Wenn die Rippen gar sind, sollten sie braun und glasiert sein. Mit Duftreis oder einer Wildreis-Mischung servieren.

Geröstete Lammscheiben mit Rosmarin-Tomaten

8 Lammscheiben aus der Keule • 500 g Eiertomaten • 2 EL Olivenöl • 4 TL frisch gemahlener schwarzer Pfeffer • einige Rosmarinzweige • $1\frac{1}{2}$ EL Olivenöl für die Form • $\frac{1}{2}$ TL Paprikapulver • 3 Knoblauchzehen, zerdrückt • 1 EL Steinsalz, zerstoßen
Für 4 Personen

BACKOFEN auf 150 °C vorheizen. Koteletts von überschüssigem Fett und Sehnen befreien. Tomaten längs halbieren, dann großzügig mit Öl einpinseln. Mit der Schnittseite nach oben auf ein leicht geöltes Backblech legen und mit 2 TL Pfeffer würzen.

ROSMARINZWEIGE auf den Tomaten verteilen. 1 Stunde backen, bis die Haut runzlig wird. Aus dem Ofen nehmen und warm stellen.

LAMMSCHEIBEN auf einen leicht geölten Bratrost über der Fettpfanne legen. Öl mit restlichem Pfeffer, Paprikapulver, Knoblauch und Steinsalz verquirlen, dann das Lamm auf beiden Seiten mit dieser Mischung einpinseln.

OFENTEMPERATUR auf 200 °C erhöhen. Das Fleisch darin 12–15 Minuten rosa braten. Aus dem Ofen nehmen, auf einer Servierplatte mit gerösteten Tomaten anrichten und mit Rosmarin garnieren. Mit grünem Spargel reichen.

Rippen mit Chili-Limonen-Paste auf Szechuan-Art

1,5 kg dicke Rippe vom Schwein, zerlegt und von überschüssigem Fett befreit • 1–2 große grüne Chilischoten, entkernt und grobgehackt • 4 Knoblauchzehen, zerdrückt • 1 EL frische Majoranblätter • 2 EL Pflanzenöl • 250 ml Limonensaft, frisch gepreßt • 2 EL Pflanzenöl für das Blech • 3 TL Salz • 1 EL gemahlener Szechuan-Pfeffer

Für 4 Personen

RIPPEN in eine Schale legen, in die sie gerade hineinpassen. Chilischoten, Knoblauch, Majoran und Öl glatt pürieren. Gut mit Limonensaft mischen und über die Rippen gießen. Über Nacht abgedeckt im Kühlschrank marinieren, dabei ein- bis zweimal wenden.

MARINIERTE RIPPEN auf ein leicht geöltes Grill- oder Backblech legen. Bei mittlerer Hitze auf jeder Seite 15 Minuten grillen, dabei öfter mit Marinade beträufeln. Wenn die Rippen braun und knusprig sind, mit der Salz-Pfeffer-Mischung bestreuen. Rippen entweder in kleinere Stücke schneiden und auf der Hand essen, oder ganz servieren und mit Vermicelli und Limonenschnitzen anrichten.

HINWEIS: Szechuan-Pfeffer, auch als Anispfeffer bekannt, ist ein duftendes Gewürz aus den getrockneten Beeren eines chinesischen Strauches. Er ist in asiatischen Lebensmittelgeschäften erhältlich.

Kalbskoteletts mit Sahne-Champignons

8 Kalbskoteletts • 125 ml Hühnerbrühe • 1 Limone, in Schnitze zerteilt • 250 g kleine Champignons, in feine Scheiben geschnitten • 200 g saure Sahne oder Crème fraîche
Für 4 Personen

DAS FLEISCH von überschüssigem Fett und Sehnen befreien. Backofen auf 150 °C vorheizen. Koteletts mit Brühe und Limonenschnitzen in einen Bräter geben. Zugedeckt 1 1/4 Stunden im Ofen weich schmoren.

LIMONEN entfernen und Champignonscheiben einrühren. Ohne Deckel 5 Minuten im Ofen garen, bis die Pilze heiß sind und zusammenfallen. Nicht zu lange garen!

KOTELETTS und Pilze in eine vorgewärmte Servierschüssel füllen und warm stellen. Den Bräter mit der Schmorflüssigkeit auf den Herd stellen und auf höchster Stufe zum Kochen bringen. Die Flüssigkeit in 4–5 Minuten auf die Hälfte einkochen. Saure Sahne oder Crème fraîche unter die reduzierte Sauce schlagen und über die Koteletts mit Pilzen gießen. Sofort mit Nudeln oder Reis servieren.

HINWEIS: Wird eine sämigere Sauce gewünscht, muß man die Menge an saurer Sahne bzw. Crème fraîche verdoppeln.

Lammkarree mit Haselnußkruste und roten Beten

2 Karrees vom Lamm (mit je 6 Koteletts) • 90 g frische Semmelbrösel • 2 EL gehackter frischer Rosmarin • 30 g geröstete Haselnüsse, feingehackt • 2 TL Instant-Hühnerbrühe • 1 EL provenzalischer Senf • 2 Eigelb • 45 g Butter, zerlassen • 10 sehr kleine rote Beten, geputzt • 1 EL Kümmel • 80 ml Rotweinessig • frisch gemahlener schwarzer Pfeffer • 150 g weicher Ziegenkäse, zerbröckelt

Für 4 Personen

Backofen auf 180 °C vorheizen. Schwarte vom Karree abtrennen und die Fettschicht darunter mit einem scharfen Messer einschneiden. Knochen freilegen und die Enden mit Alufolie bedecken, damit sie beim Braten nicht verbrennen.

Semmelbrösel, Rosmarin, Haselnüsse, Hühnerbrühe und Senf in einer großen Schüssel mischen. Eigelbe und zerlassene Butter zugeben und gut verrühren. Mischung über die Fleischseite der Karrees streichen und fest andrücken.

Karrees mit den Knochen nach unten auf einen geölten Bratrost über der Fettpfanne legen und in 35 Minuten rosa braten oder in 40–45 Minuten durchgaren. Aus dem Ofen nehmen und einige Minuten ruhen lassen, bevor man sie in einzelne Kotelettstücke zerteilt. Mit roter Bete, Ziegenkäse und grünem Salat servieren.

Inzwischen die roten Beten im Dampf oder in der Mikrowelle garen, bis sie weich sind. Abkühlen lassen, dann schälen. Jede Knolle vierteln und in einer Schüssel mit dem Kümmel, Essig und Pfeffer würzen. Gekühlt und mit dem zerbröckelten Ziegenkäse servieren.

Geschmorte Kalbskoteletts mit Fenchel und Artischocken

3 mittelgroße Artischocken (oder 250 g Artischockenhälften in Öl) • 1 EL Olivenöl • 4 Kalbskoteletts, von Fett und Sehnen befreit • Salz und Pfeffer • 250 g Fenchelknollen, längs in Scheiben geschnitten • 250 ml Orangensaft, durchgeseiht • 300 ml Hühnerbrühe • 1 TL Fenchelsamen • 1 TL abgeriebene Orangenschale • 1 EL Honig • 2 EL Balsamico-Essig • 2 TL Maisstärke

Für 4 Personen

Von Artischocken den Stiel entfernen und 1 cm der Spitze abschneiden. Die äußeren Blätter bis zu den weichen, gelben Innenblättern abpflücken. Artischocken vierteln und das Heu entfernen. Mit Wasser bedeckt etwa 7 Minuten weich kochen. Abgießen und beiseite stellen. Eingelegte Artischocken als Hälften belassen.

Öl in einer großen Pfanne erhitzen. Gewürzte Kalbskoteletts darin bei starker Hitze auf jeder Seite 3–4 Minuten braten, bis sie auf beiden Seiten hellbraun sind. Fenchel in die Pfanne geben und 1 Minute anbraten. Hitze bis auf unterste Stufe reduzieren und Orangensaft, Hühnerbrühe, Fenchelsamen, Schale und Honig zugeben. 5–6 Minuten köcheln lassen, bis das Kalbfleisch zart ist.

Essig und Maisstärke zu einer glatten Paste verrühren und in die Sauce einrühren. Hitze erhöhen und ständig rühren, bis die Sauce andickt. Wieder auf niedrige Stufe schalten und Artischockenhälften untermischen. Aufwärmen und mit feinen Orangenschalenstreifen garniert sofort servieren. Sehr delikat mit Zucchini.

Kalbskoteletts mit Pancetta und getrockneten Tomaten

1 EL Olivenöl • 6 Lendenkoteletts vom Kalb, von jeglichem Fett befreit • 125 g Pancetta oder Dänische Salami, in 2 cm breiten Streifen • 1 rote Zwiebel, in Ringen • 1 mittelgroße rote Paprikaschote, entkernt und in feinen Streifen • 125 g getrocknete Tomaten, in Scheiben geschnitten • 425 g Tomaten aus der Dose, in Stücke geschnitten • 60 ml trockener Weißwein • frisch gemahlener schwarzer Pfeffer • 350 g frische Linguine (schmale Bandnudeln) • 60 g entsteinte schwarze Oliven • 1–2 EL frische, kleine Basilikumblätter • Parmesan zum Servieren

Für 6 Personen

ÖL in einer großen Pfanne erhitzen und darin Koteletts bei mäßiger Hitze auf beiden Seiten hellbraun braten. Aus der Pfanne nehmen und abtropfen lassen.
PANCETTA, Zwiebelringe und Paprikastreifen in der Pfanne 1–2 Minuten anbraten. Getrocknete Tomaten, Tomatenstücke mit Flüssigkeit sowie den Wein unterrühren.
DAS KALBFLEISCH wieder in die Pfanne geben und ohne Deckel 12–15 Minuten köcheln lassen, bis das Fleisch weich ist. Inzwischen Linguine in einem großen Topf mit reichlich Wasser bißfest kochen. Kurz vor dem Auftragen Oliven und die Basilikumblätter unter das Kalbsgericht mischen. Mit heißen Linguine und gehobeltem Parmesan servieren.
HINWEIS: Pancetta ist ein nicht geräucherter Frühstücksspeck, gebeizt in Gewürzen, Salz und Pfeffer. Meist wird sie zu einer schmalen Rolle geformt und in feine Scheiben geschnitten. Pancetta ist in den meisten Feinkostgeschäften erhältlich.

Malaysische Satay-Rippchen

*1 kg Querrippe vom Rind, in Stücken zu je 5 cm • 1 mittelgroße Zwiebel, feingerieben • 1 TL frisch geriebener Ingwer • 2 TL Zucker • 1 TL Sambal Oelek • 1 TL gemahlener Koriander • 125 ml Kokossahne • 2 EL helle Sojasauce • 1 EL Pflanzenöl • **Erdnußsauce:** 125 g geröstete, ungesalzene Erdnüsse • 1 EL Erdnußöl • 1 TL Sambal Oelek • 1 EL Zucker • 1 EL helle Sojasauce • 250 ml Kokosmilch • 1 EL feingehacktes frisches Zitronengras • 2 TL Zitronensaft*

Für 4 Personen

RIPPCHEN von überschüssigem Fett und Sehnen befreien und in eine nicht-metallene Schale legen. Zwiebeln, Ingwer, Zucker, Sambal Oelek, Koriander, Kokossahne und Sojasauce in einem Krug gut verquirlen. Marinade über die Rippchen gießen, so daß sie gleichmäßig bedeckt sind. Zugedeckt mindestens 1 Stunde im Kühlschrank ziehen lassen.

FÜR DIE SAUCE Erdnüsse mit einem Pürierstab oder in der Küchenmaschine zu einer Paste zermahlen. In einen kleinen Topf geben und mit Erdnußöl, Sambal Oelek, Zucker, Sojasauce, Kokosmilch, Zitronengras und Zitronensaft mischen. Aufkochen lassen, Temperatur herunterschalten und 3 Minuten köcheln lassen. Die Sauce nicht zu heiß oder zu lange kochen, sonst scheiden sich die Inhaltsstoffe.

ÖL in einem Wok oder einer großen Pfanne erhitzen. Rippchen darin auf jeder Seite etwa 8 Minuten braun braten. Mit Erdnußsauce und Nudeln servieren.

Koreanische Rinderrippen

2 kg dicke Rippe vom Rind, in Stücken zu je 8 cm • 125 ml helle Sojasauce • 1 EL Sesamöl • 60 ml trockener Sherry • 3 Knoblauchzehen, in feine Scheiben geschnitten • 1 TL feingehackter frische Ingwer • 1 EL brauner Zucker • 1 TL feingemahlener schwarzer Pfeffer • 2 Frühlingszwiebeln, feingehackt • 2 EL geröstete Sesamkörner

Für 6 Personen

DAS FLEISCH von jeglichem Fett und Sehnen befreien und in einen Bräter legen. Sojasauce, Öl, Sherry, Knoblauch, Ingwer, Zucker, schwarzer Pfeffer, Frühlingszwiebeln und Sesamkörner in einem mittelgroßen Krug gründlich verquirlen. Mischung über die Rippen gießen, so daß sie gleichmäßig bedeckt sind. Abgedeckt über Nacht im Kühlschrank ruhen lassen.

HOLZKOHLENGRILL rechtzeitig vorbereiten; die Kohlen sollten glühen. Rippen mit den Knochen nach unten auf den Grill legen und braun braten. Wenden und auch die andere Seite braun und knusprig braten. Sehr lecker mit in der Schale gerösteten Kartoffeln und grünem Salat.

Pfefferkoteletts mit Mozzarella

6 Filetkoteletts vom Schwein, von überschüssigem Fett und Sehnen befreit • 1 EL eingelegte grüne Pfefferkörner, abgetropft • 1 EL eingelegte rosa Pfefferkörner, abgetropft • 2 EL Distelöl • 2 Knoblauchzehen, feingehackt • 400 g Mozzarella, in kleinen Scheiben • 1 Lauchstange, in feinen Streifen • ein paar Tropfen Tabascosauce • 1 EL Worcestersauce • 500 ml Hühnerbrühe • 2 EL trockener Sherry • 2 TL Maisstärke • 2 EL Wasser • 1 EL gehackte glattblättrige Petersilie

Für 6 Personen

LÄNGERE ENDEN der Koteletts mit einem Zahnstocher feststecken. Grüne und rosa Pfefferkörner in einem Mörser zerreiben. Koteletts damit einseitig bestreuen und ins Fleisch drücken. Abgedeckt im Kühlschrank 15 Minuten ruhen lassen. Öl in einer großen Pfanne erhitzen. Knoblauch und Koteletts mit der Pfefferseite nach unten hineingeben. Jede Seite in 4–5 Minuten gut anbräunen. Koteletts aus der Pfanne nehmen und mit der Pfefferseite nach oben in einen Bräter legen. Zahnstocher entfernen.

MOZZARELLASCHEIBEN darüber schichten und unter dem heißen Grill überbacken, bis der Käse schmilzt. Inzwischen Lauchstreifen in der Pfanne 1–2 Minuten anbraten. Tabascosauce, Worcestersauce, Hühnerbrühe und Sherry einrühren und 3 Minuten köcheln lassen, bis die Sauce leicht eingekocht ist.

STÄRKEMEHL und Wasser mischen und in die Sauce einrühren. Aufkochen lassen, Hitze verringern und unter Rühren köcheln lassen, bis sie andickt. Die Petersilie untermischen und Koteletts mit der Sauce überziehen. Schmeckt delikat mit aufgeschnittenen Okraschoten.

Kalbskarree mit roter Pfefferkruste

2 Karrees vom Kalb (jedes mit 4 Koteletts) • 1 EL Olivenöl • Salz und frisch gemahlener schwarzer Pfeffer • ***Rote Pfefferkruste:*** *50 g eingelegte rosa Pfefferkörner, abgetropft • 1 EL gehackte Petersilie • 1 EL gehackter frischer Salbei • 1 EL Dijonsenf • 2 Eiweiß • 120 g frische Weißbrotkrumen • 45 g Butter, zerlassen*
Für 4 Personen

BACKOFEN auf 180 °C vorheizen. Karrees von jeglichem Fett und Sehnen befreien, dann auf einen eingeölten Bratrost über der Fettpfanne legen, mit Olivenöl einreiben und würzen. Auf der mittleren Schiene des Ofens 45 Minuten braten. Herausnehmen und leicht abkühlen lassen.
FÜR DIE KRUSTE Pfefferkörner im Mörser zerreiben, dann in einer mittelgroßen Schüssel mit Kräutern und Senf mischen. Eiweiße in einer kleinen Schüssel steif schlagen, dann vorsichtig unter die Pfeffermischung heben. Die Brotkrumen mit zerlassener Butter mischen, dann die Pfeffermischung unterziehen.
PFEFFERMISCHUNG gleichmäßig über dem Fleisch verteilen und fest andrücken. Weitere 20–25 Minuten im Ofen braten. Herausnehmen, abkühlen lassen und in einzelne Koteletts zerteilen. Schmeckt ausgezeichnet zu Blattsalaten, neuen Kartoffeln und Maiskölbchen.

Schweinerippen mit Ingwerglasur

1 kg dicke Rippe vom Schwein, in Scheiben zerteilt • 1 EL Sesamöl • 3 große Knoblauchzehen, zerdrückt • 1 Stück (2 cm) frischer Ingwer, geschält und gerieben • 80 ml Sojasauce • 60 ml Reisweinessig • 4 ganze Nelken • 1 Zimtstange • 160 g Orangenmarmelade • frisch gemahlener schwarzer Pfeffer • 100 g glasierte Orange, in feine Scheiben geschnitten

Für 4 Personen

RIPPEN von überschüssigem Fett und Sehnen befreien. Öl in einem kleinen Topf erhitzen, Knoblauch und Ingwer zugeben und 1 Minute anbraten. Sojasauce, Essig, Nelken, Zimt, Marmelade und Pfeffer einrühren und unter Rühren zum Kochen bringen. Hitze reduzieren und 3–5 Minuten auf kleiner Stufe köcheln lassen.

GLASUR vom Herd nehmen und auf Raumtemperatur abkühlen lassen, abschmecken. Rippen vor dem Grillen großzügig mit Glasur überziehen.

RIPPEN auf ein leicht geöltes Grillblech legen. Jede Seite bei mittlerer Hitze etwa 15 Minuten grillen. Mit glasierten Orangen garnieren und mit Nudeln servieren.

Grünes Schweinscurry

2 EL Bockshornklee-Samen • 1 EL geriebener frischer Ingwer • 1 EL gemahlene Kurkuma • 2 Knoblauchzehen, zerdrückt • 75 g Koriandergrün • 50 g Minze • 1 1/2 TL gemahlener Kardamom • 125 ml dunkler Essig • 1 EL Pflanzenöl • 125 ml Kokossahne • 180 ml Hühnerbrühe • 400 ml Kokosmilch aus der Dose • 2 EL Limonensaft • 6 Limonenblätter, frisch oder getrocknet • 1 EL Zucker • 4 Nackenkoteletts vom Schwein, von überschüssigem Fett befreit • 3 kleine rote Chilischoten, entkernt und gehackt • 2 kleine grüne Chilischoten, entkernt und gehackt • 2 EL Minze- oder Basilikumblätter • 275 g gekochter Duftreis

Für 4 Personen

BOCKSHORNKLEE-SAMEN in ein Schälchen geben und mit kochendem Wasser überbrühen, 10 Minuten ziehen lassen, dann abgießen. Bockshornklee-Samen mit Ingwer, Kurkuma, Knoblauch, Koriander, Minze, Kardamom und Essig mit einem Pürierstab oder im Mixer glatt pürieren.

ÖL in einem mittelgroßen Topf erhitzen, Gewürzmischung und Kokossahne einrühren und aufkochen. Hitze reduzieren und 1 Minute unter Rühren kochen.

MIT HÜHNERBRÜHE, Kokosmilch und Limonensaft ablöschen und mit Zucker und Limonenblättern erneut aufkochen. Koteletts zugeben und ohne Deckel 15 Minuten köcheln lassen.

GEHACKTE CHILISCHOTEN und Minze bzw. Basilikum einrühren und weitere 5 Minuten köcheln lassen, bis die Sauce sämig und das Fleisch weich ist. Mit gehackten Chilischoten garnieren und mit Reis anrichten.

Kalbsschnitzel in Cider mit duftendem Walnuß-Reis

6 magere Kalbsschnitzel, von überschüssigem Fett befreit • Salz und frisch gemahlener schwarzer Pfeffer • 1 1/2 EL Muskat • 2 EL getrockneter Thymian • 500 ml englischer Cider • 125 ml Weinbrand • 1 EL Butter • 375 ml kräftiger Rinderfond • 2 EL roter Johannisbeergelee • 1 EL Maisstärke • 2 EL Wasser • 45 g Butter für die Äpfel • 2 grüne Äpfel, entkernt und in Spalten geschnitten • ***Duftender Walnuß-Reis:*** *30 g Butter • 1 EL Olivenöl • 1 Zwiebel, feingehackt • 370 g Rundkornreis • 125 ml trockener Weißwein • 375 ml Hühnerbrühe • 30 g Parmesan, frisch gerieben • frisch gemahlener schwarzer Pfeffer • 100 g Walnüsse, gehackt*

Für 6 Personen

KALBSSCHNITZEL würzen und auf beiden Seiten gut mit Muskat und Thymian einreiben. Backofen auf 180 °C vorheizen. Schnitzel auf einen geölten Rost über der Fettpfanne legen. Die Hälfte des Ciders und des Weinbrands über das Fleisch gießen. Mit Butterflöckchen belegen und 25–30 Minuten braten, bis das Fleisch gar ist.

RESTLICHEN CIDER und Weinbrand zusammen mit dem Fond und Johannisbeergelee in einen Stieltopf geben und unter Rühren aufkochen. Hitze reduzieren und 4–5 Minuten köcheln, bis die Mischung eingekocht ist und der Gelee sich aufgelöst hat. Maisstärke mit Wasser verrühren, angießen und unter Rühren aufkochen, bis die Sauce andickt. Warm stellen.

FÜR DEN REIS Butter und Olivenöl in einem großen Topf erhitzen. Zwiebeln darin 1–2 Minuten unter ständigem Rühren anbraten. Reis zugeben und eine weitere Minute rühren. Wein und Hühnerbrühe zugießen und zum Kochen bringen. Auf niedrige Stufe herunterschalten und zugedeckt 25–30 Minuten garen, bis der Reis die Flüssigkeit aufgesogen hat und weich ist. Käse, Pfeffer und Walnüsse mit einer Gabel untermischen und sofort servieren.

KURZ VOR DEM AUFTRAGEN Butter in einem kleinen Topf erhitzen. Äpfel darin hellbraun anbraten. Sofort mit den Schnitzeln, der vorbereiteten Sauce und dem Walnuß-Reis servieren. Schmeckt sehr delikat mit Zucchinistreifen.

Lammkarree mit Apfel-Feigen-Kompott

2 Karrees vom Lamm mit je 6 Koteletts • 2 EL Olivenöl • 1 EL bunter Pfeffer
*• **Apfel-Feigen-Kompott:** 3 kleine rote Zwiebeln, geschält und geviertelt*
• 2 große grüne Äpfel, in Spalten geschnitten • 60 g Butter • 55 g brauner Zucker
• 1 Päckchen (375 g) Dessert-Feigen, grobgehackt
*• **Couscous:** 500 ml Wasser • 300 g Couscous • 30 g Butter • 2 EL gehackter frischer Koriander • Salz und frisch gemahlener schwarzer Pfeffer*
Für 4–6 Personen

KNOCHEN völlig freilegen und mit Alufolie bedecken. Den Backofen auf 180 °C vorheizen. Jedes Karree auf der Fleischseite mit Olivenöl einreiben und mit buntem Pfeffer bestreuen. Karrees mit der Knochenseite nach unten auf einen geölten Bratrost über der Fettpfanne legen und 35–40 Minuten im Ofen braten.

AUS DEM OFEN nehmen und kurz ruhen lassen. In Portionen zu 2–3 Koteletts aufteilen. Zusammen mit Apfel-Feigen-Kompott und Couscous servieren.

FÜR DAS KOMPOTT Zwiebeln und Äpfel in Butter und Zucker anbraten, bis sie karamelisieren. Feigen zugeben und auf milder Hitze weich schmoren. Vor dem Servieren aufwärmen.

COUSCOUS in 500 ml Wasser 30 Minuten einweichen. Dann in einem Sieb zugedeckt über Wasserdampf garen. Butter und Koriander mit einer Gabel untermischen, abschmecken und servieren.

Kalbskarree mit Kumquats zu Wildreis mit Pinienkernen

2 Karrees vom Kalb mit je 4 Koteletts, die Knochen freigelegt • 1 EL Olivenöl • 1 EL Garam Masala • 30 g Butter • 2–3 feste Birnen, geschält, geviertelt und entkernt • 1 Glas (285 g) eingelegte Kumquats • 1 Prise Salz • ***Wildreis mit Pinienkernen:*** *185 g Wildreis-Mischung • 3 Frühlingszwiebeln, feingehackt • 30 g Butter • 30 g geröstete Pinienkerne • 30 g Walnußkerne, feingehackt • frisch gemahlener schwarzer Pfeffer*

Für 4 Personen

Bei beiden Karrees die Knochen mit Alufolie umwickeln. Das Kalbfleisch mit Olivenöl einreiben und mit Garam Masala bestreuen. Karrees mit der Knochenseite nach unten auf einen geölten Bratrost über der Fettpfanne legen und bei 180 °C 1 Stunde im Backofen braten, bis das Fleisch eben durchgegart ist. Aus dem Ofen nehmen, mit Alufolie abdecken und 5 Minuten ruhen lassen. Folie entfernen und das Fleisch in einzelne Koteletts aufschneiden.

Für den Reis die Wildreis-Mischung in einem großen Topf mit reichlich kochendem Salzwasser 30–35 Minuten kochen, dann abgießen. Frühlingszwiebeln bei mäßiger Hitze in Butter andünsten. Reis, Pinienkerne und Walnüsse einrühren und mit Pfeffer abschmecken.

Kurz vor dem Servieren Butter in einer kleinen Pfanne erhitzen. Birnenviertel zufügen und 1–2 Minuten anbraten. Kumquats mit Saft untermischen, salzen und 4–5 Minuten sanft köcheln. Mit Kotelettscheiben und Reis anrichten.

Hinweis: Eingelegte Kumquats sind in Feinkostgeschäften erhältlich.

Schweinekoteletts vom Grill mit Avocadosauce

6 Filetkoteletts vom Schwein • 125 ml Weißwein • 2 EL Öl • 2 EL Honig, angewärmt • 2 Knoblauchzehen, zerdrückt • ***Avocadosauce:*** *1 EL Weißweinessig • 60 ml reines Olivenöl • 1 EL Honig, angewärmt • 2 TL geriebener frischer Ingwer • 2 TL Sojasauce • 2 mittelgroße Avocados • 2 Frühlingszwiebeln, feingehackt • 1 EL geröstete Sesamkörner • 1 kleine rote Chilischote, entkernt und feingehackt*
Für 6 Personen

ÜBERSCHÜSSIGES FETT vom Fleisch abschneiden und das Fleisch in eine Glas- oder Porzellanschale legen. In einem kleinen Krug Wein mit Öl, Honig und Knoblauch mischen und über das Fleisch gießen. Mit Klarsichtfolie abdecken und mehrere Stunden im Kühlschrank ziehen lassen, dabei gelegentlich wenden.
FÜR DIE SAUCE Essig mit Öl, Honig, Ingwer und Sojasauce in einer kleinen Schüssel kräftig verquirlen. Avocados schälen und Kerne entfernen, dann das Fruchtfleisch würfeln. Mit Frühlingszwiebeln in eine größere Schüssel füllen und mit der Ölmischung begießen. Mit Sesamkörnern und Chilistücken bestreuen und gut durchmischen. Innerhalb von 30 Minuten nach dem Anmachen servieren, damit sich die Avocados nicht verfärben.
KOTELETTS 4–5 Minuten auf glühender Holzkohle grillen. Mit Avocadosauce und Nudeln servieren.

VEGETARISCHE LECKERBISSEN

Bereichern Sie Ihren Speiseplan um neue und klassische vegetarische Kreationen. Erleben Sie Gemüse & Co. einmal völlig neu – als delikate Vorspeise, sättigendes Hauptgericht oder als pikante Beilage.

GEMÜSE VORBEREITEN

Gemüse ist ein wichtiger Bestandteil unserer Ernährung – es enthält Wasser, Glukose, Protein, Ballaststoffe, Mineralien und Vitamine. Es kann roh oder gekocht verzehrt werden, und je nach Sorte sind verschiedene Teile des Gemüses genießbar. Beispielsweise essen wir bei Zucchini, Auberginen und Tomaten die Früchte und bei Spinat, Salat und Kohl die Blätter. Bei Erbsen, Bohnen und anderen Hülsenfrüchten kocht man die Samen, bei Möhren, Rüben und Pastinaken die Wurzeln und bei roter Bete, Fenchel und Zwiebeln die Knollen. Seit einiger Zeit werden sogar die Schalen von Kartoffeln, die Blüten von Zucchini und Ringelblume, die Schoten von einigen Erbsensorten und die Blätter verschiedener Knollen- und Wurzelgemüse, wie beispielsweise bei Kohlrabi und roter Bete, mitverwendet.

EINFRIEREN

Im allgemeinen eignet sich rohes Gemüse nicht zum Einfrieren, weil dadurch die Zellstruktur zerstört wird, so daß das pflanzliche Gewebe das Wasser schlechter zurückhalten kann und das Gemüse weniger frisch schmeckt. Deshalb sollten Sie das Gemüse vor dem Einfrieren blanchieren: Gemüse kleinschneiden und kurz in kochendes Wasser tauchen. Danach sofort in Eiswasser abschrecken, damit es nicht weiter gart und die Zellwände aufweichen. Trockentupfen, in Gefrierbeutel verpacken und beschriften. Eingefrorenes Gemüse hält sich bis zu 3 Monaten und kann kurz vor Ende der Garzeit unaufgetaut zu Gulasch und Ragouts gegeben werden.

VORBEREITUNG

Jedes Gemüse sollte vor der Zubereitung gründlich mit kaltem Wasser gewaschen werden; dadurch werden Rückstände von Pestiziden, Sand und Schmutz entfernt. Spezielle Vorbereitungen werden nachstehend erläutert.

GRILLEN VON PAPRIKA

Paprika längs halbieren, dabei Stiele, Trennhäute und Kerne entfernen. Mit der Hautseite nach oben auf ein Backblech legen und von oben so lange grillen, bis die Haut schwarz wird und Blasen wirft. Paprika aus dem Ofen nehmen und sofort in einen Papier- oder Plastikbeutel legen und 10 Minuten abkühlen lassen. Auf einer sauberen Arbeitsfläche die schwarze Haut von den Paprikahälften abziehen.

Jede Paprika der Länge nach halbieren, Stiel, Trennhäute und Kerne entfernen.

Von den gegrillten Paprikahälften die schwarze Haut abziehen.

HÄUTEN UND ENTKERNEN VON TOMATEN

Tomaten mit einem scharfen Messer unten kreuzweise einritzen und etwa 30 Sekunden in kochendes Wasser tauchen. Abtropfen lassen und in kaltes Wasser legen; wenn sie abgekühlt sind und man sie anfassen kann, die Haut abziehen. Tomaten halbieren und Stengelansatz herausschneiden. Mit einem Teelöffel die Kerne entfernen.

Wenn die Tomate etwas abgekühlt ist, die Haut vorsichtig abziehen.

Geschälte Tomaten quer halbieren, danach Kerne mit dem Löffel herausnehmen.

VORBEREITEN VON CHAMPIGNONS

Champignons sollten immer in einer Papiertüte oder einem Stoffbeutel aufbewahrt werden. Nicht waschen, nicht in Wasser tauchen und nicht schälen, da sonst das Pilzaroma zerstört wird und

Champignons mit Küchenpapier oder einem weichen Tuch abreiben.

die Pilze zu weich werden. Stiele herausdrehen. Der Stiel kann kleingehackt und zum Würzen von Saucen und Suppen verwendet werden. Champignons werden durch vorsichtiges Abreiben mit sauberem Küchenpapier oder einem weichen feuchten Tuch gesäubert.

GARMETHODEN

MIKROWELLE

Gemüse kann auf zweierlei Arten in der Mikrowelle gegart werden. Am häufigsten wird es in einer mikrowellengeeigneten Schüssel mit etwas Wasser zugedeckt innerhalb der empfohlenen Zeit gegart. Vor dem Servieren sollte das Gemüse 2 Minuten ruhen. Es ist aber auch möglich, Gemüse in einem Bratbeutel ohne Wasser zu garen. Der Beutel wird zugebunden und dann eingestochen, damit der Dampf entweichen kann. Bei dieser Methode ist die Garzeit meistens etwas kürzer. Kartoffeln und Süßkartoffeln werden einfach mehrmals mit einer Gabel eingestochen und auf Küchenpapier gelegt. Auf höchster Stufe 4–6 Minuten, je nach Größe, garen.

BLANCHIEREN

Für viele Rezepte muß das Gemüse erst blanchiert werden, etwa bevor es zu Salat verarbeitet oder einem fertigen Nudelgericht zugefügt wird. Beim Blanchieren wird das Gemüse etwas vorgegart. So bleibt seine natürliche Farbe erhalten. Es wird kurz in kochendes Wasser getaucht, abgetropft und dann sofort in Eiswasser abgeschreckt, um den Garprozeß zu unterbrechen.

Gemüse sofort in Eiswasser abschrecken, damit es nicht weiter gart.

DÄMPFEN

Beliebt ist auch das Dämpfen, weil dadurch Nährwert und Aroma voll erhalten bleiben. Gemüse in gleich große Stücke schneiden und in einem Dämpfeinsatz aus Metall oder Bambus in oder über einen Topf oder Wok mit etwas kochendem Wasser oder kochender Gemüsebrühe hängen; mit dicht schließendem Deckel zudecken. Der Dämpfeinsatz sollte so hoch über der Flüssigkeit hängen, daß das Gemüse nicht direkt mit ihr in Berührung kommt. Beim Abnehmen des Deckels darauf achten, daß der Dampf auf der Ihnen gegenüberliegenden Seite austritt, weil sonst Verbrennungsgefahr besteht. Da Wurzelgemüse länger gart als grünes Gemüse, sollte letzteres immer erst gegen Ende der Garzeit zugegeben werden. Sie können die verschiedenen Gemüsesorten auch in separaten, übereinandergestapelten Dämpfeinsätzen garen. Diese Methode findet in der asiatischen Küche häufig Anwendung.

Wichtig ist, daß die Flüssigkeit nicht mit dem Gemüse in Berührung kommt.

Dämpfeinsätze aus Bambus können zugedeckt übereinander gestapelt werden.

SAUTIEREN ODER KURZBRATEN

Sautieren ist eine schnelle und einfache Methode zum Garen von Gemüse. Dafür eignet sich am besten ein Wok, weil seine zur Mitte abfallenden Seiten das Rühren und Wenden des Gemüses erleichtern. Ersatzweise kann auch eine tiefe Pfanne mit Antihaftbeschichtung verwendet werden. Der Wok oder die Pfanne sollte stark erhitzt werden, bevor Öl, Gewürze oder Gemüse zugegeben werden. Gemüse diagonal in dünne, gleich große Stücke schneiden, damit sie gleichmäßig garen. Gemüse mit längerer Garzeit sollte entweder viel kleiner geschnitten oder vor Hinzufügen zum anderen Gemüse blanchiert werden. Gemüse bei starker Hitze braten und dabei vorsichtig mit einem Kochlöffel oder einem großen Holzspatel rühren und wenden, damit es nicht am Pfannenboden anbrät. Das Gemüse ist fertig, wenn seine Farben leuchten und wenn es gerade bißfest, d. h. noch knackig, aber dennoch zart ist.

Gemüse mit einem Holzlöffel rühren, damit es nicht am Boden des Woks anbrät.

EDLE GEMÜSESORTEN

Auch wenn Sie nicht jedes Gemüse auf diesen Seiten kennen, lohnt es sich, die verschiedenen Sorten einmal zu probieren – sie sind alle sehr vielseitig und köstlich.

SPARGEL

Der Spargel ist der junge Schößling einer Pflanze, die in Europa beheimatet ist. Es gibt zwei Hauptsorten: weißen Spargel und grünen Spargel. Die Spargelzeit ist von Frühlingsende bis Sommeranfang. Grüner Spargel sollte fest sein und feste hellgrüne Köpfe aufweisen. Im Gegensatz zum weißen Spargel muß der grüne nicht geschält werden. Holzige Enden abschneiden und von unten nach oben bis kurz vor dem Kopf schälen. Bei weißem Spargel sollten die Enden vor dem Kochen immer gekürzt werden. Zum Kochen den Spargel mit einer Schnur locker zu Bündeln verschnüren und aufrecht in einen Topf mit kochendem Salzwasser stellen. Grüner Spargel ist nach 12–15 Minuten gar, weißer Spargel sollte rund 20 Minuten kochen. Dann die Bündel umdrehen und die Spitzen 30 Sekunden in kochendes Wasser tauchen.

Grüner Spargel bricht am holzigen Ende auseinander, wenn er gebogen wird.

Nach dem Kochen umdrehen und Spitzen 30 Sekunden ins Wasser tauchen.

ARTISCHOCKEN

Artischocken sind eine Distelart aus Nordafrika. Sie werden heute aber auch in Europa, Australien und Amerika angebaut. Beim Kauf ist darauf zu achten, daß die Artischocke fest und kompakt ist und die Blätter dicht anliegen. Keine braunen Artischocken kaufen – sie sollten hellgrün bis lilafarben sein. Artischocken können gedämpft, in Wasser mit Zitronensaft gekocht oder in der Mikrowelle gegart werden. Die eßbaren Teile sind der untere Teil der Blätter und das Herz; beide werden oft mit Sauce hollandaise oder mit geschmolzener Butter und frisch gepreßtem Zitronensaft serviert. Artischockenherzen sind in den meisten Spezialitätenabteilungen der Supermärkte sowohl in Dosen als auch mariniert erhältlich. Zur Zubereitung Stiel mit einem Edelstahlmesser

Bei der Artischocke zuerst mit einem scharfen Messer oben 2 cm abschneiden.

Harte äußere Blätter entfernen und die Spitzen der übrigen Blätter abschneiden.

abtrennen. Dicke Außenblätter entfernen und oben ein Stück abschneiden. Von den übrigen Blättern die Spitze mit der Schere abschneiden. Schnittflächen mit Zitronensaft bepinseln, damit sie sich nicht verfärben. Obere Blätter leicht auseinanderbiegen, die stacheligen Blätter mit den lilafarbenen Spitzen entfernen und das Heu mit einem Teelöffel herausnehmen. Das Heu läßt sich leichter entfernen, wenn die Artischocke zuvor gedämpft wurde.

TOPINAMBUR

Die Topinambur ist die eßbare Wurzel einer bestimmten Sonnenblumenart, die in Nordamerika beheimatet ist. Sie ähnelt im Aussehen stark der Ingwerknolle. In Geschmack und Konsistenz erinnert Topinambur an die Wasserkastanie. Mittelgroße feste Topinambur wählen, die frisch aussehen und nicht verschimmelt oder beschädigt sind. Topinambur ist vom Herbst bis in den Frühling hinein erhältlich. Zur Zubereitung gut abbürsten, schälen und wie eine Kartoffel zubereiten – als Suppeneinlage oder als Püree. Man kann sie auch roh in Salaten verwenden.

ROTE BETE

Rote Bete ist ein tiefrotes bis lilafarbenes rundes Wurzelgemüse, das jeder Mahlzeit Farbe und Geschmack verleiht. Ursprünglich waren die Blätter der Pflanze die einzig genießbaren Teile, weil die Wurzeln früher viel kleiner waren. Blätter etwa 5 cm über der Knolle abschneiden, die Wurzel selbst sollte dabei nicht verletzt werden, weil sonst der vitaminreiche Saft verlorengeht. Vorsichtig bürsten, so daß Schale, Spitze und Stiel unverletzt bleiben. Rote Bete im ganzen in kochendem Wasser oder in

Beim Putzen der roten Bete darauf achten, daß die Knolle nicht beschädigt wird.

Wenn die gekochte rote Bete abgekühlt ist, wird die Haut vorsichtig abgezogen.

der Mikrowelle garen. Dafür die Schale ein- oder zweimal einstechen; rote Bete können auch gebacken und als eigenständiges Gericht gegessen werden. Tragen Sie beim Abziehen der Schale Handschuhe, um Verfärbungen an Händen und Fingernägeln zu vermeiden. Als Salat oder zusammen mit anderem Wurzelgemüse verzehren. Die Blätter sind – gründlich gewaschen – ebenfalls genießbar. Wie Spinat zubereiten oder roh zum Salat geben.

PAKSOI

Paksoi ist eine ostasiatische Kohlsorte mit weißen Stielen und großen dunkelgrünen Blättern (nicht zu verwechseln mit Mangold). Er wird schon seit über 3000 Jahren angebaut, kam aber erst zur Zeit des großen Goldrausches nach Amerika und später nach Australien und Europa. Beim Kauf darauf achten, daß die Stiele fest und die Blätter knackig sind. Zur Zubereitung Blätter vom Stiel abschneiden und gründlich in kaltem Wasser waschen; abtropfen lassen und mit einem Küchenhandtuch trockentupfen, dann die Stiele in Scheiben schneiden und die Blätter hacken. Paksoi wird zwar meistens kurzgebraten oder in Suppen gekocht, schmeckt aber auch köstlich (besonders Baby-Paksoi), wenn er im ganzen gedämpft und mit etwas Balsamico-Essig beträufelt wird.

Bei großem Paksoi Stiel abschneiden, Baby-Paksoi dagegen im Ganzen dämpfen.

DICKE BOHNEN

Dicke Bohnen gehörten zu den ersten Gemüsesorten, die in der westlichen Welt angebaut wurden. Sie sind frisch oder getrocknet erhältlich. Wenn das Gemüse jung geerntet wird, kann die Schote zusammen mit den Bohnen gekocht und gegessen werden. Beim Kauf darauf achten, daß die Schoten hell-

Nach dem Kochen die weiße Haut von den Bohnen abziehen.

grün, zart und jung sind und keine schadhaften Stellen aufweisen. Keine Bohnen mit großen, gelblichen oder schlaffen Hülsen kaufen. Bei jungen, zarten dicken Bohnen die Enden von den Hülsen abschneiden, Fäden abziehen und Hülse in drei Teile schneiden. Kochen, dämpfen oder in der Mikrowelle garen und wie grüne Bohnen servieren. Wenn Sie nur die Bohnenkerne essen möchten, drücken Sie diese aus der Hülse. Dann kochen, dämpfen oder in der Mikrowelle garen und sofort abschrecken. Wenn sie etwas abgekühlt sind, die helle Außenhaut (Schale) von jeder Bohne abziehen. Bei jungen Bohnen ist das nicht unbedingt erforderlich, nur bei älteren Bohnen.

KNOLLENSELLERIE

Beim Anbau von Knollensellerie wird speziell die Wurzel gezüchtet, während beim Anbau von Staudensellerie besonderer Wert auf die Stangen gelegt wird. Knollensellerie hat eine große runde Wurzel mit rauher brauner Schale und weißem Fleisch. Knollensellerie ist normalerweise vom Herbst bis zum Winteranfang erhältlich. Kaufen Sie mittelgroße Knollen. Zum Zubereiten Sellerie zunächst unter kaltem Wasser waschen und trockentupfen. Oben und unten ein Stück abschneiden und die Knolle schälen; in eine Schüssel mit Wasser und einem Spritzer Zitronensaft legen, damit der Sellerie sich nicht verfärbt. In dünne Scheiben geschnitten oder gerieben kann Sellerie roh, als Gemüsebeilage oder in einem bunten Salat verzehrt werden. Er schmeckt sehr gut gekocht, püriert oder warm als Beilage.

AUBERGINEN

Auberginen gibt es in unterschiedlichen Größen. Angeblich stammen sie aus Indien, aber heute sind sie fester Bestandteil der Küche im Mittelmeerraum und im Mittleren Osten. Auberginen sind das ganze Jahr über erhältlich. Beim Kauf darauf achten, daß sie fest sind und keine Verfärbungen aufweisen. Die Schale sollte glatt und satinartig sein und keine braunen Stellen, Narben oder Schnitte aufweisen. Je schärfer der stachlige Rand um den Stiel, desto frischer ist die Aubergine. Die meisten Auberginen müssen gesalzen werden, um ihnen die bittere Flüssigkeit zu entziehen und die zum Fritieren benötigte Ölmenge zu reduzieren. Dazu die Aubergine in Scheiben oder Würfel schneiden, in ein Sieb legen und großzügig mit Salz bestreuen, dabei gut wenden, damit alle Seiten mit Salz bedeckt sind. Mindestens 30 Minuten ziehen lassen, dann gründlich unter kaltem Wasser abspülen, nochmals einige Minuten ziehen lassen und mit Küchenpapier trockentupfen. In einigen Rezepten werden die Auberginen vor der Zubereitung geröstet; in diesem Fall brauchen sie vorher nicht gesalzen zu werden.

Gewürfelte Auberginen großzügig mit Salz bestreuen; 30 Minuten ziehen lassen.

Auberginenstücke unter Wasser vom Salz befreien und vorsichtig trockentupfen.

FENCHEL

Fenchel ist der verdickte Stiel einer Pflanze, die im Mittelmeerraum beheimatet ist. Er ähnelt dem unteren Teil des Staudenselleries und hat fedrige grüne Blätter, die manchmal mit Dill verwechselt werden. Fenchel wird wegen seines süßwurzelartigen Geschmacks manchmal auch als Anis bezeichnet. Fenchel ist vom Herbst bis in den Frühling hinein erhältlich und eignet sich hervorragend für Wintersuppen und -eintöpfe. Die Knollen sollten fest und knackig aussehen und feste Stiele mit

Stiele und Boden der Fenchelknolle abschneiden und in Ringe schneiden.

hellgrünen fedrigen Blättern aufweisen. Zum Zubereiten Stiele und Boden abschneiden, bis eine feste, fast weiße Knolle zurückbleibt. Lockere und braune Blätter entfernen. Unter kaltem Wasser waschen. Wenn der Fenchel roh als Salat oder als Teil einer Vorspeisenplatte genossen werden soll, schneiden Sie ihn längs in Streifen oder quer in Ringe. Fenchel, der roh in einer Mischung aus Olivenöl, Zitronensaft und schwarzem Pfeffer mariniert und dann gedünstet wird, ist eine wundervolle Beilage zu Fleischgerichten.

KLEINE KÜRBISSE (GOLDEN NUGGETS)

Im Gegensatz zu anderen Kürbissorten, die als Früchte einer Kletterpflanze wachsen, wächst der kleine Golden Nugget an einem Strauch. Golden Nuggets sind kleine runde Kürbisse mit orangefarbener Schale und leuchtend orangefarbenem Fleisch. Beim Kauf darauf achten, daß die Kürbisse hart, schwer und rund sind und die Haut

Kürbis vor dem Kochen aushöhlen, faseriges Fleisch und Kerne wegwerfen.

dick und unbeschädigt ist. Keine Kürbisse mit schimmeligen Stellen oder braunen, weichen Stellen kaufen. Zum Zubereiten den Deckel abschneiden und zur Seite legen. Das faserige Innere und die Kerne entfernen. Kürbisse können gedämpft, gebacken oder in der Mikrowelle gegart werden und zum Servieren mit Suppe, Eintopf oder einer Mischung aus Reis und Gemüse gefüllt werden.

KOHLRABI

Kohlrabi soll aus Nordeuropa stammen und aus Kohl mutiert sein. Das wird gestützt durch die Tatsache, daß er auch im englischsprachigen Raum »Kohlrabi« heißt. Er ist eine runde, dunkelviolette oder grünweiße Knolle (eigentlich der verdickte Stiel der Pflanze) mit mehreren langen Stielen und grünen Blättern.
Kohlrabi ist vom Spätsommer bis in den Winter hinein erhältlich und schmeckt am besten, wenn die Knolle jung und fest, die Blätter knackig und frisch sind. Die Knollen sollten nicht angekratzt oder beschädigt sein. Je kleiner die Knolle, desto süßer ihr Geschmack und desto zarter (in der Regel, aber nicht unbedingt) die Konsistenz. Zum Zubereiten Boden, Stiele

Kohlrabistiele vor dem Schälen abschneiden.

und Blätter abschneiden. Geschält und roh verleiht er Salaten knackige Frische; gekocht, gedämpft oder in der Mikrowelle gegart kann Kohlrabi für Suppen, Eintöpfe und Gemüseragouts verwendet werden. Kohlrabi kann auch in der Schale gebacken werden; vor dem Schälen leicht abkühlen lassen und wie eine gebackene Kartoffel essen. Schmeckt auch sehr gut als Püree mit einem Klecks Butter.

CHICORÉE

Chicorée stammt ursprünglich aus China. Dieses Gemüse hat längliche, glatte weiße Blätter mit zartgelbem Rand. Chicorée hat einen etwas scharfen, bitteren Geschmack und ist das ganze Jahr über erhältlich. Beim Kauf darauf achten, daß die Köpfe knackig und fest sind und die weißen Blätter keine Zeichen von »Rost« und keine braunen Spitzen aufweisen. Strunk

Die Blätter des Chicorées können abgetrennt und in Salaten verwendet werden.

entfernen und wegwerfen. Blätter abtrennen und roh in Salaten verwenden, im ganzen dämpfen oder in der Mikrowelle garen und mit etwas Butter verzehren.

Babykartoffeln mit Kräutern

15 kleine neue Kartoffeln • 60 g Butter, geschmolzen • 1 EL Thymian • 1 EL Schnittlauchröllchen • grobes Meersalz, feingemahlen
Für 4–6 Personen

KARTOFFELN in einem großen Topf mit kochendem Salzwasser gerade eben gar kochen. Mit der Messerspitze die Garprobe machen. Wenn die Kartoffel am Messer haften bleibt, ist sie in der Mitte wahrscheinlich noch etwas roh. Die Kartoffel sollte fest sein, aber leicht vom Messer abgleiten.
KARTOFFELN abgießen und wieder in den Topf geben. Butter, Kräuter und Salz zufügen und mischen.
HINWEIS: Wenn Sie lieber gebräunte Butter mögen, Kartoffeln nach dem Garen mit der Butter bei schwacher Hitze 2–3 Minuten anbraten, bis die Butter bräunlich wird – nicht anbrennen lassen. Durch die gebräunte Butter erhalten die Kartoffeln ein leicht nussiges Aroma. Restliche Zutaten unterrühren. Anstelle der Butter können die heißen Kartoffeln auch mit etwas kaltgepreßtem Olivenöl beträufelt und mit Kräutern und Salz vermischt werden. Außerdem können andere Kräutersorten verwendet werden.

Gedämpfte Babymöhren mit Honigglasur

1 Bund kleine Möhren • 30 g Butter • 3–4 TL Honig oder Ahornsirup • 1/2 TL gemahlener Kümmel, nach Belieben
Für 4–6 Personen

STIELE von den Möhren so abschneiden, daß noch ein kleiner Teil des Stielansatzes zu sehen ist, und Möhren gründlich waschen. Möhren in einem Dämpfeinsatz über einen mittelgroßen, halb mit siedendem Wasser gefüllten Topf hängen oder zusammen mit etwa 60 ml Wasser in einen mittelgroßen Topf legen.
DÄMPFEINSATZ oder Topf zudecken und Möhren bei mittlerer Hitze bißfest garen. Die Möhren dürfen nicht am Topfboden festkochen; bei Bedarf mehr Wasser zufügen. Möhren abschütten und wieder in den Topf legen. Butter, Honig oder Sirup und Kümmel zufügen und rühren, bis die Butter geschmolzen ist und die Möhren glänzen. Wenn Sie einen Dämpfeinsatz benutzen, Wasser aus dem Topf abgießen und Möhren mit den anderen Zutaten im warmen Topf glasieren. Heiß servieren.

Von links: Babykartoffeln mit Kräutern; Gedämpfte Babymöhren mit Honigglasur; Gedämpfte Bohnenbündel

Gedämpfte Bohnenbündel

20 frische grüne Bohnen • 20 frische Wachsbohnen • Grün von 4–8 Frühlingszwiebeln oder Schnittlauch, blanchiert • Salz und frisch gemahlener Pfeffer • Kräuter oder Gewürze nach Geschmack
Für 4–8 Personen

ENDEN von den Bohnen abknipsen. Bohnen bündelweise aufteilen und mit einer Frühlingszwiebel oder mit Schnittlauch zusammenbinden. Bohnenbündel in einem Dämpfeinsatz über einen mittelgroßen, zur Hälfte mit siedendem Wasser gefüllten Topf hängen oder zusammen mit 3 EL Wasser in einen mittelgroßen Topf legen.

DÄMPFEINSATZ zudecken und Bohnen bei mittlerer Hitze bißfest garen. Die Bohnen dürfen nicht am Topfboden festkochen; bei Bedarf mehr Wasser zufügen.

BOHNEN nach dem Garen mit Salz, frisch gemahlenem schwarzen Pfeffer, Zitronenpfeffer oder Ihren Lieblingskräutern oder -gewürzen bestreuen.

GEMÜSE AUS DEM OFEN

Vor dem Backen des Gemüses können der Öl-Butter-Mischung etwas zerdrückter Knoblauch, gemahlene Gewürze oder getrocknete Kräuter und etwas Salz und Pfeffer zugefügt werden. Wenn das Gemüse als Beilage zu einem Braten gereicht werden soll, kann es in der letzten Stunde zu dem Fleisch oder Geflügel in den Bräter gelegt werden. Der Bratensaft verleiht dem Gemüse zusätzlichen Geschmack.

Gebackene Kartoffeln

KARTOFFELN schälen, große Kartoffeln halbieren. In eine Auflaufform legen und großzügig mit einer Mischung aus geschmolzener Butter und Öl einpinseln. Im heißen Backofen bei 210 °C 20 Minuten backen. Mit Butter-Öl-Mischung bepinseln und weitere 30 Minuten backen, bis sie goldbraun und knusprig sind. Immer wieder einpinseln und weiterbacken, bis die Kartoffeln den gewünschten Bräunungsgrad erreicht haben. Kartoffeln lassen sich besonders gut auf diese Weise garen, wenn sie vorgekocht sind. Nach dem Vorkochen trockentupfen und die Oberfläche mit einer Gabel aufrauhen. Mit Öl und Butter bepinseln und wie oben beschrieben backen.

Gebackene Kartoffeln

Gebackene Zucchini

ENDEN abschneiden und Zucchini längs halbieren. Allein oder zusammen mit anderen Gemüsesorten in eine Auflaufform legen und mit Öl bepinseln. Im mäßig heißen Ofen bei 180 °C 30–40 Minuten backen, bis sie bißfest und goldgelb sind.

Gebackener Kürbis und Süßkartoffeln

Gebackener Kürbis und Süßkartoffeln

KÜRBIS und Süßkartoffeln schälen und in grobe Stücke schneiden. In eine Auflaufform legen und großzügig mit Olivenöl bepinseln. Im mäßig heißen Ofen bei 180 °C etwa 40 Minuten backen, bis sie außen goldbraun und innen weich und zart sind. Kürbis und Süßkartoffeln können auch in der Schale gebacken werden. Bei einigen Kürbissorten wird die Schale beim Backen sehr weich und kann mitgegessen werden. Wenn Sie die Schale nicht mögen, können Sie sie einfach vor dem Essen abziehen.

Gebackene Zucchini

Gebackene Möhren

FÜR DIESES GERICHT können ganze Babymöhren oder normal große Möhren verwendet werden. Möhren schälen oder abreiben, gut waschen und trockentupfen. Stiele von den Babymöhren so abschneiden, daß noch etwas Grün stehen bleibt. Normal große Möhren der Länge nach halbieren oder vierteln. ALLEIN oder zusammen mit anderen Gemüsesorten in eine Auflaufform legen und mit Öl bepinseln. Bei 180 °C im Ofen 30–40 Minuten backen, bis sie zart und gebräunt sind.

Gebackene Möhren

Gebackene Zwiebeln

Gebackene Zwiebeln

SCHÄLEN Sie 10 kleine Zwiebeln, wobei der Strunk unbeschädigt bleiben sollte. In eine Auflaufform legen und großzügig mit einer Mischung aus Öl und Butter bepinseln. Im mäßig heißen Ofen bei 180 °C 30–40 Minuten backen, bis sie zart und goldbraun sind. Zusätzlichen Geschmack erzielen Sie, wenn Sie der Ölmischung etwas von Ihrem Lieblingsgewürz zufügen und die Zwiebeln vor dem Backen damit bepinseln.

Gemüse aus der Mikrowelle

GEMÜSE waschen und je nach Sorte schälen. In gleich große Stücke schneiden und in eine mikrowellengeeignete Form legen. Etwas Wasser darüber gießen und die Form abdecken. In der Mikrowelle 3–6 Minuten bißfest garen. Beim Herausnehmen Ofenhandschuhe oder Topflappen benutzen, da die Form sehr heiß wird.

VOR dem Abnehmen des Deckels mindestens 30 Sekunden abkühlen lassen. Deckel so abheben, daß der Dampf auf der Ihnen gegenüberliegenden Seite entweicht.

HINWEIS: Die Garzeiten für die einzelnen Gemüsesorten hängen von ihrer Dichte und von der Leistungsfähigkeit der Mikrowelle ab. Experimentieren Sie mit Ihrem Gerät, um die richtige Gardauer herauszufinden.

Gemüse aus der Mikrowelle

Gedämpftes Chinagemüse mit Austernsauce

1 Bund Baby-Paksoi • 1 Bund China-Brokkoli • 2–3 EL Austernsauce • 2 TL Sesamöl
Für 2–4 Personen

PAKSOI und Brokkoli gründlich waschen und überschüssiges Wasser abschütteln. Enden abschneiden und in grobe Stücke schneiden. Wenn die Stengel des Paksoi zu breit sind, eventuell der Länge nach halbieren.

BROKKOLI in einen Dämpfeinsatz, vorzugsweise aus Bambus, legen und über einen Topf mit siedendem Wasser hängen. Zudecken und 5–6 Minuten dämpfen. Paksoi zufügen, zudecken und weitere 2 Minuten dämpfen.

AUSTERNSAUCE über das Gemüse gießen und vorsichtig mischen. Es macht nichts, wenn etwas Austernsauce in den Topf mit Wasser tropft. Gedämpftes Gemüse zum Servieren mit etwas Sesamöl beträufeln.

HINWEIS: Dieses grüne Gemüse kann auch sautiert werden. Etwas Sesamöl in einem Wok oder einer großen Bratpfanne erhitzen. Wok oder Pfanne schwenken, damit der Boden gleichmäßig mit Öl bedeckt ist. Brokkolistücke zufügen und unter Rühren 3–4 Minuten braten. Paksoi zufügen und eine weitere Minute braten. Bei Bedarf etwas Wasser zufügen und die Pfanne 2 Minuten zudecken, bis das Gemüse gerade eben gar ist. Austernsauce zufügen und mischen.

Gebackene Kartoffeln mit Sauerrahm und Schnittlauch

4 große Kartoffeln zum Backen • saure Sahne • Schnittlauch, in Röllchen geschnitten
Für 2–4 Personen

KARTOFFELN abbürsten und gut waschen. Mit Küchenpapier abtupfen und rundum mit einer Gabel einstechen. Kartoffeln im vorgeheizten Ofen bei 210 °C etwa 1 Stunde backen, bis sie weich sind. Kartoffeln an der Oberseite einschneiden und das Kartoffelinnere etwas mit der Gabel zerdrücken.
AUF jede Kartoffel einen großen Klecks saure Sahne geben, mit Schnittlauchröllchen bestreuen und mit Salz und Pfeffer würzen. Alternativ kann das Kartoffelinnere auch mit etwas Knoblauchbutter und gehackten frischen Kräutern vermischt werden, oder die Kartoffel kann ausgehöhlt und z. B. mit Krautsalat o. ä. gefüllt werden.
HINWEIS: Ein Metallstäbchen, das vor dem Garen in die rohe Kartoffel gesteckt wird, wirkt wie ein Wärmeleiter und verkürzt die Garzeit.

Von links: Gedämpftes Chinagemüse mit Austernsauce; Gebackene Kartoffeln mit Sauerrahm und Schnittlauch; Gegrillte Paprika mit Knoblauchöl

Gegrillte Paprika mit Knoblauchöl

2 große rote Paprika • 1 große gelbe oder orangefarbene Paprika • 1 große grüne Paprika • 125 ml gutes Olivenöl • 2–3 Knoblauchzehen, zerdrückt• 2 EL Balsamico-Essig • 2 TL brauner Zucker • Zitronensaft • Salz und Pfeffer
Für 4–6 Personen

PAPRIKA halbieren, Kerne und dicke Trennhäute entfernen. Paprikahälften mit der Hautseite nach oben auf ein Backblech legen und mit etwas Öl bestreichen. Paprika 4–5 Minuten bei starker Hitze grillen, bis die Haut schwarz wird und Blasen wirft.
AUS dem Ofen nehmen und in ein Küchenhandtuch wickeln oder in einen Papier- oder Plastikbeutel geben. Nach dem Abkühlen schwarze Haut entfernen und wegwerfen. Paprika in Streifen schneiden und abkühlen lassen.
ÖL, Knoblauch, Essig, Zucker, Zitronensaft, Salz und Pfeffer in einer Schüssel gut verrühren. Eventuell können jetzt auch frische Kräuter wie Basilikum, Koriander oder Minze zugegeben werden. Paprikastreifen unterheben und gut mischen. Dieses Gericht schmeckt köstlich auf gegrillten Polenta- oder Weißbrotscheiben. Es eignet sich auch sehr gut als Beilage zu gegrilltem Steak oder als Teil einer gemischten Vorspeisenplatte.
HINWEIS: In einem luftdicht verschlossenen Behälter können die Paprika im Kühlschrank mindestens 2 Wochen aufbewahrt werden. Vor dem Servieren auf Raumtemperatur erwärmen lassen.

Blumenkohl mit Käsesauce

500 g Blumenkohl • 30 g Butter • 3 TL Mehl • 125 ml Milch • 60 ml Sahne • 4 EL geriebener Cheddar • Salz und Pfeffer • Paprikapulver und Schnittlauchröllchen zum Garnieren

Für 4–6 Personen

BLUMENKOHL in Röschen teilen. Gar dämpfen oder in der Mikrowelle bißfest garen. In der Zwischenzeit die Sauce zubereiten. Butter in einem mittelgroßen Topf zerlassen. Mehl einrühren und unter weiterem Rühren 1 Minute kochen lassen, bis das Mehl goldgelb ist. Von der Herdplatte nehmen und nach und nach Milch und Sahne zufügen. Wieder auf die Herdplatte stellen und bei mittlerer Hitze ständig rühren, bis die Sauce kocht und eindickt.

TOPF von der Herdplatte nehmen und Käse einrühren; mit Salz und Pfeffer würzen. Kurz vor dem Servieren Sauce über den Blumenkohl gießen und eventuell mit Paprikapulver und Schnittlauchröllchen bestreuen.

HINWEIS: Die Sauce wird pikanter, wenn der Cheddar durch 60 g in Würfel geschnittenen Blauschimmelkäse ersetzt wird. Käsemenge und -sorte können nach Ihrem persönlichen Geschmack abgewandelt werden.

Sautierter Brokkoli mit Mandeln

2–3 TL Sesam- oder Erdnußöl • 1–2 Knoblauchzehen, zerdrückt • 4 EL Mandeln, blanchiert • 500 g Brokkoli, in Röschen • 2 TL helle Sojasauce • 1 EL Sherry oder Reiswein • 1 TL feingeriebener frischer Ingwer • 2–3 TL Honig • 1 EL Austernsauce

Für 4–6 Personen

ETWAS Öl in einer großen Pfanne oder dem Wok erhitzen und schwenken, damit der Boden vollständig mit Öl bedeckt ist. Die Hälfte des Knoblauchs und die gesamten Mandeln zufügen. Bei mittlerer Hitze rühren, bis die Mandeln goldgelb sind. Aus der Pfanne nehmen und beiseite stellen.

EVENTUELL noch etwas Öl zufügen. Restlichen Knoblauch und Brokkoli zufügen. Bei mittlerer Hitze rühren, bis das Gemüse gerade eben gar ist. Sojasauce mit Sherry oder Reiswein, Ingwer, Honig und Austernsauce mischen. In die Pfanne oder den Wok gießen und unter den Brokkoli heben. Weiterbraten, bis der Brokkoli gar, aber noch grün und etwas knackig ist. Die restlichen Mandeln zügig unterrühren und servieren.

Von links: Blumenkohl mit Käsesauce; Sautierter Brokkoli mit Mandeln; Gebratene Auberginenscheiben mit Limetten-Chili-Dressing

Gebratene Auberginenscheiben mit Limetten-Chili-Dressing

2 große Auberginen • 4 kleine dünne Auberginen • Mehl zum Bestäuben • Olivenöl zum Braten • ***Limetten-Chili-Dressing:*** *1 TL abgeriebene Limettenschale • 2 EL Limettensaft • 1 TL brauner Zucker • 1 EL feingehackte Petersilie • 1 EL frischer Koriander • 2–3 eingelegte Chilischoten, entkernt und feingehackt*
Für 4–6 Personen

GROSSE Auberginen in 1 cm dicke Scheiben schneiden. Auf einem Schneidebrett oder einer Arbeitsfläche ausbreiten und auf beiden Seiten großzügig mit Salz bestreuen. Mindestens 30 Minuten ziehen lassen. Gründlich unter fließendem Wasser abwaschen und überschüssige Flüssigkeit vorsichtig ausdrücken. Mit Küchenpapier trockentupfen. Kleine Auberginen der Länge nach in dünne Scheiben schneiden.

MEHL mit etwas Salz und Pfeffer mischen. Eventuell frische oder getrocknete Kräuter oder Ihr Lieblingsgewürz zufügen und gut mit dem Mehl vermischen. Öl etwa 1 cm hoch in eine Pfanne füllen und mäßig heiß werden lassen. Das Öl muß heiß sein, bevor die Auberginenscheiben hineingelegt werden, weil sie sonst zu viel Öl aufsaugen und weich werden.

ALLE Auberginenscheiben in dem gewürzten Mehl wälzen und portionsweise auf jeder Seite 2–3 Minuten im heißen Öl goldbraun braten. Auf Küchenpapier abtropfen lassen. Mit den übrigen Auberginenscheiben genauso verfahren. Vor dem Braten immer erst in Mehl wälzen. Heiß mit Limetten-Chili-Dressing servieren.

FÜR DAS DRESSING Limettenschale mit Limettensaft, Zucker, Petersilie, Koriander und Chilischoten gut verrühren.

Artischocken mit zwei Saucen

4–6 mittelgroße Artischocken • ***Käsesauce:*** *60 ml Sahne* • *150 g Mascarpone* • *4 EL geriebener Cheddar* • *Salz und Pfeffer* • ***Basilikum-Dressing:*** *4 EL Olivenöl* • *2–3 EL Zitronensaft* • *1–2 Knoblauchzehen, zerdrückt* • *2 TL Zucker* • *1–2 EL feingehacktes frisches Basilikum*
Für 4–6 Personen

MIT einem scharfen Messer Stiele und Spitzen der Artischocken abschneiden. Die Schnittstellen können mit etwas Zitronensaft beträufelt werden, damit sie sich nicht verfärben.
ARTISCHOCKEN in einen Dämpfeinsatz geben und über einen Topf mit leicht siedendem Wasser stellen. In 20–30 Minuten gar dämpfen. Bei Bedarf mehr Wasser in den Topf gießen. Die Artischocken sind gar, wenn sich die Blätter leicht lösen lassen.
FÜR DIE SAUCE Sahne und Mascarpone in einem mittelgroßen Topf leicht erhitzen und glattrühren. Geriebenen Cheddar zufügen und rühren, bis er geschmolzen ist. Mit Salz und Pfeffer würzen und warm zu den Artischocken reichen.
FÜR DAS DRESSING alle Zutaten in einer Sauciere gut verrühren und lauwarm servieren.
HINWEIS: Zum Essen wird jeweils ein Blatt abgezogen und der untere Teil in die Sauce getaucht. Der fleischige Teil wird mit den Zähnen abgestreift. Die äußeren Blätter sind härter als die inneren. Die Blätter im Inneren können fast vollständig mitgegessen werden. Saucen in kleinen Schälchen servieren.

Knoblauchsauce mit Rohkost

2 große Spätkartoffeln, geschält und in Würfel geschnitten • 4–5 Knoblauchzehen, zerdrückt • 1 EL Weißweinessig • frisch gemahlener weißer Pfeffer • Zitronensaft • Salz • 80 ml Olivenöl • verschiedene rohe Gemüsestreifen zum Servieren

Für 4–6 Personen

KARTOFFELN in einem Topf mit kochendem Salzwasser garen. Mit einem scharfen Messer die Garprobe machen. Wenn sich das Messer leicht herausziehen läßt, ist die Kartoffel gar; alternativ mit einer Gabel versuchen, ob sich eine Kartoffel zerdrücken läßt. Kartoffeln abgießen und in eine Schüssel geben.

KARTOFFELN zerdrücken, bis ein fast glattes Püree entsteht. Knoblauch und Essig zufügen und mischen. Mit Pfeffer, etwas Zitronensaft und Salz abschmecken. Öl tropfenweise gut unterrühren. Unter Rühren so viel Öl zufügen, bis eine glatte, dicke Masse entstanden ist. Das kann bis zu 5 Minuten dauern. Sauce warm mit Gemüsestreifen und Baguette oder geröstetem Fladenbrot servieren.

HINWEIS: Diese Knoblauchsauce wird oft mit Mandeln und Weißbrot anstelle der Kartoffeln zubereitet. Dafür statt der Kartoffeln 4 EL gemahlene Mandeln und 100 g altbackenes, in Wasser eingeweichtes und gut ausgedrücktes Weißbrot verwenden. Das Öl kann tropfenweise zugefügt werden, während die Masse in der Küchenmaschine verrührt wird. Die Konsistenz sollte einer dicken Mayonnaise entsprechen, ansonsten mit Öl oder Zitronensaft entsprechend verdünnen.

Gedünstetes Gemüse mit Sojasauce

1–2 TL Sesamöl • 2 TL Olivenöl • 200 g Brokkoli, in Röschen • 150 g Grünkohl oder Chinakohl, in feine Streifen geschnitten • 100 g Zuckerschoten • süße oder salzige Sojasauce als Dressing • Honig als Dressing

Für 4 Personen

ÖL in einer großen Pfanne oder einem Wok erhitzen und gut schwenken, damit der Boden gleichmäßig bedeckt ist. Brokkoli zufügen und etwa 2 Minuten unter Rühren braten. Kohl und Zuckerschoten zufügen, mit dem Brokkoli mischen und 2–3 Minuten unter Rühren braten, bis das Gemüse gerade eben gar, aber noch bißfest ist. Nach Geschmack Sojasauce und Honig darüber träufeln. Gut mischen und sofort servieren.

Rosenkohl mit Pfeffer und Baby-Squash

2 Scheiben Schinkenspeck, entrindet • 12 kleine Rosenkohlröschen • 20 g Butter • 12 kleine orangefarbene oder grüne Baby-Squash • 1 EL Pinienkerne • 1 TL frisch gemahlener schwarzer Pfeffer • 2 EL Schnittlauchröllchen
Für 6 Personen

SCHINKENSPECK in dünne Streifen schneiden. Äußere Blätter vom Rosenkohl entfernen und Röschen längs halbieren.
SCHINKENSPECK in einem mittelgroßen Topf anbraten. Butter zufügen und erhitzen. Rosenkohl und Baby-Squash zugeben und 2 Minuten schmoren. Deckel aufsetzen und bei mittlerer Hitze 5–10 Minuten garen, bis das Gemüse bißfest ist.
PINIENKERNE und Pfeffer in den Topf geben und vorsichtig untermischen. Deckel wieder aufsetzen und eine weitere Minute schmoren. Von der Herdplatte nehmen und Schnittlauchröllchen unterheben.
HINWEIS: Strenge Vegetarier verzichten natürlich auf den Speck und würzen das Gemüse statt dessen mit Salz.

Von links: Gedünstetes Gemüse mit Sojasauce; Rosenkohl mit Pfeffer und Baby-Squash; Würziges Kürbisgemüse

Würziges Kürbisgemüse

1 Eierkürbis • 2 große Squash, Chayoten oder andere Kürbisgewächse • 40 g weiche Butter zum Servieren • 1/4 TL gemahlener Kümmel • 1/2 TL Edelsüßpaprika • 1/2 TL feingemahlener Koriandersamen • Salz und Pfeffer
Für 4–6 Personen

EIERKÜRBIS mit einem scharfen Messer in große Stücke teilen und Kerne entfernen; nicht schälen. Die Squash der Länge nach halbieren. Mit einem Gemüseschäler oder einem kleinen scharfen Messer vorsichtig die Haut entfernen, Kürbisse in Stücke teilen und Fasern und Kerne herausnehmen.
KÜRBISGEMÜSE kann gedämpft, in der Mikrowelle gegart oder im Backofen gegrillt werden. Wenn der Kürbis gedämpft oder in der Mikrowelle zubereitet werden soll: Knapp garen und mit einem kleinen scharfen Messer die Garprobe machen. Soll der Kürbis im Backofen zubereitet werden, mit etwas Olivenöl bepinseln. Gemüse heiß mit einem Klecks Butter servieren und mit den drei Gewürzen sowie Salz und Pfeffer abschmecken.
HINWEIS: Eierkürbis hat einen ziemlich hohen Wassergehalt und wird beim Kochen sehr weich. Deshalb sollte die Haut nicht entfernt werden. Das Fleisch wird genauso von der Schale abgeschabt wie beim Gartenkürbis (die Schale des Eierkürbisses ist aber sehr weich und kann sogar mitgegessen werden). Für dieses Gericht eignet sich auch jeder andere Sommerkürbis.

Mariniertes Grillgemüse

2 große rote Paprika • 3 mittelgroße Zucchini • 3 dünne Auberginen • 12 kleine Champignons • 400 g Artischockenherzen aus der Dose • ***Marinade:*** *3 EL Olivenöl • 1 EL Balsamico-Essig • 1 EL Zitronensaft • 2 Knoblauchzehen, zerdrückt • 2 TL brauner Zucker • 3 EL feingehacktes Basilikum • frisch gemahlener schwarzer Pfeffer*

Für 4–6 Personen

PAPRIKA halbieren und Kerne und Trennhäute entfernen. Mit der Außenseite nach oben unter den heißen Grill legen. Haut mit etwas Öl bepinseln. Grillen, bis die Haut schwarz wird und Blasen wirft. In ein Küchenhandtuch wickeln und nach dem Abkühlen Haut abziehen. Paprika in eine große Schüssel legen.
ZUCCHINI und Auberginen der Länge nach in dünne Scheiben schneiden. Auf dem vorgeheizten Holzkohlengrill oder im Backofen etwa 3–4 Minuten von jeder Seite grillen, bis sie weich sind. Zwischendurch mit etwas Öl bepinseln. Zu den Paprika in die Schüssel geben. Artischockenherzen gut abtropfen lassen und halbieren oder vierteln. Auf dem vorgeheizten Holzkohlengrill oder im Backofen etwa 2–3 Minuten von jeder Seite grillen; zu dem anderen Gemüse in die Schüssel geben. Champignons untermischen.
ALLE Zutaten für die Marinade verrühren und über das Gemüse gießen. Zugedeckt mindestens eine Stunde im Kühlschrank ziehen lassen. Vor dem Servieren wieder auf Zimmertemperatur erwärmen lassen.

Kohlröllchen

10 große Weißkohlblätter • 1 EL Olivenöl • 1 kleine Zwiebel, feingehackt • 1 TL Paprika • 1 TL Kümmel • 100 g Champignons, gehackt • 200 g Reis • 375 ml Gemüsebrühe • Salz und Pfeffer • ***Sauce:*** *400 g geschälte Tomaten aus der Dose • 2 Knoblauchzehen, zerdrückt • 1 EL Rotweinessig • 2 EL Tomatenmark • 1–2 TL Zucker • Salz und Pfeffer*
Für 6–8 Personen

SALZWASSER in einem großen Topf aufkochen und Kohlblätter hineinlegen. Deckel aufsetzen, Hitze abschalten und etwa 5 Minuten ziehen lassen, bis die Blätter zusammenfallen. Aus dem Topf nehmen (vorsichtig, damit sie nicht zerreißen) und gut abtropfen lassen.
ÖL in einem mittelgroßen Topf erhitzen und Zwiebel zufügen. Bei mittlerer Hitze einige Minuten dünsten, bis sie sehr weich ist. Gewürze, Champignons und Reis zufügen; unter Rühren eine weitere Minute dünsten. Mit Brühe ablöschen und einmal umrühren, zudecken und aufkochen. Hitze reduzieren und 15 Minuten köcheln lassen. Hitze abschalten und zugedeckt nochmals 5 Minuten ziehen lassen. Mit Salz und Pfeffer abschmecken.
REISMISCHUNG in eine Schüssel geben und abkühlen lassen. Kohlblätter nacheinander auseinanderklappen und jeweils 2 gehäufte Löffel der Füllung in die Mitte setzen. Seiten nach innen über die Füllung klappen und fest zu einem Paket aufrollen. Alle Kohlröllchen mit der Nahtseite nach unten in eine große flache Auflaufform setzen. Backofen auf 180 °C vorheizen.
FÜR DIE SAUCE alle Zutaten in der Küchenmaschine verrühren, mit Zucker, Salz und Pfeffer abschmecken und glattrühren. Über die Kohlröllchen gießen, Form mit Alufolie abdecken und im Ofen 20 Minuten garen.

Pommes frites

5–6 große Kartoffeln • Öl zum Fritieren
Für 4–6 Personen

KARTOFFELN schälen und gründlich waschen; mit Küchenpapier trockentupfen. Der Länge nach in 1 cm breite Stifte schneiden. Großen gußeisernen Topf zur Hälfte mit Öl füllen und mäßig erhitzen. Pommes frites portionsweise jeweils 4–5 Minuten hellgelb fritieren. Mit einer Zange oder einem Schaumlöffel herausheben und auf Küchenpapier abtropfen lassen. Kurz vor dem Servieren Öl erneut erhitzen und Pommes frites 2–3 Minuten fritieren, bis sie goldbraun und knusprig sind; abtropfen lassen. Zum Servieren salzen.

Pommes frites

Kartoffelspalten

4–5 große Kartoffeln, gebürstet • 125 g Mehl • 3–4 TL Hähnchengewürz • 1 TL weißer Pfeffer • 1 TL Edelsüßpaprika • 2 TL Knoblauchpulver • Öl zum Fritieren • saure Sahne und süße Chilisauce zum Servieren
Für 4 Personen

KARTOFFELN waschen und gut bürsten. Kartoffeln nicht abtrocknen, weil die Panade dann besser haften bleibt. Kartoffeln mit oder ohne Schale in jeweils 10 Spalten schneiden. Spalten in mit Hähnchengewürz, Pfeffer, Paprika und Knoblauchpulver gewürztem Mehl wälzen. Dafür portionsweise gewürztes Mehl und Kartoffelspalten in einen Gefrierbeutel geben und gut schütteln. Einen Topf etwa 2 cm hoch mit Öl füllen und mäßig erhitzen. Die Kartoffelspalten darin 2–3 Minuten fritieren, bis sie goldbraun sind. Mit einer Zange oder dem Schaumlöffel herausheben und auf Küchenpapier abtropfen lassen.

NOCHMALS mit gewürztem Mehl bestäuben und andrücken. Wieder in das heiße Öl geben und weitere 3–4 Minuten fritieren, bis die Spalten braun und knusprig sind. Herausnehmen und auf Küchenpapier abtropfen lassen. Mit etwas Hähnchengewürz bestreuen. Heiß mit saurer Sahne und süßer Chilisauce zum Dippen servieren.

HINWEIS: Zur Abwandlung kann der Würzmischung noch 1 EL feingeriebener Parmesan zugefügt werden.

Fritierte Zwiebelringe

Auberginen-Chips

Kürbis-Chips

Gemüse-Chips

Jeder ißt gerne Chips, aber sie müssen nicht unbedingt aus Kartoffeln bestehen. Andere Gemüsesorten eignen sich dafür genausogut. Nachfolgend finden Sie einige typische Beispiele von leckeren Gemüsen – wählen Sie Ihr Lieblingsgemüse aus und bereiten Sie es den Anweisungen entsprechend zu.

1 Süßkartoffel, geschält • 4 lange dünne Auberginen • 2–4 große Pastinaken, geschält und diagonal in sehr dünne Scheiben geschnitten • 4–6 rote Bete, geschält • 400 g Kürbis, geschält • 4 große Möhren, geschält • 4 mittelgroße Zwiebeln, geschält und in dünne Ringe geschnitten • 2–4 Kartoffeln, geschält

GESCHÄLTES Gemüse mit einem Gemüseschäler oder einem sehr scharfen Messer in möglichst dünne Streifen oder Scheiben schneiden. Mit Küchenpapier trockentupfen. Mittleren oder großen Topf zur Hälfte mit Öl füllen und mäßig erhitzen. Das Öl ist heiß genug zum Fritieren, wenn ein kleines Brotstückchen, das in das Öl geworfen wird, zischt und goldbraun wird. Nicht zu viele Gemüse-Chips auf einmal in den Topf geben, weil sie sonst aneinander kleben.
GEMÜSE portionsweise fritieren, bis sie knusprig und goldgelb sind. Mit einer Zange oder dem Schaumlöffel herausnehmen und auf Küchenpapier abtropfen lassen. Salzen und pfeffern. Mit saurer Sahne und Chilisauce, Salsa oder Chutney servieren.

Pastinaken-Chips

Möhren-Chips

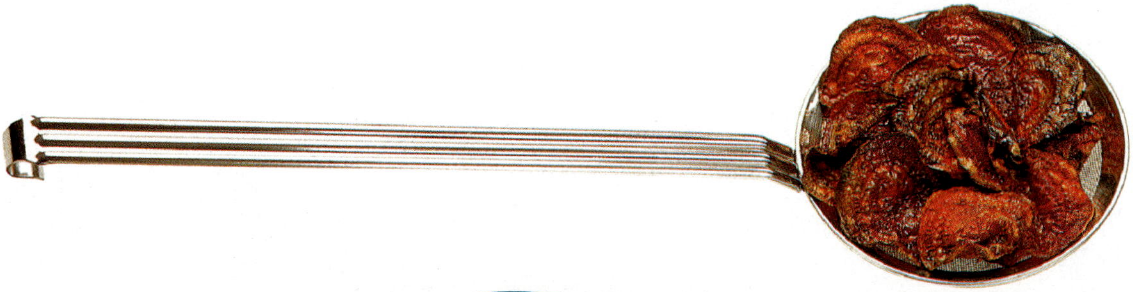

Rote-Bete-Chips

Kartoffelspalten

Süßkartoffel-Chips

Reibekuchen

4 große Kartoffeln, geschält • je 1/2 TL Salz und Pfeffer • 2 EL feingehackte Petersilie • 60 g Butter
Für 4–6 Personen

KARTOFFELN in einem großen Topf gerade eben gar kochen. Gut abtropfen und abkühlen lassen und grob reiben; mit Salz und Pfeffer würzen. Petersilie zufügen und gut verrühren.

DEN größten Teil der Butter in einer großen gußeisernen Pfanne erhitzen. 4 leicht gefettete Metallringe oder 4 quadratische Plätzchenausstecher in die Pfanne legen und Kartoffelmasse gleichmäßig bis zum oberen Rand hineinfüllen. Kartoffelmasse dabei flachdrücken. Bei mittlerer Hitze 5–7 Minuten braten, bis sich auf der Unterseite eine Kruste bildet. Nicht anbrennen lassen. Pfanne leicht rütteln, damit die Küchlein nicht festbraten.

REIBEKUCHEN mit einem Spatel vorsichtig wenden. Metallringe oder Plätzchenausstecher lösen und mit einer Zange entfernen. Weitere 4–5 Minuten braten, bis die Küchlein braun und knusprig sind. Aus der Pfanne nehmen und auf Küchenpapier abtropfen lassen. Falls nötig, noch etwas Butter in die Pfanne geben und die restliche Kartoffelmasse genauso verarbeiten.

HINWEIS: Reibekuchen können auch als ein großer Kartoffelkuchen gebraten werden. Dazu die Kartoffelmasse in die Pfanne geben und flachdrücken. 6–8 Minuten bräunen lassen. Mit Hilfe eines Tellers wenden und wieder in die Pfanne gleiten lassen. Auf der anderen Seite nochmals 6–8 Minuten braten. Zum Servieren in Stücke schneiden.

Kürbisbrötchen

300 g Mehl, mit 1/2 TL Backpulver vermischt • 2 TL Zucker • 2 EL Schnittlauchröllchen • 60 g Butter, in Würfel geschnitten • 250 g Kürbispüree (aus etwa 400 g rohem Kürbis) • 1 Ei, leicht verquirlt • 1–2 EL Buttermilch, sowie zusätzliche Buttermilch zum Glasieren
Ergibt etwa 15 Brötchen

BACKOFEN auf 190 °C vorheizen. Flache Backform (28 cm × 18 cm) mit geschmolzener Butter oder Öl bepinseln. Mehl und Zucker in eine große Schüssel sieben. Schnittlauch unterrühren und Butterwürfel zufügen. Mit den Fingerspitzen Butter 2 Minuten mit dem Mehl mischen, bis der Teig feinkrümelig ist.

KÜRBISPÜREE, Eier und Buttermilch in einer Schüssel verrühren. Zur Mehlmischung geben und mit einem Messer einarbeiten.

TEIG auf eine leicht bemehlte Arbeitsfläche legen und 10 Sekunden glatt kneten. Teig leicht zu einer runden, etwa 2 cm dicken Platte formen. 5 cm große Kreise ausstechen.

KREISE in die vorbereitete Backform legen und Oberfläche mit der zusätzlichen Buttermilch bepinseln. 15 Minuten backen, bis die Oberfläche goldbraun ist. Auf einem Kuchengitter abkühlen lassen. Warm oder kalt mit Butter servieren.

Von links: Reibekuchen; Kürbisbrötchen; Grüner Spargel mit Sauce hollandaise

Grüner Spargel mit Sauce hollandaise

200 g Butter • 4 Eigelb • 2 EL Zitronensaft • Salz und Pfeffer • 2 Bund grüner Spargel
Für 4–6 Personen

BUTTER schmelzen. Eigelb in der Küchenmaschine 20 Sekunden verrühren. Heiße Butter in dünnem Strahl zugießen und weiter rühren, bis eine dicke, cremige Sauce entstanden ist. Mit Zitronensaft, Salz und Pfeffer abschmecken.
HOLZIGE Enden vom Spargel abschneiden. Unteren Teil mit einem Gemüseschäler schälen und Spargel in einen Topf mit kochendem Salzwasser geben. Je nach Dicke der Spargelstangen etwa 15 Minuten kochen, bis der Spargel zart ist. Zügig abgießen und auf eine Servierplatte legen. Mit Sauce hollandaise übergießen.

Bratkartoffeln mit frischem Rosmarin

750 g kleine neue Kartoffeln • 30 g Butter • 2 EL Olivenöl • 1 TL frisch gemahlener schwarzer Pfeffer • 2 Knoblauchzehen, zerdrückt • 1 EL feingehackter frischer Rosmarin • 1 TL grobes Meersalz
Für 4–6 Personen

KARTOFFELN waschen und mit Küchenpapier abtrocknen. Kartoffeln halbieren und gerade eben gar kochen oder dämpfen. Abgießen und leicht abkühlen lassen.

BUTTER und Öl in einer großen gußeisernen Pfanne erhitzen. Wenn die Butter aufschäumt, Kartoffeln zufügen und mit der Hälfte des Pfeffers würzen. Bei mittlerer Hitze 5–10 Minuten braten, bis sie goldbraun und knusprig sind, dabei immer wieder wenden.

KNOBLAUCH, Rosmarin und Salz zufügen. 1 Minute weiterbraten. Mit dem restlichen Pfeffer würzen und gut mischen.

Von links: Bratkartoffeln mit frischem Rosmarin; Ratatouille; Gemüse-Tempura

Ratatouille

250 g Auberginen • Salz • 250 g Zucchini • 2 Zwiebeln • je 1 rote und 1 grüne Paprika • Olivenöl zum Braten • 2–3 Knoblauchzehen, zerdrückt • 500 g reife Tomaten, gehackt • 4 EL feingehackte frische Petersilie
Für 4 Personen

AUBERGINEN in grobe Würfel schneiden und in ein Sieb geben. Großzügig mit Salz bestreuen und 20 Minuten ziehen lassen. Zucchini in dicke Scheiben und Zwiebeln in dünne Spalten schneiden. Paprika grob würfeln, Kerne und Trennhäute entfernen.
AUBERGINEN gründlich abspülen und mit Küchenpapier trockentupfen. Etwa 60 ml Öl in einem großen gußeisernen Topf erhitzen. Auberginen und Zucchini portionsweise darin leicht anbraten. Jede Portion auf Küchenpapier abtropfen lassen. Etwas mehr Öl zugeben, Zwiebeln zufügen und unter Rühren 2 Minuten braten. Paprika zufügen und zusammen mit den Zwiebeln bei schwacher Hitze etwa 5 Minuten dünsten, bis sie weich, aber nicht braun sind. Knoblauch zufügen.
TOMATEN zufügen und etwa 5 Minuten schmoren. Auberginen und Zucchini unterrühren und bei schwacher Hitze 10–15 Minuten offen köcheln lassen, bis die Flüssigkeit zum Teil verkocht und die Masse leicht eingedickt ist. Abschmecken. Petersilie unterheben. Warm mit Baguette servieren.

Gemüse-Tempura

125 g Brokkoli • 1 kleine Zwiebel • je 1 kleine rote und 1 grüne Paprika • 1 mittelgroße Möhre • 60 g grüne Bohnen • Pflanzenöl, zum Fritieren • ***Teig:*** *250 ml Eiswasser • 1 Eigelb • 125 g Mehl, gesiebt*
Für 4–6 Personen

BROKKOLI in kleine Röschen teilen. Zwiebel in feine Ringe und Paprika und Möhren in sehr dünne Streifen schneiden. Bohnen auf dieselbe Länge zuschneiden und der Länge nach halbieren.
FÜR DEN TEIG Wasser mit Eigelb in einer Schüssel verrühren. Mehl darüber streuen und leicht mit einer Gabel oder einem Stäbchen unterrühren. (Die Masse enthält viele Klümpchen.)
GEMÜSE mit Mehl bestäuben, überschüssiges Mehl abschütteln. In Teig tauchen und Klümpchen dabei zur Seite schieben; überschüssigen Teig abtropfen lassen.
ÖL in einer mittelgroßen Pfanne erhitzen. Mit einer Zange mehrere in Teig getauchte Gemüsestücke (von jeder Sorte etwa 2 Stück) aufnehmen und vorsichtig einige Sekunden in das heiße Öl halten. Wenn der Teig fest wird und die Gemüse aneinander haften bleiben, Zange loslassen und Gemüse fritieren, bis sie knusprig und goldbraun sind. Auf Küchenpapier abtropfen lassen. Mit dem restlichen Gemüse ebenso verfahren. Sofort mit einem Dip servieren.

Mangoldpastete

1 kg Mangold • 4 EL Olivenöl • 1 große Zwiebel, gehackt • 10 Frühlingszwiebeln, gehackt • 4 EL gehackte frische Petersilie • frischer Dill, gehackt • 1 große Prise Muskat • 4 EL frisch geriebener Parmesan • 150 g Feta, zerkrümelt • 4 EL Hüttenkäse • 4 Eier, verquirlt • Salz und Pfeffer • 6 Scheiben Blätterteig • 30 g Butter, zerlassen

Für 4–6 Personen

DICKE weiße Stiele vom Mangold abschneiden. Blätter gründlich waschen und überschüssiges Wasser abschütteln. Mangold grob hacken und in einen großen Topf geben. Zudecken und bei schwacher Hitze etwa 5 Minuten dünsten, bis die Blätter weich sind. Das auf den Blättern zurückgebliebene Wasser reicht zum Garen aus. Geben Sie acht, daß die Blätter nicht am Topfboden anbraten. Gut abgießen und überschüssiges Wasser ausdrücken.

ETWA 3 EL Öl in einer Pfanne erhitzen. Zwiebelwürfel zufügen und bei schwacher Hitze etwa 10 Minuten andünsten, bis sie sehr weich und goldgelb sind. Frühlingszwiebeln zufügen und weitere 3 Minuten dünsten. Von der Herdplatte nehmen. Petersilie, Dill, Muskat, Käse, Mangold und leicht verquirlte Eier zufügen und mit Salz und Pfeffer abschmecken.

AUFLAUFFORM (30 cm × 18 cm) mit etwas Öl und zerlassener Butter auspinseln. 2 Scheiben Blätterteig in die Auflaufform legen und mit Öl-Butter-Mischung bestreichen. Die Hälfte der Käse-Mangold-Mischung darauf verteilen. Weitere zwei Scheiben Blätterteig auflegen. Restliche Käse-Mangold-Mischung darüber streichen und mit den letzten zwei Blätterteigscheiben abdecken, dabei die Teigränder nach unten in die Auflaufform klappen. Oberfläche mit restlicher Öl-Butter-Mischung bepinseln. Teigoberfläche mit einem scharfen Messer rautenförmig einschneiden. Im mäßig heißen Backofen bei 180 °C etwa 40–45 Minuten backen, bis die Pastete goldbraun ist. In Stücke schneiden und warm servieren.

HINWEIS: Anstelle von Mangold kann auch die gleiche Menge Spinat verwendet werden. Dabei können auch die Stiele gehackt und mitgegart werden. Hüttenkäse kann auch durch frischen Ricotta ersetzt werden.

Kartoffelgratin

600 g Kartoffeln, geschält und halbiert • 375 ml Milch • Salz und frisch gemahlener schwarzer Pfeffer • 170 ml Sahne • 1/2 TL Muskat • 100 g Cheddar, gerieben • 3 EL frisch geriebener Parmesan • 30 g Butter • Pfefferkörner, zum Bestreuen
Für 4 Personen

AUFLAUFFORM mit einem Durchmesser von 20 cm einfetten. Backofen auf 180 °C vorheizen. Kartoffeln in kaltem Wasser 5 Minuten einweichen, abgießen. Kartoffelscheiben schichtweise überlappend in die Auflaufform legen, mit Salz und Pfeffer verrührte Milch darüber gießen. 20 Minuten in den Ofen stellen, bis die Kartoffeln halb gar sind. Flüssigkeit abgießen. SAHNE und Muskat in einer Schüssel verrühren und über die Kartoffeln gießen. Käse darüber streuen. Mit Butterflöckchen belegen. Temperatur des Backofens auf 160 °C reduzieren und Gratin weitere 40 Minuten fertiggaren. Sofort servieren. Mit Pfefferkörnern bestreuen.

Kartoffeln Hasselback

60 g Butter, zerlassen • 4 mittelgroße Kartoffeln, geschält und halbiert • 2 EL Semmelbrösel • 3 EL frisch geriebener Parmesan • 3 EL geriebener Cheddar • 1 EL feingehackte Petersilie
Für 4 Personen

BACKOFEN auf 200 °C vorheizen. Flache Auflaufform mit etwas zerlassener Butter auspinseln. Jede Kartoffelhälfte mit der Schnittseite nach unten auf ein Schneidebrett legen. Jede Kartoffelhälfte auf der runden Seite mehrmals dicht an dicht einschneiden (zu 2/3 tief) und dann mit der flachen Seite nach unten in die Form legen. Mit zerlassener Butter bepinseln. 30 Minuten backen, dabei gelegentlich neu buttern. SEMMELBRÖSEL mit Käse mischen; gleichmäßig auf den Kartoffeln verteilen und mit Petersilie bestreuen. 15 Minuten weiterbacken, bis die Kartoffeln goldbraun sind.
HINWEIS: Kartoffeln erst kurz vor dem Servieren zubereiten.

Von links: Mangoldpastete; Kartoffelgratin; Kartoffeln Hasselback

Französischer Zwiebelkuchen

150 g Mehl • 1 Prise Salz • 1 Prise Zucker • 125 g kalte Butter, gehackt • 30 g Schmalz (pflanzlich, aus dem Reformhaus) • 3–4 TL Eiswasser • **Füllung:** *50 g Butter • 1 EL Olivenöl • 1 kg braune Zwiebeln, geschält und in dünne Ringe geschnitten • 3 TL Mehl • 3 Eier • 200 ml Crème double • 2 EL Milch • 1 Prise Muskat • Salz • 60 g Gruyère oder Emmentaler, gerieben*

Für 6 Personen

MEHL, Salz, Zucker, Butter und Schweineschmalz in der Küchenmaschine 30 Sekunden kneten, bis die Masse feinkrümelig ist. Nur so viel Wasser zufügen, daß der Teig gerade zusammenhält. Wenn der Teig zu trocken ist, mehr Wasser zufügen. Teig auf einer leicht bemehlten Arbeitsfläche vorsichtig glattkneten.

TEIG zwischen zwei Bögen Backpapier zu einem Kreis ausrollen. Der Kreis sollte so groß sein, daß Boden und Rand einer flachen Tortenbodenform (28 cm Ø) bedeckt sind. Teig vorsichtig in die Form drücken und Ränder glattschneiden. Teig etwa 15 Minuten in den Kühlschrank stellen. Backofen auf 180 °C vorheizen. Backpapier auf den Teigboden legen und getrocknete Bohnen oder Reis auf das Papier streuen. Teig im vorgeheizten Backofen 10 Minuten blindbacken. Papier und Bohnen oder Reis entfernen und weitere 5 Minuten backen. Abkühlen lassen.

BUTTER und Öl in einem großen gußeisernen Topf erhitzen. Zwiebeln zufügen und bei schwacher Hitze unter gelegentlichem Rühren 20–30 Minuten dünsten, bis die Zwiebeln sehr weich und goldgelb sind. Mehl darüber streuen. Unter Rühren 2–3 Minuten dünsten. Von der Herdplatte nehmen und leicht abkühlen lassen.

EIER mit Crème double, Milch und Muskat verrühren. Nach und nach Zwiebeln und die Hälfte des Käses unterrühren. Mischung mit Salz abschmecken. Auf dem Teigboden verteilen, mit restlichem Käse bestreuen und 25–30 Minuten goldbraun backen. Vor dem Servieren mindestens 10 Minuten ruhen lassen.

Karamelisierter Kürbis

500 g Kürbis • 30 g Butter • 2 EL Sahne • 1 EL brauner Zucker • 3 EL Schnittlauchröllchen

Für 4 Personen

KÜRBIS schälen, Trennhäute und Kerne entfernen und Fleisch in dünne Scheiben schneiden. Scheiben überlappend in eine Auflaufform legen.

BUTTER, Sahne und braunen Zucker in einem kleinen Topf bei schwacher Hitze erhitzen. Glattrühren und über den Kürbis gießen.

IM vorgeheizten Backofen bei 180 °C 35 Minuten backen, bis der Kürbis weich ist. Mit Schnittlauchröllchen bestreut servieren.

EINFACHE GEMÜSESUPPEN

Diese einfach zubereiteten Suppen sind eine schöne Vorspeise oder eine eigenständige Mahlzeit. Sie können den Geschmack mit Ihren Lieblingskräutern jederzeit abwandeln.

Kürbiscremesuppe

30 G BUTTER und etwas Öl in einem großen gußeisernen Topf erhitzen. 1 feingehackte große Zwiebel, 2 zerdrückte Knoblauchzehen und 1 Prise gemahlenen Kümmel oder Muskat zufügen. Bei schwacher Hitze dünsten, bis die Zwiebel weich und goldgelb ist. Etwa 1 kg geschälten und in grobe Würfel geschnittenen Kürbis und 550 ml Gemüsebrühe zufügen. Zum Kochen bringen, Hitze reduzieren und zugedeckt 10 Minuten köcheln lassen, bis der Kürbis sehr weich ist. Etwas abkühlen lassen und in der Küchenmaschine oder mit dem Handmixer portionsweise glatt pürieren. Suppe wieder in den Topf füllen. 4 EL Sahne einrühren; abschmecken und eventuell frische gehackte Kräuter zufügen. Vorsichtig erhitzen. Wenn die Suppe dünner sein soll, noch etwas Gemüsebrühe oder Sahne zufügen. Eventuell mit Schnittlauch garnieren.

Kürbiscremesuppe

Spinat-Kartoffel-Suppe

1 LITER GEMÜSEBRÜHE in einem großen gußeisernen Topf erhitzen. 700 g geschälte und in Würfel geschnittene Kartoffeln zufügen. Zum Kochen bringen, Hitze reduzieren und zugedeckt 5 Minuten bei schwacher Hitze köcheln lassen, bis die Kartoffeln weich sind. 450 g gewaschenen, kleingehackten Spinat und 5 kleingehackte Frühlingszwiebeln zufügen. Zugedeckt 3 Minuten weich dünsten. Suppe leicht abkühlen lassen und dann portionsweise in der Küchenmaschine glattrühren. Suppe wieder in den Topf füllen und 150 g saure Sahne zufügen. Abschmecken und vorsichtig erhitzen. Mit einem extra Klecks saurer Sahne, gehobeltem Parmesan und gemahlenem Pfeffer bestreut servieren.

Spinat-Kartoffel-Suppe

Selleriecremesuppe

60 G BUTTER in einem großen gußeisernen Topf erhitzen. 1 kleingehackte Zwiebel zufügen und weich dünsten. 2 Selleriestangen zur Seite legen und den Rest eines Bundes kleinhacken (inklusive der Blätter). Gehackten Sellerie in den Topf geben und bei mittlerer Hitze weich dünsten, aber nicht bräunen. 1 Liter Gemüsebrühe zufügen. Zugedeckt bei schwacher Hitze etwa 20 Minuten köcheln lassen. Leicht abkühlen lassen und portionsweise in der Küchenmaschine pürieren. Suppe wieder in den Topf füllen und 300 ml Sahne und den in feine Scheiben geschnittenen restlichen Sellerie zufügen. Abschmecken; 15 Minuten köcheln lassen, bis der Sellerie weich ist. Mit Croutons, gemahlenem Pfeffer und Kräutern servieren.

Selleriecremesuppe

Lauch-Kartoffel-Suppe

30 G BUTTER und etwas Öl in einem großen Topf erhitzen. 2 zerdrückte Knoblauchzehen und 1 feingehackte Lauchstange zufügen. Bei schwacher Hitze 10 Minuten rühren, bis der Lauch weich und goldbraun ist. 1 Liter Gemüsebrühe und eventuell 3 EL Portwein oder Muskatellerwein zufügen. Aufkochen, Hitze reduzieren und nach und nach 2 in feine Würfel geschnittene Kartoffeln zufügen. Die Suppe sollte leicht köcheln, damit die Kartoffelwürfel nicht aneinander kleben. Wenn die Kartoffeln gar sind, mit Salz und Pfeffer würzen. Sie können die Suppe so servieren oder vorher in der Küchenmaschine pürieren. Mit Baguette und mit frischen Kräutern wie Rosmarin, Petersilie und Schnittlauch bestreut servieren.

Lauch-Kartoffel-Suppe

Französische Zwiebelsuppe

30 G BUTTER und 1 EL Öl in einem großen gußeisernen Topf erhitzen. 500 g geschälte und in feine Ringe geschnittene Zwiebeln zufügen. Rühren, bis die Zwiebeln mit Butter und Öl bedeckt sind. Topf zudecken und bei schwacher Hitze mindestens 10 Minuten dünsten, bis die Zwiebeln weich, aber nicht braun sind. Deckel abnehmen und Salz und Zucker zufügen. Bei schwacher Hitze unter Rühren 30 Minuten dünsten, bis die Zwiebeln eine karamelbraune Farbe haben. Einen gestrichenen EL Mehl darüber streuen und 2 Minuten weiterdünsten. Von der Herdplatte nehmen und nach und nach 2 Liter Gemüsebrühe und 170 ml guten trockenen Weißwein zufügen. Bei schwacher Hitze 30–40 Minuten köcheln lassen und bei Bedarf Schaum von der Oberfläche abschöpfen. Abschmecken und zum Servieren mit frischem Kerbel garnieren und eine Scheibe Baguette, die mit Käse bestreut ist, dazureichen. Kurz vor dem Servieren kann auch ein Schuß Weinbrand der Suppe zugefügt werden.

Französische Zwiebelsuppe

Tomaten-Paprika-Suppe

3 GROSSE PAPRIKA halbieren und Kerne und Trennhäute entfernen. Paprika mit der Außenseite nach oben unter den vorgeheizten Grill legen und mit etwas Öl bepinseln. Rösten, bis die Haut schwarz wird und Blasen wirft. Leicht abkühlen lassen; Haut abziehen. Fleisch in grobe Würfel schneiden. Etwas Öl in einem großen gußeisernen Topf erhitzen. 1 große feingehackte rote Zwiebel und 1–2 zerdrückte Knoblauchzehen zufügen. Bei mittlerer Hitze 3 Minuten weich dünsten. Paprika, 1 EL Tomatenmark und 6 gehäutete und entkernte, große reife Tomaten zufügen. 2 Minuten kochen. 900 ml Gemüsebrühe zufügen. Bei schwacher Hitze offen 10–15 Minuten einkochen lassen. Leicht abkühlen lassen und Suppe portionsweise in der Küchenmaschine pürieren. Suppe wieder in den Topf füllen und vorsichtig erhitzen. Abschmecken und kurz vor dem Servieren 3 EL feingehacktes Basilikum zufügen. Eventuell mit Oregano und Paprikastreifen garnieren.

Tomaten-Paprika-Suppe

Spinat-Ricotta-Gnocchi

4 Scheiben Weißbrot • 125 ml Milch • 500 g tiefgefrorener Spinat, aufgetaut • 250 g Ricotta • 5 EL frisch geriebener Parmesan, plus etwas gehobelter Parmesan zum Garnieren • 3 Eier • 1/2 TL Muskat • Salz und Pfeffer • Butter, zerlassen
Für 4–6 Personen

BROT entrinden und in eine flache Form legen. Mit der Milch übergießen und 10 Minuten einweichen. Überschüssige Flüssigkeit aus dem Spinat drücken und Spinat zusammen mit Brot, Käse, Eiern, Muskat, Salz und Pfeffer in die Küchenmaschine geben. 20 SEKUNDEN in der Küchenmaschine verrühren. 1 Stunde kühl stellen. Fingerspitzen leicht mit Mehl bestäuben und gehäufte Teelöffel der Masse zu kleinen flachen Klößchen formen.

SALZWASSER in einem mittelgroßen Topf zum Sieden bringen; jeweils 5 Gnocchi darin etwa 2 Minuten garen, bis sie an die Oberfläche kommen. Mit einem Schaumlöffel herausnehmen und auf vorgewärmte Teller legen. Mit zerlassener Butter übergießen und mit gehobeltem Parmesan und zerstoßenem Pfeffer bestreuen. Sofort servieren.

Bohnenkasserolle

300 g getrocknete dicke Bohnen • 3 EL Olivenöl • 2 Zwiebeln, in Ringe geschnitten • 2 Knoblauchzehen, zerdrückt • 500 g kleine Auberginen, in dicke Scheiben geschnitten • 500 g kleine Zucchini, in dicke Scheiben geschnitten • 800 g geschälte Tomaten aus der Dose, zerdrückt • 125 ml Weißwein oder Apfelsaft • 2 EL Tomatenmark • 2 EL gehackter frischer Thymian • Zucker • Salz und Pfeffer • 300 g Feta, in Würfel geschnitten • 12–18 schwarze Oliven

Für 6 Personen

BOHNEN über Nacht in Wasser einweichen. Abgießen, mit frischem Wasser bedecken, salzen und ohne Deckel 20 Minuten kochen. Abschütten und abtropfen lassen. Backofen auf 160 °C vorheizen.

ÖL in einem großen Topf erhitzen, Zwiebeln und Knoblauch zufügen und bei mittlerer Hitze 5 Minuten weich dünsten. Auberginen- und Zucchinischeiben zufügen und 5 Minuten dünsten, dabei gelegentlich umrühren. Tomaten, Wein oder Apfelsaft, Tomatenmark und Thymian zufügen und zum Kochen bringen. 5 Minuten köcheln lassen, mit Zucker, Salz und Pfeffer abschmecken.

GEKOCHTE Bohnen mit dem Gemüse mischen und in eine große Auflaufform füllen. 1 Stunde im Backofen garen, bis die Bohnen weich sind.

FETAWÜRFEL und Oliven unterheben und sofort servieren.

Möhren-Käse-Muffins

220 g Mehl, mit 1/2 TL Backpulver vermischt • 1/2 TL Salz • 230 g Möhren, feingerieben • 2 EL frisch geriebener Parmesan • 2 EL feingehacktes frisches Basilikum • 2 Eier • 4 EL Olivenöl • 250 ml Milch • 12 Würfel (2 cm dick) alter Cheddar oder Gouda
Ergibt 12 große Muffins

BACKOFEN auf 190 °C vorheizen. 12 große Muffinförmchen mit Öl auspinseln. Mehl und Salz in eine große Schüssel sieben, Möhren, Parmesan und Basilikum zufügen.
EIER in einer kleinen Schüssel leicht verquirlen, Öl und Milch zufügen und gut mischen. Flüssigkeit auf einmal zu den trockenen Zutaten gießen und locker rühren, bis alles gut vermischt ist.
JE einen Eßlöffel der Masse in jedes Muffinförmchen geben und einen Käsewürfel darauflegen. Restlichen Teig darüber geben, so daß der Käse völlig bedeckt ist.
25 MINUTEN backen, bis die Muffins gut aufgegangen und leicht gebräunt sind. In den Förmchen 2 Minuten abkühlen lassen und danach auf ein Kuchengitter stürzen. Muffins warm, eventuell mit Butter, servieren und frisches Obst dazu reichen.
HINWEIS: Die Muffins können bei Bedarf in der Mikrowelle kurz aufgewärmt werden.

Gemüseterrine

3 große rote Paprika • 1 EL Olivenöl und zusätzliches Öl zum Braten • 750 g Auberginen • 500 g Zucchini • 500 g reife Tomaten • 25 mittelgroße Basilikumblätter • 300 g Ricotta, gut abgetropft • Rauke und Oliven zum Garnieren
Für 8 Personen

BACKOFEN auf 190 °C vorheizen. Kastenform (21 cm × 14 cm) mit Frischhaltefolie auslegen, so daß die Folie an den Außenseiten herunterhängt.
PAPRIKA vierteln und Kerne und Trennhäute entfernen. Paprika mit der Außenseite nach oben auf ein Backblech legen und mit Öl bestreichen. Im Backofen grillen, bis die Haut schwarz wird und Blasen wirft. In ein Küchenhandtuch wickeln und abkühlen lassen, danach abziehen.
AUBERGINEN und Zucchini der Länge nach in 1 cm dicke Scheiben schneiden. Mit Salz bestreuen; 30 Minuten ziehen lassen, gründlich abspülen und auf Küchenpapier abtropfen lassen. Öl erhitzen und Auberginen- und Zucchinischeiben portionsweise darin weich dünsten; auf Küchenpapier abtropfen und abkühlen lassen. Tomaten häuten, quer halbieren und Kerne entfernen; Tomatenfleisch grob hacken.
BODEN der Kastenform mit der Hälfte der Auberginenscheiben auslegen und darauf schichtweise Tomaten, Basilikumblätter, Ricotta, Paprika und Zucchini anordnen, zwischendurch salzen und pfeffern. Restliche Auberginenscheiben darüber legen.
FEST mit der überhängenden Frischhaltefolie zudecken. Mit einem Teller oder einer Untertasse beschweren und über Nacht in den Kühlschrank stellen.
TERRINE in dicke Scheiben schneiden und mit Rauke und Oliven garnieren. Die Terrine schmeckt köstlich mit Basilikum-Vinaigrette (siehe S. 294).
HINWEIS: Zum Anbraten kann auch eine Mischung aus kaltgepreßtem und normalem Olivenöl verwendet werden.

Spinatsoufflés

50 g Butter • 3 EL Mehl • 250 ml warme Milch • 3 Eier, getrennt • 60 g Cheddar, gerieben • 150 g Spinat, gekocht und kleingehackt • Muskat • Salz und Pfeffer • 4 EL Sahne •4 EL frisch geriebener Parmesan
Für 4 Personen

BACKOFEN auf 210 °C vorheizen. Vier Souffléförmchen (etwa 1/4 l Inhalt) mit etwas zerlassener Butter auspinseln und den Boden mit einem Kreis Alufolie auslegen. Folie wiederum mit zerlassener Butter bepinseln.

BUTTER in einem mittelgroßen Topf erhitzen; Mehl zufügen und bei schwacher Hitze 2 Minuten rühren, bis die Mehlmischung goldgelb ist. Nach und nach Milch zugießen und glattrühren. Bei mittlerer Hitze ständig weiterrühren, bis die Masse kocht und eindickt; eine weitere Minute kochen und von der Herdplatte nehmen. 3 Eigelb und Cheddar zufügen und glattrühren. Spinat zufügen und mit Muskat, Salz und Pfeffer abschmecken.

MIT dem elektrischen Handmixer Eiweiß in einer kleinen trockenen Schüssel steif schlagen. Mit einem Holzlöffel vorsichtig unter die Spinatmasse heben.

MASSE gleichmäßig auf die Förmchen verteilen. Gefüllte Förmchen in eine flache Auflaufform stellen. So viel heißes Wasser in die Auflaufform füllen, daß die Förmchen bis zur Hälfte im Wasser stehen. 20 Minuten backen, bis die Soufflés schön aufgegangen und goldbraun sind. Sofort aus dem Wasserbad nehmen und völlig auskühlen lassen. (Die Soufflés fallen in sich zusammen.)

ZUM SERVIEREN: Backofen auf 190 °C vorheizen. Mit einem Messer um den Rand der Souffléförmchen fahren und Soufflés vorsichtig in 4 eingefettete flache ofenfeste Förmchen gleiten lassen; Alufolie entfernen. 1 EL Sahne über jedes Soufflé geben und je 1 EL Parmesan darüber streuen. 15 Minuten backen, bis die Soufflés wieder gut aufgegangen und goldbraun sind. Sofort servieren.

HINWEIS: Die Soufflés können schon am Vortag zubereitet und vorgebacken werden.

Gefüllte Auberginen

2 mittelgroße Auberginen • Salz • 4 Eiertomaten • 125 g Cheddar • Olivenöl • frisches Basilikum

Für 2–4 Personen

AUBERGINEN der Länge nach halbieren. Schnittfläche mit Salz bestreuen und 30 Minuten ziehen lassen. Salz abspülen und mit Küchenpapier trockentupfen. Auberginen mit der Schnittfläche nach unten auf ein Brett legen und der Länge nach 4 tiefe Einschnitte anbringen (nicht durchschneiden).

AUFLAUFFORM mit Öl bepinseln und Backofen auf 180 °C vorheizen. Tomaten in Scheiben und Käse in etwa genauso große Quadrate schneiden und in die Einschnitte der Auberginen stecken. In die vorbereitete Auflaufform legen.

AUBERGINEN mit Olivenöl beträufeln und etwa 40 Minuten garen. Wenn sie weich sind, aus dem Ofen nehmen und auf Teller legen. Basilikum in feine Streifen schneiden und über die Auberginen streuen. Sofort mit Baguette servieren.

GEMÜSEPÜREES

Es gibt fast nichts schöneres als eine Schüssel mit cremigem Gemüsepüree, denn es erinnert uns an die Kindheit. Durch Pürieren kann man aus den einfachsten Gemüsesorten ein leckeres Gericht zaubern, das bei groß und klein gleichermaßen gut ankommt.

Auberginen-Kichererbsen-Püree

2 GROSSE AUBERGINEN der Länge nach halbieren und rundum mit Olivenöl bepinseln. Auf ein Backblech legen und im vorgeheizten Backofen bei 180 °C 1 Stunde garen, bis das Fleisch weich und zart ist. Fleisch von der Schale abkratzen und zusammen mit etwa 400 g gut abgetropften Kichererbsen aus der Dose in der Küchenmaschine pürieren. 4 geschälte Knoblauchzehen, Zitronensaft und genügend Olivenöl zugeben, daß eine glatte Masse entsteht. Mit Salz und Pfeffer würzen. Mit Zitronensaft abschmecken und servieren.

Cremiges Kartoffel-Möhren-Püree

4 KARTOFFELN und 5 große Möhren schälen und in Würfel schneiden. Separat weich dünsten. Kartoffeln abgießen und zu einem fast glatten Püree zerdrücken. 30 g Butter, 1–2 zerdrückte Knoblauchzehen, 2–3 EL Crème double, Salz und Pfeffer zufügen. Mit einem Holzlöffel so lange schlagen, bis das Püree cremig ist. Möhren abgießen und in der Küchenmaschine zu einer glatten Paste pürieren. 3–4 TL Ahornsirup, 1 TL gemahlener Kümmel, Salz und Pfeffer zufügen und glattrühren. Schnittlauchröllchen unterrühren. Kartoffel- und Möhrenpüree in einer Schüssel spiralartig verrühren. Mit Schnittlauchröllchen oder gehackten Frühlingszwiebeln garnieren.

Auberginen-
Kichererbsen-Püree

Cremiges
Kartoffel-Möhren-Püree

Apfel–Sellerie-Püree

2 GROSSE GRÜNE ÄPFEL schälen, entkernen und in 8 Spalten schneiden. In eine Schüssel mit kaltem Wasser und einigen Spritzern Zitronensaft legen, damit sie sich nicht verfärben. 2 große Knollensellerie schälen, Boden und Kappe abschneiden und Sellerie in grobe Würfel schneiden. Zu den Äpfeln in das Wasser legen. Gut abtropfen lassen und Äpfel- und Selleriestücke in eine Auflaufform geben. 80 ml Gemüsebrühe, 1 EL Zitronensaft, 3 TL braunen Zucker, 1/4 TL Gewürzmischung (Zimt, Nelke, Koriander, Muskat etc.) und 30 g zerlassene Butter verrühren und darüber gießen. Im mäßig vorgeheizten Backofen bei 180 °C zugedeckt 1 Stunde garen. Backofentür öffnen und während der Garzeit mehrmals mit

Apfel-Sellerie-Püree

einem Kochlöffel umrühren. Abgießen, Saft auffangen und Äpfel und Sellerie mit 30 g Butter, Salz und Pfeffer in der Küchenmaschine glattrühren. Wenn das Püree zu dick wird, etwas vom aufgefangenen Saft tropfenweise zufügen. Zum Servieren frisch gehackten Majoran oder Petersilie unterrühren.

Pastinakenpüree mit Paprika

1 ROTE Paprika vierteln und Kerne, Stiel und Trennhäute entfernen. Die Viertel mit der Außenseite nach oben auf ein Backblech legen und mit Öl bepinseln; 10 Minuten von oben grillen, bis die Haut schwarz wird und Blasen wirft. Aus dem Backofen nehmen und sofort in ein Küchenhandtuch wickeln oder in eine Papier- oder Plastiktüte legen und verschließen; Paprika etwa 10 Minuten ruhen lassen, bis sie so weit abgekühlt ist, daß sie angefaßt werden kann. Schwarze Haut vorsichtig abziehen und wegwerfen. Fruchtfleisch in Streifen schneiden. Paprika beiseite stellen. 1 kg junge Pastinaken schälen, würfeln und in einen Topf mit 375 ml Gemüsebrühe geben. Zugedeckt 15 Minuten gerade eben gar kochen. Abgießen, etwas abkühlen lassen und mit 60 g Butter in der Küchenmaschine pürieren. In einen sauberen Topf geben und 3 EL Sahne unterrühren. Nach Geschmack würzen. Vorsichtig unter Rühren erhitzen, in eine vorgewärmte Servierschüssel füllen und mit Paprika bestreuen. Schmeckt hervorragend zu gegrillten Lamm- oder Kalbskoteletts.

Süßkartoffel-Quitten-Püree

Pastinakenpüree mit Paprika

Süßkartoffel-Quitten-Püree

1 KG SÜSSKARTOFFELN schälen und in dicke Scheiben schneiden. Salzwasser in einem großen Topf zum Kochen bringen. Süßkartoffelscheiben und 2 TL Zitronensaft zufügen. Wasser wieder aufkochen lassen, Topf zudecken und bei mittlerer Hitze 10–15 Minuten kochen. Abgießen und etwas abkühlen lassen. 2 Quitten schälen, entkernen, in Würfel schneiden und in einen Topf mit 375 ml Gemüsebrühe geben. Zudecken und 10 Minuten weich kochen. Abgießen, Gemüsebrühe auffangen und leicht abkühlen lassen. Süßkartoffeln mit 30 g Butter und 1 EL der aufgefangenen Gemüsebrühe in der Küchenmaschine glattpürieren und wieder in den Topf geben. Quitten mit 30 g Butter und 1 EL der aufgefangenen Brühe in der Küchenmaschine glattpürieren, zu dem Süßkartoffelpüree geben und gut verrühren. 2 EL Sahne und 1/2 TL gemahlenen Kümmel zufügen und mit Salz und Pfeffer kräftig abschmecken. Unter ständigem Rühren vorsichtig erhitzen; heiß servieren.

HINWEIS: Außerhalb der Quittensaison können ersatzweise feste, reife Birnen verwendet werden.

Topinambursuppe

60 g Butter • 2 mittelgroße Zwiebeln, feingehackt • 500 ml Gemüsebrühe • 375 ml Milch • 1 kg Topinambur • 125 ml Sahne • Salz und Pfeffer • 1 EL Schnittlauch, in Röllchen geschnitten
Für 4 Personen

BUTTER in einem großen gußeisernen Topf erhitzen. Zwiebeln zufügen und bei mittlerer bis starker Hitze 5 Minuten goldgelb dünsten. Gemüsebrühe und Milch zufügen und zum Kochen bringen; beiseite stellen.
TOPINAMBUR schälen und halbieren; sofort in die Suppe geben. Wieder zum Kochen bringen, zudecken, Hitze reduzieren und 20 Minuten köcheln lassen, bis die Topinambur gar sind. Abkühlen lassen.
SUPPE portionsweise in der Küchenmaschine oder mit dem Handmixer pürieren. In einen sauberen Topf füllen, Sahne zufügen und mit Salz und Pfeffer würzen; erhitzen, aber nicht mehr kochen. Mit Schnittlauchröllchen bestreuen und sofort servieren.

Blumenkohlsuppe mit Koriander

30 g Butter • 1 Zwiebel, feingehackt • 2 TL feingehackte Zitronenmelisse • 750 g Blumenkohl, gehackt • 500 ml Gemüsebrühe • 500 ml Milch • 125 ml Kokoscreme aus der Dose • 1 EL feingehackter frischer Koriander • 1 rote Chilischote, in Scheiben
Für 4 Personen

BUTTER in einem großen Topf zerlassen, Zwiebel und Zitronenmelisse zufügen und bei mittlerer Hitze 3 Minuten unter Rühren weich dünsten.
BLUMENKOHL, Gemüsebrühe und Milch zufügen und zum Kochen bringen. Hitze reduzieren, Deckel aufsetzen und 15 Minuten köcheln lassen, bis der Blumenkohl weich ist. Abkühlen lassen.
SUPPE portionsweise pürieren. In einen sauberen Topf füllen und Kokoscreme und Koriander zufügen. Suppe erhitzen, aber nicht mehr kochen. Mit Chilischoten garniert servieren.

Von links: Topinambursuppe; Blumenkohlsuppe mit Koriander; Lauch-Apfel-Suppe mit Parmesan-Walnuß-Brot

Lauch-Apfel-Suppe mit Parmesan-Walnuß-Brot

4 mittelgroße Lauchstangen • 100 g Butter • 3 mittelgroße grüne Kochäpfel, geschält, entkernt und gewürfelt • 1 1/4 l Gemüsebrühe • 2 TL frischer Thymian • Salz und Pfeffer • ***Parmesan-Walnuß-Brot:*** *1 Baguette • 60 g Butter, zerlassen • 4 EL gehackt Walnüsse, • 5 EL frisch geriebener Parmesan*
Für 4 Personen

LAUCH in feine Scheiben schneiden, dabei auch ein wenig vom grünen Teil mitverwenden. Butter in einem großen Topf erhitzen, Lauch zufügen und bei schwacher Hitze 10 Minuten weich dünsten, dabei ab und zu umrühren. Äpfel und Gemüsebrühe zufügen; zum Kochen bringen, Deckel aufsetzen und 20 Minuten köcheln lassen. Abkühlen lassen.
SUPPE portionsweise in der Küchenmaschine pürieren. In einen sauberen Topf füllen, Thymian zufügen und mit Salz und Pfeffer abschmecken; vorsichtig erhitzen. Mit Parmesan-Walnuß-Brot servieren.
FÜR DAS BROT Baguette in 5 mm dicke Scheiben schneiden und von beiden Seiten leicht mit zerlassener Butter bepinseln. Scheiben auf ein Backblech legen. Mit Walnüssen und Parmesan bestreuen. Im vorgeheizten Backofen bei 180 °C 8 Minuten goldbraun und knusprig backen.
HINWEIS: Am besten Baguette vom Vortag verwenden.

Teigpäckchen mit Kartoffeln und Kümmel

2 große Kartoffeln (400 g), geschält und in Würfel geschnitten • 60 g Butter • 2 kleine Zwiebeln, feingehackt • 3 Knoblauchzehen, zerdrückt • 1 TL gemahlener Kümmel • Salz und Pfeffer • 2 Eier, hartgekocht und feingehackt • 5 EL feingehackter frischer Koriander • 375 g Blätterteig • 125 g Butter, zerlassen
Ergibt etwa 35 Päckchen

BACKOFEN auf 200 °C vorheizen. Kartoffeln weich kochen, abgießen und cremig pürieren.
BUTTER in einem kleinen Topf erhitzen, Zwiebeln zufügen und 7–10 Minuten unter gelegentlichem Rühren weich dünsten. Knoblauch und Kümmel zufügen, mit Salz und Pfeffer würzen; weitere 3 Minuten dünsten.
KARTOFFELPÜREE, Zwiebelmasse, Eier und Koriander verrühren. Eventuell nachwürzen.
VOM Blätterteig eine Scheibe abnehmen und auf die Arbeitsfläche legen. Restliche Scheiben mit einem feuchten Küchenhandtuch abdecken, damit sie nicht austrocknen. Die Scheiben nacheinander ausrollen und die Oberfläche mit Butter bepinseln.
RÄNDER glattschneiden und Teig in etwa 10 cm × 10 cm große Quadrate schneiden. Jeweils einen Teelöffel der Füllung in die Mitte geben, Teigränder hochnehmen und zu einem Päckchen zusammendrücken.
15–20 MINUTEN im Backofen goldbraun backen. Warm servieren.

Spinatravioli mit getrockneten Tomaten

150 g gekochter Spinat, feingehackt • 250 g Ricotta, gut abgetropft • 2 EL frisch geriebener Parmesan • 1 EL Schnittlauchröllchen • 1 Ei, leicht verquirlt • 200 g Nudelteig • ***Sauce:*** *4 EL kaltgepreßtes Olivenöl • 3 EL Pinienkerne • 100 g sonnengetrocknete Tomaten, in Scheiben geschnitten*
Für 4 Personen

SPINAT mit Ricotta und Parmesan, Schnittlauch und der Hälfte des verquirlten Eis in einer mittelgroßen Schüssel gut mischen und abschmecken.
NUDELTEIG zu zwei dünnen Platten ausrollen. Eine Platte in regelmäßigen Abständen mit je $1\frac{1}{2}$ TL der Masse belegen. Zwischenräume leicht mit dem restlichen Ei bestreichen und die zweite Nudelteigplatte darüber legen. Ränder fest aneinanderdrücken. Mit einem Kreisausstecher (7 cm Ø) runde Ravioli ausstechen.
RAVIOLI in einem großen Topf mit kochendem Salzwasser 4 Minuten kochen (am besten portionsweise; jede Portion nach dem Kochen warm halten.) Ravioli mit dem Schaumlöffel herausheben und vorsichtig mit der Sauce verrühren. Sofort servieren.
FÜR DIE SAUCE Zutaten in einem großen Topf verrühren und langsam erhitzen.

Thailändisches Gemüsecurry

1 EL Öl • 1–2 TL rote Currypaste • 375 ml Kokosmilch • 3 TL Fischfond • 3 TL brauner Zucker • 1/4 TL Safran • 2 getrocknete Limonenblätter • 2 EL feingehackter frischer Koriander • 2 mittelgroße Möhren, geschält und in dicke Scheiben geschnitten • 6 gelbe Butter-Squash, halbiert • 250 g Blumenkohlröschen • 125 g grüne Bohnen, in Stücke geschnitten • etwa 400 g Babymais aus der Dose, abgetropft • 125 g Zuckerschoten, geputzt • 1 EL feingehacktes frisches Basilikum
Für 4 Personen

ÖL und Currypaste in einem mittelgroßen Topf bei schwacher Hitze 3 Minuten andünsten.
KOKOSMILCH, Fischfond, Zucker, Safran, Limonenblätter und die Hälfte des Korianders zufügen. Zum Kochen bringen, Deckel aufsetzen und die Sauce 10 Minuten köcheln lassen.
MÖHREN in einem großen Topf mit kochendem Salzwasser 2 Minuten kochen. Squash, Blumenkohl und Bohnen zufügen, wieder zum Kochen bringen und weitere 2 Minuten garen. Gut abtropfen lassen.
GEMÜSE wieder in den Topf geben und Sauce, Babymais, Zuckerschoten, Basilikum und restlichen Koriander zufügen. 3 Minuten köcheln lassen. Limonenblätter entfernen.
MIT Reis servieren.

Lauchtarte mit Ziegenkäse

Teig: *200 g Mehl, gesiebt • 125 g Butter, in Würfel geschnitten • 2 Eigelb • 80–120 ml kaltes Wasser •* ***Füllung:*** *4 Lauchstangen (etwa 2 kg) • 125 g Butter • 1 Ei • 125 ml Sahne • 3 TL Dijonsenf • 1 EL gehackter Thymian • 250 g Ziegenkäse*
Für 4–6 Personen

MEHL mit Butter in der Küchenmaschine 30 Sekunden kneten, bis die Masse feinkrümelig ist. Eigelb und 80 ml Wasser zufügen. 20 Sekunden kneten, bis sich eine Kugel formt. Wenn der Teig zu trocken ist, mehr Wasser zufügen. Auf die leicht bemehlte Arbeitsfläche stürzen und zügig zu einem weichen Teig kneten. Zu einer Kugel formen, in Frischhaltefolie wickeln und etwa 20 Minuten in den Kühlschrank legen.

FÜR DIE FÜLLUNG Enden und harte grüne Teile vom Lauch abschneiden. Lauch sorgfältig waschen, der Länge nach halbieren und in dünne Scheiben schneiden. Butter in einer Pfanne erhitzen. Lauch unter häufigem Rühren bei schwacher Hitze 20–30 Minuten weich dünsten. Abschmecken und abkühlen lassen.

BACKOFEN auf 190 °C vorheizen. Teig zwischen zwei Bögen Backpapier 5 mm dick ausrollen. Der Kreis sollte groß genug sein, um Boden und Rand einer Tortenbodenform (28 cm Ø) auszukleiden. Teig vorsichtig in die Form drücken, Ränder glattschneiden und Backpapier auf den Boden legen. Getrocknete Bohnen oder Reis darüber geben und 10–15 Minuten blindbacken. Aus dem Ofen nehmen und Papier und Bohnen oder Reis entfernen. Weitere 10 Minuten knusprig und goldbraun backen. Teig in der Form auskühlen lassen.

EI mit Sahne, Senf und Thymian in einer großen Schüssel verrühren; gut mischen. Ein Viertel des Ziegenkäses zerkrümeln und mit dem abgekühlten Lauch unterrühren. Masse vorsichtig in die Teigform füllen und restlichen zerbröckelten Käse darüber streuen. Tarte 45–55 Minuten backen, bis die Oberfläche goldbraun und die Mitte fest ist. Warm oder abgekühlt servieren.

Gefüllte Champignons

6 große flache Champignons • 2 EL Öl • 1 kleine Zwiebel, feingehackt • 2 Knoblauchzehen, zerdrückt • 100 g Semmelbrösel • 1 EL feingehackte Petersilie • je 2 TL feingehackter Thymian und Rosmarin • Salz und Pfeffer • 70 g Parmesan, feingerieben
Für 2–4 Personen

BACKOFEN auf 180 °C vorheizen. Backblech mit zerlassener Butter oder Öl bepinseln; Champignons abbürsten; Stiele herausdrehen, putzen und fein hacken. Öl in einer Pfanne erhitzen und Zwiebel zufügen. Einige Minuten glasig dünsten, danach Knoblauch und gehackte Pilzstiele unterrühren; eine weitere Minute dünsten.

ZWIEBELMISCHUNG in eine Schüssel geben und abkühlen lassen. Semmelbrösel, Kräuter und Parmesan zufügen und gut mischen. Mit Salz und Pfeffer abschmecken. Füllung in die vorbereiteten Champignons geben und gefüllte Champignons auf das vorbereitete Backblech setzen. 20 Minuten backen, bis die Pilze weich sind und die Füllung goldbraun ist. Sofort servieren.

Von links: Gefüllte Champignons; Würziges Maisbrot; Grüne Spargelsuppe mit Koriander.

Würziges Maisbrot

3 Maiskolben, ohne Hüllblätter und Fasern • 2–3 frische, scharfe grüne oder rote Chilischoten, entkernt und gehackt • 3 Frühlingszwiebeln, feingehackt • 250 g Maismehl • 250 g Mehl, mit 1/2 TL Backpulver vermischt • 1 EL Zucker • 3 Eier, verquirlt • 125 ml Öl • 300 ml Buttermilch • 2 Knoblauchzehen, zerdrückt, nach Geschmack
Für 6–8 Personen

BACKOFEN auf 180 °C vorheizen. Eine längliche Kastenform (30 cm × 20 cm) oder eine tiefe quadratische Form (23 cm × 23 cm) mit zerlassener Butter oder Öl auspinseln. Boden mit Backpapier auslegen. Maiskörner von den Kolben lösen und mit Chilischoten und Frühlingszwiebeln in eine Schüssel geben. Maismehl und Mehl mit dem Zucker in eine große Schüssel sieben, salzen und pfeffern.

IN die Mitte eine Vertiefung drücken und Eier, Öl, Buttermilch und Knoblauch hineingeben. Mischung mit einem Holzlöffel gut verrühren. Mais und Chilischoten zufügen und in die vorbereitete Form füllen. 45–55 Minuten backen, bis das Brot fest und goldbraun ist. Es ist fertig, wenn an einem Stäbchen, das in die Mitte gesteckt wird, kein Teig mehr haften bleibt.

MAISBROT in der Form noch mindestens 5 Minuten ruhen lassen. Warm mit Butter servieren.

Grüne Spargelsuppe mit Koriander

500 g grüner Spargel • 1 l Gemüsebrühe • 4 Frühlingszwiebeln, feingehackt • Salz und Pfeffer • 30 g Butter • gehackte Blätter von 1/2 Bund Koriander • 60 ml Sahne
Für 4 Personen

HOLZIGE Enden vom Spargel entfernen und den Rest in kleine Stücke schneiden. GEMÜSEBRÜHE in einem großen Topf aufkochen. Spargel in die Brühe geben und 10 Minuten garen. Abkühlen lassen. Portionsweise in der Küchenmaschine pürieren. Mit Salz und Pfeffer abschmecken. SUPPE wieder in den Topf geben und Frühlingszwiebeln, Butter und Koriander zufügen. Kurz aufkochen, von der Herdplatte nehmen und Sahne unterrühren; sofort servieren.

GEMÜSEPUFFER

Kartoffelpuffer mit Mascarpone, Chilisauce und Limette

4 GROSSE KARTOFFELN schälen und mit der Küchenmaschine grob raspeln. In ein Sieb geben und unter kaltem Wasser gründlich spülen. Mit Küchenpapier sehr gut trockentupfen, restliche Feuchtigkeit ausdrücken. Zusammen mit 3 feingehackten Frühlingszwiebeln, 2 zerdrückten Knoblauchzehen, 3 EL feingehacktem Koriander, 2 leicht verquirlten Eiern und 4 EL Mehl in eine Schüssel geben. Gut mischen und mit Salz und Pfeffer abschmecken. In einer Pfanne etwa 2 EL Olivenöl und 2 EL Butter erhitzen, etwas Teig in die Pfanne geben und flachdrücken. Portionsweise bei mittlerer Hitze 3–4 Minuten von jeder Seite goldbraun braten. Auf Küchenpapier abtropfen lassen. Chilisauce mit frischem Limettensaft, feingeriebener Limettenschale und einer Prise braunem Zucker verrühren. Auf jeden Puffer einen Klecks Mascarpone geben und mit der Chilisauce servieren.

Kartoffelpuffer mit Mascarpone, Chilisauce und Limette

Gebratene Tomaten mit Basilikum-Vinaigrette

FESTE ROTE UND GRÜNE TOMATEN in 1 cm dicke Scheiben schneiden. Scheiben auf jeder Seite in Polenta (Maisgrieß) wälzen und überschüssigen Grieß abschütteln. In mäßig heißem Olivenöl von jeder Seite 2–3 Minuten goldbraun braten. Auf Küchenpapier abtropfen lassen und heiß mit Basilikum-Vinaigrette servieren.
FÜR DIE BASILIKUM-VINAIGRETTE 3 EL Olivenöl und 2 EL Balsamico-Essig oder Zitronensaft verrühren. 2 zerdrückte Knoblauchzehen, 1 TL Zucker, Salz, Pfeffer und etwas feingehacktes Basilikum zufügen.

Gebratene Tomaten mit Basilikum-Vinaigrette

Thailändische Maispfannkuchen mit Chilisauce

MAISKÖRNER von 2 frischen Maiskolben in eine Schüssel geben. 2 feingehackte Frühlingszwiebeln, 2 EL feingehackte Korianderzweige, 2 zerdrückte Knoblauchzehen, 2 TL zerdrückte grüne Pfefferkörner, 2 EL Speisestärke, 2 verquirlte Eier, 1 EL Fischfond und 2 TL braunen Zucker zufügen. Mit einem Holzlöffel alles gut mischen. Etwas Öl in einer gußeisernen Pfanne mäßig heiß werden lassen. Teig eßlöffelweise in die Pfanne geben und Pfannkuchen portionsweise von jeder Seite goldbraun backen; auf Küchenpapier kurz abtropfen lassen. Sofort mit Chilisauce servieren.

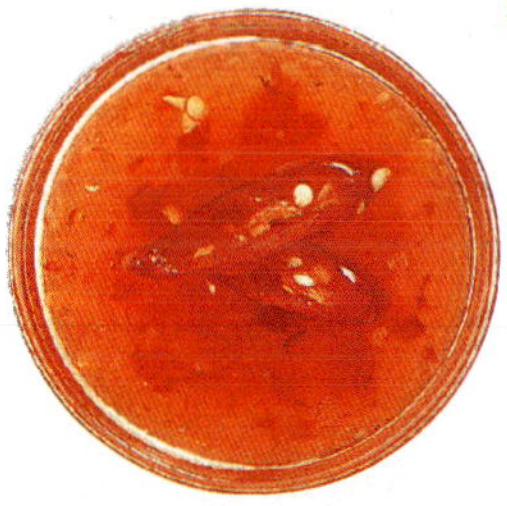

Thailändische Maispfannkuchen mit Chilisauce

Ausgebackener Blumenkohl mit Mango-Chutney

EINEN KLEINEN BLUMENKOHL in Röschen teilen. Waschen und trockentupfen. 100 g Kartoffelmehl, 3 EL Mehl mit einer Prise Backpulver, 1 TL Kümmel und 1/2 TL Natron in eine Schüssel sieben. In die Mitte eine Vertiefung drücken. 1 verquirltes Ei mit 170 ml Wasser und 200 g Joghurt mischen und in die Vertiefung geben. Glattrühren und etwa 10 Minuten ruhen lassen. Einen Topf zur Hälfte mit Öl füllen und mäßig erhitzen. Blumenkohlröschen in Teig tauchen, überschüssigen Teig abschütteln und Röschen portionsweise 3 Minuten fritieren. Abtropfen lassen und heiß mit Mango-Chutney servieren.

Gemüsepuffer mit Tomatendip

2 KARTOFFELN, 1 Möhre, 2 Zucchini und eine halbe Süßkartoffel schälen und grob raspeln. Gemüse portionsweise mit den Händen ausdrücken. In eine andere Schüssel geben und 3 in feine Scheiben geschnittene Frühlingszwiebeln unterheben. Mit 2 EL Mehl bestäuben und 3 verquirlte Eier unterrühren. Etwas Öl in einer Bratpfanne erhitzen und jeweils 3 EL Teig in die Pfanne geben und mit einer Gabel zu einem 10 cm großen Kreis ausbreiten. Puffer portionsweise von jeder Seite 2–3 Minuten knusprig braten. Abtropfen lassen.
FÜR DEN TOMATENDIP eine feingehackte Zwiebel in etwas Öl und Butter anbraten. 2 TL gemahlenen Kümmel und braunen Zucker, 1 TL zerdrückte Koriandersamen, 2 zerdrückte Knoblauchzehen, 1 EL Tomatenmark, 1 große gehackte Tomate, 2 EL Sultaninen und 2 TL Balsamico-Essig zufügen. Bei mittlerer Hitze 5–10 Minuten dünsten, bis die Flüssigkeit zum Teil verkocht und die Sauce eingedickt ist. Etwas Thymian zufügen und zu den Gemüsepuffern servieren.

Ausgebackene Artischockenherzen mit Knoblauch-Mayonnaise

GUT 400 G ARTISCHOCKENHERZEN aus der Dose abtropfen lassen; trockentupfen und der Länge nach halbieren. 60 g mit etwas Backpulver vermischtes Mehl und 100 g Reismehl in eine große Schüssel sieben; mit Salz und Pfeffer würzen. In die Mitte eine Vertiefung drücken; 1 Ei und 200 ml Milch unter Rühren zufügen, bis der Teig glatt ist. Ein steif geschlagenes Eiweiß unterheben. Artischockenherzen mit Mehl bestäuben und in den Teig tauchen, überschüssigen Teig abschütteln und Artischocken in mäßig heißem Erdnußöl 2–3 Minuten goldbraun ausbacken.
FÜR DIE KNOBLAUCH-MAYONNAISE 5 EL selbstgemachte Mayonnaise mit 2 zerdrückten Knoblauchzehen, 1 EL frischem Oregano, Salz und Pfeffer verrühren.

Ausgebackener Blumenkohl mit Mango-Chutney

Gemüsepuffer mit Tomatendip

Ausgebackene Artischockenherzen mit Knoblauch-Mayonnaise

Gebackene Paprika mit Kapern

4 kleine rote oder gelbe Paprika • 4 Eiertomaten • 50 g Sardellenfilets aus dem Glas • 3 EL Olivenöl • 2 Knoblauchzehen, zerdrückt, nach Geschmack • 2–3 EL Kapern • 2–3 EL feingehackte Petersilie

Für 4–6 Personen

BACKOFEN auf 200 °C vorheizen. Paprika der Länge nach halbieren und Kerne und Trennhäute entfernen. Mit der Schnittfläche nach oben in eine flache Auflaufform legen. Tomaten der Länge nach halbieren und jeweils eine Hälfte in die Mitte jeder Paprikahälfte legen.

EINIGE SARDELLENFILETS darauf legen. Öl und Knoblauch in einer Schüssel gut verrühren und über die Paprika träufeln. Mit Kapern, etwas Petersilie, Salz und Pfeffer würzen; 1 Stunde backen, bis die Paprika weich sind.

WARM oder lauwarm servieren. Saft aus der Auflaufform darüber träufeln. Dieses Gericht ist eine hervorragende Beilage zu gegrilltem Fisch oder Steak vom Holzkohlengrill.

Italienisches Fladenbrot mit Tomaten und Oliven

1 1/2 TL Trockenhefe • 2 EL warmes Wasser, und zusätzlich 300 ml • 125 ml Olivenöl • 450 g Mehl • 2 TL feines Meersalz • Mehl zum Kneten • 4 Zwiebeln, in dünnen Ringen • 1 TL gehackter frischer Rosmarin • 12 schwarze Oliven, entsteint und gehackt • 6 sonnengetrocknete Tomaten, in dünne Streifen geschnitten • Meersalz
Für 6–8 Personen

HEFE in einer großen Schüssel mit 2 EL warmem Wasser verrühren. 5 Minuten gehen lassen, bis die Hefe aufschäumt. Restliches Wasser und 2 EL Öl zufügen. Ungefähr ein Viertel des Mehls und des Meersalzes einrühren. Restliches Mehl und Salz nach und nach zufügen, bis der Teig eine weiche Kugel bildet. Auf einer bemehlten Arbeitsfläche 8–10 Minuten kneten, bis der Teig glatt und geschmeidig ist.
TEIG in eine leicht geölte Schüssel geben, mit Frischhaltefolie abdecken und an einem warmen Ort gehen lassen, bis sich sein Volumen verdoppelt hat. Das dauert etwa 1 1/2 Stunden.
RESTLICHES ÖL in einer großen Pfanne erhitzen. Zwiebeln zufügen und bei schwacher Hitze 20 Minuten dünsten, bis sie goldbraun sind. Mit Rosmarin bestreuen und weitere 5 Minuten dünsten. Zwiebelmischung in einer Schüssel mit Oliven und Tomaten verrühren.
TEIG mit der Faust flachdrücken und auf einer gut bemehlten Arbeitsfläche portionsweise die Zwiebelmischung einarbeiten – in diesem Stadium sieht die Mischung noch ziemlich ölig aus. So formen, daß das Brot in eine Backform (26 cm × 34 cm) paßt. Oberfläche mit Frischhaltefolie und einem Küchenhandtuch abdecken und gehen lassen, bis sich das Volumen verdoppelt hat (etwa 1–1 1/2 Stunden). Den Backofen auf 200 °C vorheizen und das Backblech auf den Boden des Ofens stellen.
ETWA 1 CM GROSSE VERTIEFUNGEN in den Teig drücken. Mit Wasser besprengen und mit Meersalz bestreuen. 125 ml Wasser auf das Backblech im Ofen gießen, die Backform darauf stellen und das Brot 20–25 Minuten goldbraun backen. Sofort auf ein Kuchengitter stürzen und auskühlen lassen.

Kürbissoufflés

4 kleine Kürbisse (z. B. Golden Nuggets), je 350–400 g • 60 g Butter • 3 EL Mehl • 170 ml Milch • 3 Eier, getrennt • 50 g Gruyère, gerieben • Salz und Pfeffer
Für 4 Personen

BACKOFEN auf 210 °C vorheizen. Kappe von den Kürbissen abschneiden und Kerne und Fasern herausschaben. Kürbisse in eine Auflaufform legen und Form mit Alufolie abdecken; 1 Stunde backen. Kürbis aus der Auflaufform nehmen und auf einem Kuchengitter abtropfen lassen.
MIT einem Löffel aus Metall das weiche Fleisch bis auf einen kleinen Rand aus den Kürbissen schaben. Kürbisfleisch in einer Schüssel pürieren und abkühlen lassen.
BUTTER in einem kleinen Topf zerlassen, Mehl zufügen und eine Minute rühren, bis es goldgelb ist. Nach und nach Milch zugießen und dabei jedesmal glattrühren. Bei mittlerer Hitze ständig rühren, bis die Masse eindickt; noch eine Minute kochen, dann von der Herdplatte nehmen.
EIGELB und Käse in die Milch geben, Kürbispüree zufügen und rühren, bis eine glatte und cremige Masse entstanden ist. Kräftig mit Salz und Pfeffer würzen. Eiweiß mit dem elektrischen Handmixer steif schlagen und mit einem Löffel unter die Kürbismasse heben. Es sollten keine weißen Streifen mehr zu sehen sein.
KÜRBISSCHALEN bis knapp unter den Rand mit der Masse füllen. Nicht zu voll machen, weil sonst die Füllung beim Backen überläuft. Übriggebliebenes Kürbispüree kann in kleinen Förmchen zusammen mit den gefüllten Kürbissen gebacken werden. Gefüllte Kürbisse in eine Backform legen und 20–25 Minuten backen, bis die Füllung aufgegangen und goldbraun ist. Sofort servieren.

Süße gebackene rote Bete

12 kleine rote Bete • 2 EL Olivenöl • 20 g Butter • $1\frac{1}{2}$ TL gemahlener Kümmel • 1 TL Koriandersamen, leicht zerdrückt • $\frac{1}{2}$ TL Gewürzmischung (Zimt, Nelke, Koriander, Muskat etc.) • 1 Knoblauchzehe, zerdrückt, nach Geschmack • 3–4 TL brauner Zucker • 1 EL Balsamico-Essig
Für 4–6 Personen

BACKOFEN auf 180 °C vorheizen und Backblech mit zerlassener Butter oder Öl auspinseln. Blätter der roten Bete abschneiden und Knollen gründlich waschen. Rote Bete auf das vorbereitete Backblech legen und etwa $1\frac{1}{4}$ Stunden backen, bis sie sehr weich sind. Leicht abkühlen lassen.
ROTE BETE schälen und oben und unten eine kleine Kappe abschneiden. Öl und Butter in einer Pfanne erhitzen. Gewürze und Knoblauch zufügen. Bei mittlerer Hitze etwa 1 Minute andünsten. Zucker und Essig zufügen und 2–3 Minuten rühren, bis der Zucker sich aufgelöst hat.
GESCHÄLTE ROTE BETE in die Pfanne geben. Hitze reduzieren und rote Bete etwa 5 Minuten unter Wenden glasieren. Warm oder abgekühlt servieren.

Fencheltörtchen mit Mascarpone

200 g Mehl • 100 g Butter, in Würfel geschnitten • 60 ml Eiswasser • ***Füllung:*** *2 Fenchelknollen • 1 EL Olivenöl • 30 g Butter • 2 Knoblauchzehen, zerdrückt • 1/2 TL abgeriebene Orangenschale • 250 g Mascarpone • 3 Eier • frisch gemahlener Pfeffer*
Für 6 Personen

MEHL in eine große Schüssel sieben, Butter zufügen und mit den Fingerspitzen zu feinen Streuseln verarbeiten. Fast das ganze Wasser zugießen und mit dem Messer unterkneten. Bei Bedarf restliches Wasser zufügen. Teig zu einer Kugel formen.
TEIG in sechs Portionen teilen und jede Portion so ausrollen, daß Tortelettförmchen damit ausgekleidet werden können. Teig in die Förmchen drücken, Ränder glattschneiden und 20 Minuten kühl stellen. Backofen auf 180 °C vorheizen.
AUF den Teig in jedem Förmchen ein Stück Backpapier legen und Bohnen oder Reis darüber streuen. 10 Minuten blindbacken, aus dem Ofen nehmen und Backpapier und Bohnen oder Reis entfernen. Förmchen wieder in den Backofen stellen und weitere 10 Minuten goldgelb backen. Aus dem Ofen nehmen und abkühlen lassen.
STRUNK und Blätter der Fenchelknollen abschneiden; Fenchelknollen halbieren und in sehr feine Streifen schneiden. Öl und Butter in einem großen Topf erhitzen, Fenchel zugeben und bei schwacher Hitze 45 Minuten unter gelegentlichem Rühren garen. Knoblauch zufügen und weitere 2 Minuten dünsten. Von der Herdplatte nehmen und abkühlen lassen.
ORANGENSCHALE, Mascarpone und Eier in eine kleine Schüssel geben und gut mischen. Fenchel auf die Förmchen verteilen. Eimischung darüber gießen und 25 Minuten backen. Mit Pfeffer bestreuen und warm mit einem Salat servieren.
HINWEIS: Wenn Sie einzelne Förmchen verwenden, alle auf ein Backblech stellen, damit sie einfacher zu handhaben sind.

Pikante Tomatensauce mit Rauke und gebratener Polenta

350 ml Gemüsebrühe • 250 ml Wasser • 150 g Polenta (Maisgrieß) • 5 EL frisch geriebener Parmesan, plus einige Käsehobel zum Garnieren • Olivenöl zum Braten
*• **Tomatensauce mit Rauke:** 1 EL Olivenöl • 1 kleine Zwiebel, feingehackt*
• 2 Knoblauchzehen, zerdrückt • 150 g kleine Champignons, in Scheiben geschnitten
• 3 mittelgroße Tomaten, feingehackt • 1 Bund Rauke, grobgehackt
Für 4 Personen

QUADRATISCHE Backform (20 cm × 20 cm) mit Alufolie auskleiden. Gemüsebrühe und Wasser in einem kleinen Topf mischen und zum Kochen bringen. Polenta langsam unter ständigem Rühren zufügen. Weiterrühren, bis die Polenta die gesamte Flüssigkeit aufgesaugt hat und sehr dick wird. Es dauert etwa 10–15 Minuten, bis die Polentakörner aufgequollen und weich sind. Dabei muß ständig gerührt werden, damit der Grieß nicht anbrennt. Geriebenen Parmesan unterrühren.
MASSE in die vorbereitete Form füllen und Oberfläche glattstreichen. Mindestens 2 Stunden kühl stellen.
FÜR DIE SAUCE Öl in einer Pfanne erhitzen und Zwiebel darin etwa 5 Minuten weich dünsten. Knoblauch zufügen und eine weitere Minute dünsten. Champignons und Tomaten einrühren; weitere 5 Minuten schmoren.
POLENTA aus der Form stürzen und in 4 quadratische Stücke schneiden. Eine Pfanne etwa 5 mm hoch mit Öl füllen, erhitzen und die Polentastücke darin knusprig und goldbraun braten; auf Küchenpapier abtropfen lassen. Rauke zur heißen Tomatensauce geben und rühren, bis sie zusammenfällt. Zum Servieren ein Polentastück auf einen Teller legen und Sauce darüber geben. Mit gehobeltem Parmesan und frischen Thymianzweigen garnieren.

KARTOFFELGERICHTE

Dieses Kapitel widmet sich der allseits beliebten Kartoffel und zeigt ihre vielseitigen Verwendungsmöglichkeiten in der Küche. Unter anderem gibt es Vorschläge, wie Sie bewährte Rezepte – zum Beispiel Kartoffelpüree, Röstkartoffeln aus dem Backofen und Pommes frites – variieren können. Und Sie erfahren, wie sich aus Kartoffelkroketten rasch Kräuter-Käse-Kroketten oder Lachs-Dill-Kroketten zaubern lassen.

DIE VIELSEITIGE KNOLLE

Die Kartoffel gehört so selbstverständlich zu einer warmen Mahlzeit, daß sie auf dem Tisch gar nicht mehr auffällt. Aber trotz ihres einfachen Daseins kann die Kartoffel auf eine lange und abwechslungsreiche Geschichte zurückblicken. Sie war das Lieblingsgericht von Königen, sie wurde an Schweine verfüttert, und der Kartoffelkrieg im Jahre 1840 ging sogar in die Geschichte ein.
Heute hat fast jedes Land seine eigenen Kartoffelspezialitäten: Rösti (Schweiz), Tortilla (Spanien), Pommes frites (Belgien), Kartoffel-Erbsen-Curry (Indien), Gnocchi (Italien) usw. Die Vielseitigkeit, der hohe Vitamingehalt und die günstigen Fett- und Cholesterinwerte machen die Knolle zu einem unschlagbaren Favoriten auf jedem Speiseplan.

KARTOFFELN EINKAUFEN

Von den Hunderten verschiedener Kartoffelsorten, die in Mittel- und Südamerika angebaut werden, sind nur ein paar Dutzend für den Handel bestimmt. Viele Sorten werden sogar ohne nähere Bezeichnung verkauft – im Handel sind sie dann als „alte" oder „neue" Kartoffeln, „gewaschen" oder „ungewaschen" zu finden. Zwei beliebte rote Kartoffelsorten, die unter einer Sortenbezeichnung verkauft werden, sind Pontiac und Désirée. Auf S. 306 sind die gängigsten deutschen Sorten aufgeführt. Häufig werden mehrere Sorten Kartoffeln unter einem gemeinsamen Namen verkauft. Dies ist nicht besonders schlimm, da die Unterschiede sehr gering sind und beim Kochen überhaupt nicht auffallen. Für die Zubereitung ist aber das Kochverhalten wichtig.
FESTKOCHEND ODER VORWIEGEND FESTKOCHEND: Die meisten Kartoffeln sind festkochend. Ihre Schale ist noch verhältnismäßig dünn, und das Fleisch ist gelblich, fast wachsartig, denn sie enthalten weniger Stärke als mehlige Kartoffeln. Festkochende Kartoffeln fallen auch nicht auseinander, wenn sie etwas länger gegart werden als notwendig. Sie eignen sich am besten für Salate, Pommes frites und Brat- oder Röstkartoffeln. Durch ihren hohen Feuchtigkeitsgehalt eignen sie sich nicht für Pürees – sie werden leicht gelatineartig und feucht.
MEHLIGKOCHEND: Aufgrund ihres hohen Stärkegehalts werden sie wunderbar locker, wenn sie im Ofen gebacken oder püriert werden. Beim Kochen oder Fritieren geben sie Stärke ab und sollten deshalb nur für Pommes frites oder Kartoffelsalat verwendet werden, wenn sie vorher eingeweicht wurden.
Auf den ersten Blick ist nur schwer zu erkennen, ob die Kartoffel festkochend oder mehlig ist – Ihr Gemüsehändler kann Ihnen hier sicher weiterhelfen.
Egal ob festkochend oder mehlig, Sie sollten auf jeden Fall Kartoffeln kaufen, die sich fest und schwer anfühlen. Völlig makellose Kartoffeln gibt es kaum, aber Kartoffeln mit weichen Teilen, Augen oder schwarzen oder grünen Verfärbungen sollten nicht gekauft werden. Diese Verfärbungen, die durch Kontakt mit Kalk im Boden oder durch Einschnitte beim Ernten entstehen, beeinträchtigen zwar nicht den Geschmack, müssen aber weggeschnitten werden. Vorgewaschene Kartoffeln sehen vielleicht besser aus, aber durch das Hochdruckreinigungsverfahren werden sie leicht beschädigt und können nicht besonders gut gelagert werden.

LAGERUNG

An einem kühlen, trockenen und dunklen Ort können Kartoffeln mehrere Monate gelagert werden – die Ecke eines Küchenschranks ist dafür gut geeignet. Kartoffeln sollten lose gelagert und nicht im Kühlschrank aufbewahrt werden, da die feuchte Luft die Stärke in Zucker umwandelt. Kartoffeln sollten nicht in direkten Kontakt mit Zwiebeln kommen, weil sie dadurch schneller faulen. Kartoffeln, die unter der Schale grün sind, immer wegwerfen. Sie wurden Licht ausgesetzt, so daß ein giftiges Alkaloid entstanden ist. Weiche oder gekeimte Kartoffeln sind nicht giftig, haben aber fast keine Nährstoffe mehr.

VORBEREITUNG

Die meisten festkochenden Sorten müssen vor dem Kochen nicht geschält werden. Die Schale wird mitgegessen oder kann nach dem Kochen entfernt werden. Für Rezepte wie Ofenkartoffeln bleibt die Schale erhalten, aber wenn die Kartoffel in einer Flüssigkeit wie Bratensauce geschmort wird, sollte sie besser vorher entfernt werden. Die meisten Nährstoffe der Kartoffel liegen direkt unter der Schale, so daß es sich lohnt, sie mitzuessen. Es genügt, sie vor dem Kochen gründlich zu säubern.
Die Kartoffel wird mit einem scharfen Messer oder einem Kartoffelschäler dünn geschält. Augen müssen entfernt

Kartoffeln mit einer Nagel- oder Gemüsebürste unter fließendem Wasser bürsten.

Augen mit dem Ende des Kartoffelschälers oder mit einem Messer entfernen.

werden. Nach dem Schälen sollten die Kartoffeln schnellstmöglich gegart werden – im Wasser werden ihnen die Nährstoffe entzogen.

GARMETHODEN

KOCHEN: Kartoffeln in einen großen Topf mit Salzwasser legen und langsam zum Kochen bringen. Mit einer Gabel die Garprobe machen. Wenn die Kartoffeln gerade gar sind, abgießen, in den trockenen Topf zurücklegen und abdecken. Kartoffeln ein paar Minuten stehen lassen, damit sie noch etwas Dampf absorbieren können. Auf Wunsch können auch frische Kräuter und etwas Butter zugefügt werden. Alternativ können die Kartoffeln zum Ruhenlassen auch in ein sauberes Geschirrtuch gewickelt werden.

GAREN IN DER MIKROWELLE: Ganze Kartoffeln mit Schale: Kartoffel rundum mit einer Gabel einstechen, in Küchenpapier einwickeln. Auf der höchsten

Zum Garen in der Mikrowelle in Küchenpapier wickeln.

Stufe 4–6 Minuten garen, dabei einmal wenden. Bei mehreren Kartoffeln verlängert sich die Garzeit.

Kartoffeln in Würfeln: 2 mittelgroße oder 4 kleine Kartoffeln mit 125 ml Wasser abgedeckt 5–6 Minuten auf höchster Stufe garen. 1 Minute ruhen lassen.

FRITIEREN: Festkochende Sorten verwenden. Kartoffeln in gleichmäßige Stücke schneiden und 30 Minuten in kaltem Wasser einweichen – dadurch wird die Stärke entfernt. Abtropfen lassen und trockentupfen. Kartoffeln in frischem, heißen Pflanzenöl goldgelb fritieren. Herausnehmen und Öl stark erhitzen. Kartoffeln wieder ins Öl geben und knusprig fritieren.

BACKEN: Ungeschälte Kartoffel abbürsten und mit einer Gabel mehrmals einstechen. In Alufolie wickeln. Im vorgeheizten Backofen bei 210 °C etwa 1 Stunde garen. Gelegentlich mit Öl bepinseln. Wenn die Schale besonders

Vor dem Backen mit einer Gabel einstechen, damit die Schale nicht platzt.

knusprig sein soll, mit grobem Meersalz bestreuen. Ein Metallspieß, der vor dem Backen durch die Kartoffel gesteckt wird, verkürzt die Garzeit.

GRILLEN: Kartoffeln schälen und in dicke Scheiben oder Spalten schneiden. Abgießen und trockentupfen. Mit etwas zerlassener Butter oder Öl bepinseln und unter dem mäßig vorgeheizten Grill goldbraun werden lassen. Dabei einmal wenden.

RÖSTEN: Kartoffeln schälen und in

Kartoffeln vor dem Grillen in gleichmäßige Spalten schneiden.

gleichmäßige Stücke schneiden. In kochendem Wasser 5–10 Minuten vorgaren. Abtropfen lassen, Seiten mit einer Gabel einstechen (dadurch wird die Außenseite schön braun) und mit etwas heißem Öl in einen Bräter legen. Im vorgeheizten Ofen bei 210 °C 30–40 Minuten rösten, bis sie goldbraun und knusprig sind.

PÜREE: Kartoffeln schälen und würfeln (je kleiner die Stücke, desto kürzer ist die Garzeit) und in kochendem Salzwasser sehr weich kochen. Gut abtropfen lassen. Die heißen Kartoffeln wieder in den Topf geben und zerstampfen, bis keine Klümpchen mehr vorhanden sind.

Gekochte Kartoffeln mit einem Kartoffelstampfer oder einer Gabel zerdrücken.

Butter nach Geschmack und ein wenig heiße Milch oder Sahne zufügen. Bei Bedarf weitere Flüssigkeit zugeben – das Püree sollte weich und cremig, aber nicht dünnflüssig sein. Kartoffeln nicht in der Küchenmaschine pürieren, sie werden dann klebrig.

Kartoffelpüree mit einer Gabel so lange schlagen, bis es cremig ist.

DIE QUAL DER WAHL

VORWIEGEND FESTKOCHENDE SORTEN sind beispielsweise: Berber, Christa, Désirée, Gloria, Granola, Bison, Sebago. Sie eignen sich für Rösti, Pommes frites oder Pellkartoffeln.

FESTKOCHENDE SORTEN sind beispielsweise: Hansa, Linda, Nicola, Sieglinde, Bintji, Chats, Kipfler, Pink Eye, Pontiac. Sie eignen sich für Salate, als Brat-, Pell- und Salzkartoffeln.

MEHLIGKOCHENDE SORTEN sind: Aula, Irmgard, Likaria und Toolangi Delight. Daraus lassen sich am besten Pürees und Knödel zaubern.

Pink Eye
Désirée
Kipfler
Pontiac
Sebago

Kartoffelpüree (Grundrezept)

4 gleich große Kartoffeln (800 g), geschält und geviertelt • 60–80 ml Milch • 2 EL Butter • Salz und frisch gemahlener schwarzer Pfeffer
Ergibt 4 Portionen

KARTOFFELN in einen großen Topf mit kochendem Salzwasser legen. Knapp gar kochen. Abtropfen lassen und in den Topf zurückgeben. Bei schwacher Hitze Milch zugießen, zügig pürieren und bei Bedarf mehr Milch zufügen. Butter, Salz und Pfeffer unterrühren. Sofort servieren.

Kräuterpüree

DEM KARTOFFELPÜREE 2 EL feingehackten Schnittlauch oder gehackte Petersilie zufügen.

Zwiebelpüree

DEM KARTOFFELPÜREE 1 EL gehackte rote Zwiebeln und 2 EL gehackte Petersilie zufügen.

Knoblauchpüree

DEM Kartoffelpüree 1–2 zerdrückte Knoblauchzehen und 2 EL feingehackte Minze zufügen.

Sahnepüree

BEI DER ZUBEREITUNG des Grundrezepts anstelle der Milch 60 ml Sahne oder Crème fraîche zugeben. Zum Servieren Püree mit 1–2 EL Petersilie oder Schnittlauch bestreuen.

Käsepüree

BEI DER ZUBEREITUNG des Grundrezepts anstelle der Butter 2 EL saure Sahne zufügen; 2–3 EL feingeriebenen Cheddar und 1 TL Dijonsenf zufügen.

Unten, im Uhrzeigersinn von oben links: Kartoffelpüree (Grundrezept); Zwiebelpüree; Sahnepüree; Käsepüree; Knoblauchpüree; Kräuterpüree

Speckpüree

2 Scheiben Schinkenspeck auslassen und fein würfeln; mit Petersilie, Schnittlauch oder Basilikum zum Kartoffelpüree (Grundrezept) geben. Zum Servieren mit Paprika bestreuen.

Duchesse-Kartoffeln

Kartoffeln wie im Grundrezept garen. Abtropfen lassen, wieder in den Topf geben und bei sehr schwacher Hitze unter Rütteln 1–2 Minuten trocknen lassen. Hitzezufuhr abschalten und Kartoffeln pürieren. In einer kleinen Schüssel 1 Ei, 1 Eigelb, 60 ml Sahne, 2 EL geriebenen Parmesan, 1/4 TL Muskat, Salz und frisch gemahlenen schwarzen Pfeffer verquirlen. Zu den Kartoffeln gießen und verrühren, bis das Püree glatt und cremig ist. Kartoffelmasse in einen Spritzbeutel füllen. Mit einer 1,5 cm großen Sternentülle kleine Rosetten auf gefettete Backbleche spritzen. Eventuell mit Eigelb bepinseln. Bei 180 °C 15–20 Minuten goldbraun backen. Mit Paprikapulver bestreuen und heiß servieren.

Gemüsepüree

Die Hälfte der 800 g Kartoffeln im Grundrezept durch Möhren oder Pastinaken ersetzen. Eventuell noch 2 EL gehackte Petersilie zufügen.

Maispüree

1 feingehackte Zwiebel und 1 feingehackte rote Paprika in 20 g Butter weich dünsten, aber nicht bräunen; etwa 120 g Maiskörner aus der Dose abtropfen lassen und zufügen. Unter das Kartoffelpüree (Grundrezept) mischen.

Unten, im Uhrzeigersinn von oben links: Speckpüree; Gemüsepüree; Maispüree; Duchesse-Kartoffeln

Gefüllte Ofenkartoffeln

4 mittelgroße Kartoffeln • 50 g Butter, in vier Würfel geschnitten • Meersalz und frisch gemahlener schwarzer Pfeffer
Ergibt 4 Portionen

KARTOFFELN waschen, abbürsten und abtrocknen. Rundum mit einer Gabel oder einem Spieß einstechen, damit sie gleichmäßig garen. Kartoffeln direkt auf dem Rost des Backofens bei 190 °C 1 Stunde backen, bis sie vollkommen gar sind. Oder Kartoffeln in Küchenpapier wickeln und in die Mikrowelle legen. Auf höchster Stufe 8–10 Minuten garen. Etwa 2 Minuten abkühlen lassen.
OBERFLÄCHE kreuzweise einritzen und Kartoffeln öffnen. Butter, Salz und Pfeffer zufügen. Sofort servieren.

Füllungen

- Butter zufügen und mit feingehackter Petersilie, Schnittlauch, Minze oder Basilikum bestreuen.

- Butter zufügen und mit Knoblauch-, Zwiebel-, Sellerie- oder Paprikapulver bestreuen.

- Butter zufügen und mit frisch geriebenem Parmesan oder Cheddar bestreuen.

- Butter mit 1/2 TL abgeriebener Zitronenschale, 1 TL Zitronensaft und 1 EL feingehacktem Dill vermischen. Kühl stellen.

- Ein kleines Stück Camembert, Brie oder Blauschimmelkäse auf jede Kartoffel legen. Nochmals 2–3 Minuten in den Ofen stellen, bis der Käse etwas verläuft.

- Butter durch saure Sahne oder Naturjoghurt ersetzen. Mit Schnittlauchröllchen oder feingehackter Minze sowie Salz und Pfeffer bestreuen.

- Saure Sahne mit Meerrettich verrühren. Mit Salz, Pfeffer und gehackter Petersilie würzen. Mit Kümmel bestreuen.

- Saure Sahne oder Joghurt mit Zwiebelsuppenpulver verrühren.

- Auf die saure Sahne je einen Klecks roten oder schwarzen Kaviar geben.

- 1 kleine Avocado mit 1 TL Zitronensaft und einem Spritzer Tabasco pürieren und ausgebratene Schinkenwürfel und Schnittlauchröllchen unterheben.

HINWEIS: Wenn die Schale knusprig sein soll, Kartoffeln mit Öl bepinseln und vor dem Backen mit Salz bestreuen.

Von links nach rechts, obere Reihe: Kräuter; Zitronenpfeffer und Dill. 2. Reihe: Avocado und Schinken; Würzbutter; Butter und Käse; Camembert. 3. Reihe: Kaviar; Grundrezept; Saure Sahne und Schnittlauch. Untere Reihe: Französische Zwiebeln; Saure Sahne und Meerrettich

Salzkartoffeln mit Sauce

750 g–1 kg neue oder alte Kartoffeln • 2 EL Butter, zerlassen • 1–2 Knoblauchzehen, zerdrückt • 1 EL frischer Rosmarin • Meersalz und frisch gemahlener schwarzer Pfeffer
Ergibt 4–6 Portionen

KARTOFFELN gründlich unter kaltem Wasser waschen. Große Kartoffeln eventuell halbieren, damit alle Kartoffeln in etwa dieselbe Größe haben und gleichmäßig garen. Kartoffeln kochen, dämpfen oder in der Mikrowelle knapp garen. Sie sollten nicht auseinanderfallen. Gut abschütten.
BUTTER in einem kleinen Topf zerlassen, Knoblauch zufügen und 1 Minute andünsten. Rosmarin, Salz und Pfeffer zufügen. Über die Kartoffeln gießen und gut mischen. Sofort servieren.
HINWEIS: Es können auch andere Kräuter wie Petersilie, Schnittlauch und Estragon oder mehrere Kräuter zusammen verwendet werden. Neue Kartoffeln können normalerweise in der Schale serviert werden. Festkochende Kartoffeln mit gelbem Fleisch und glatter, cremiger Konsistenz eignen sich am besten zum Kochen und Fritieren. Weißfleischige Sorten sind trockener und mehliger. Sie eignen sich besser für Pürees.

SAUCEN

Sauce hollandaise

3 EIGELB, 2 EL Zitronensaft und 1 TL abgeriebene Zitronenschale 30 Sekunden in der Küchenmaschine mischen. Bei laufendem Motor langsam 125 g zerlassene Butter in dünnem Strahl zugießen und dabei weiterrühren, bis die gesamte Butter zugegeben ist. 2 EL feingehackte frische Petersilie, Schnittlauch und Minze zufügen. Vor dem Servieren so über die Kartoffeln gießen, daß sie gerade mit Sauce bedeckt sind.

Mayonnaise

1 EIGELB, 1 EL Essig, Salz, frisch gemahlenen Pfeffer und 1 TL Dijonsenf oder körnigen Senf 30 Sekunden in der Küchenmaschine mischen. Bei laufendem Motor langsam 60 ml Olivenöl in dünnem Strahl zulaufen lassen und weiterrühren, bis das gesamte Öl zugegeben ist. Nach Geschmack würzen und auf Wunsch weiteren Senf und Zitronensaft zufügen. Mayonnaise vor dem Servieren über die Kartoffeln geben, bis diese gerade bedeckt sind.

Sauce béarnaise

125 ML ESTRAGONESSIG, 2 Lorbeerblätter, 1 TL Pfefferkörner und 4 kleingehackte Frühlingszwiebeln in einen kleinen Topf geben und aufkochen lassen. Hitze reduzieren und ohne Deckel auf 2 EL einkochen lassen. Durch ein Sieb gießen. FLÜSSIGKEIT und 5 Eigelb 30 Sekunden in der Küchenmaschine verrühren. Bei laufendem Motor langsam 250 g zerlassene Butter zulaufen lassen und weiterrühren, bis die Butter vollständig zugegeben ist. In eine kleine Schüssel oder eine kleine Sauciere gießen und im heißen Wasserbad warm halten. Vor dem Servieren über die Kartoffeln geben, bis diese gerade bedeckt sind.

Oben, im Uhrzeigersinn von oben links: Salzkartoffeln; Pikante Mayonnaise; Cremige Mayonnaise; Vinaigrette; Sauce hollandaise; Sauce béarnaise

Cremige Mayonnaise

MAYONNAISE mit der gleichen Menge Naturjoghurt oder saurer Sahne verrühren. Feingehackte frische Kräuter wie Estragon oder Schnittlauch zufügen.

Pikante Mayonnaise

MAYONNAISE mit der gleichen Menge Vinaigrette verrühren, nach Geschmack körnigen Senf oder Kräuter unterrühren.

Vinaigrette

80 ML OLIVEN- oder Pflanzenöl, 1 EL Zitronensaft oder Weißweinessig, 2 TL körnigen Senf und 2 TL Honig in ein Schraubglas geben und schütteln. Über die heißen Kartoffeln geben. Wenn gewünscht, feingehackte frische Kräuter dazugeben.

Kartoffelpfanne

500 g kaltes Kartoffelpüree oder gekochte Kartoffelwürfel • 500 g gekochtes Gemüse, gewürfelt, darunter 2–3 Sorten wie Kohl, Möhren, Bohnen, Sellerie, Rosenkohl • 1 Tasse gebratenes Fleisch oder gebratene Wurst, kleingewürfelt, nach Geschmack • 60 g Butter • 1 EL Weißweinessig • Salz und frisch gemahlener schwarzer Pfeffer
Ergibt 4 Portionen

KARTOFFELN, Gemüse und Fleisch oder Wurst in einer großen Schüssel mischen. Butter in einer mittelgroßen gußeisernen Pfanne erhitzen und Kartoffelmischung zugeben; bei mittlerer bis starker Hitze 5 Minuten braten, dabei häufig wenden. MASSE flach- und glattstreichen, weitere 5–10 Minuten braten, bis die Unterseite goldbraun und knusprig ist. Wenden und weitere 5–6 Minuten braten, bis auch diese Seite goldbraun ist. Mit Essig, Salz und Pfeffer würzen. Mit frischen Salbeiblättern garnieren und sofort servieren. Falls gewünscht, Toast dazureichen.
HINWEIS: Dieses Gericht ist ideal, um Gemüsereste vom Vortag zu verwerten. Traditionell besteht die Basis aus Kartoffelpüree und Kohl. Anstelle der Kartoffeln können aber auch Reste von püriertem oder kleingehacktem Kürbis oder Süßkartoffeln zugegeben werden.

Ausgebackene Kartoffelscheiben

3–4 mittelgroße Kartoffeln • 1 Tasse Mehl, mit 1/2 TL Backpulver vermischt • 3 EL Stärke • Salz und Pfeffer • 250 ml Wasser • 1 TL Zitronensaft • 1 EL Öl • Mehl • Öl zum Ausbacken
Ergibt 20 Scheiben

KARTOFFELN schälen und waschen und in 3 mm dicke Scheiben schneiden. Mehl mit Backpulver, Stärke, Salz und Pfeffer in eine Schüssel sieben. In die Mitte eine Vertiefung drücken und langsam 180 ml Wasser zugießen. Zu einem glatten Teig verrühren. Restliches Wasser, Zitronensaft und Öl zugießen. Kartoffelscheiben leicht in Mehl wälzen, überschüssiges Mehl abschütteln. Jede Scheibe in den Teig tauchen und vor dem Ausbacken überschüssigen Teig abtropfen lassen.
SCHEIBEN in mehreren Portionen in mäßig heißem Öl hellgelb ausbacken. Auf Küchenpapier abtropfen lassen. Dann die Temperatur des Öls etwas erhöhen; Scheiben wieder hineinlegen und weitere 1–2 Minuten goldbraun backen. Wieder abtropfen lassen. Sofort mit Zitronenscheiben servieren.
HINWEIS: Ausgebackene Kartoffelscheiben erst kurz vor dem Servieren vorbereiten und goldbraun backen.

Kartoffelsalat mit Mayonnaise

1 kg Kartoffeln • 1 kleine Zwiebel, feingehackt • 4 Frühlingszwiebeln, gehackt • 1 Selleriestange, gehackt • 2 EL Schnittlauchröllchen • 60 ml saure Sahne oder Joghurt • 100 g Salami, in feine Würfel geschnitten • 60 g schwarze oder grüne Oliven • 2 Eier, hartgekocht und geviertelt • ***Mayonnaise:*** *1 Eigelb • 3 TL Weißweinessig oder Zitronensaft • 1/2 TL trockener Senf • Salz und frisch gemahlener schwarzer Pfeffer • 1 Knoblauchzehe, zerdrückt, nach Geschmack • 125 ml Olivenöl*

Ergibt 4–6 Portionen

KARTOFFELN garen; abtropfen lassen, abkühlen und schälen. In 2 cm große Würfel schneiden.

FÜR DIE MAYONNAISE Eigelb, Essig oder Zitronensaft, Senf, Salz, Pfeffer und Knoblauch in der Küchenmaschine zu einer glatten Creme verrühren. Bei laufendem Motor nach und nach Öl in dünnem Strahl zugießen. Gegebenenfalls nachwürzen.

KARTOFFELN, Zwiebel, Frühlingszwiebeln, Sellerie und Schnittlauch in einer Schüssel mischen. Vorsichtig 1/2 Tasse Mayonnaise, die mit saurer Sahne oder Joghurt verrührt ist, unterheben. Salami und Oliven zugeben. In eine Servierschüssel füllen und servieren. Gegebenenfalls mit hartgekochtem Ei garnieren.

HINWEIS: Der Salat kann am Vortag zubereitet und abgedeckt im Kühlschrank aufbewahrt werden. Vor dem Servieren auf Raumtemperatur erwärmen lassen. Zur Abwandlung können anstelle von Salami, Oliven und Eiern 2 Scheiben ausgelassener und in kleine Würfel geschnittener Frühstücksspeck und 3 grobgewürfelte hartgekochte Eier zugefügt werden. Für das Dressing kann die saure Sahne oder der Joghurt je nach Geschmack auch weggelassen und durch 60 ml Vinaigrette und 1/2 TL Currypulver ersetzt werden. Als Alternative können auch etwa 240 g abgetropfte Maiskörner aus der Dose, je 1 kleine grüne und rote Paprika in feinen Würfeln und 1/2 Tasse feingehackte Pekannüsse untergemischt werden.

Kartoffelsalat mit Vinaigrette

1 kg festkochende Kartoffeln, halbiert • 2 EL Rotwein- oder Weißweinessig • 2 EL Rot- oder Weißwein • 1 TL Dijonsenf • Salz und frisch gemahlener schwarzer Pfeffer • 125 ml Öl • 4 Frühlingszwiebeln, feingehackt • 4 Scheiben Frühstücksspeck, ausgelassen und in kleine Würfel geschnitten • 1 rote Paprika, gehackt • 125 g Zuckerschoten, bißfest gegart und abgekühlt • 2–3 EL gehacktes frisches Basilikum • 1 EL gehackter Thymian

Ergibt 4–6 Portionen

KARTOFFELN garen, abgießen und warm halten. Essig mit Wein, Senf, Salz und Pfeffer in einer kleinen Schüssel verrühren. Langsam Öl unterrühren, bis eine cremige Emulsion entsteht. Dressing über die heißen Kartoffeln gießen. Zwiebeln und Speckwürfel zufügen und gut mischen. Paprika, Zuckerschoten und Basilikum unterheben. Mit Thymian garniert bei Raumtemperatur servieren.

HINWEIS: Probieren Sie auch einmal die folgenden Abwandlungen: Schinken, Paprika, Zuckerschoten, Basilikum und Thymian weglassen, statt dessen 2 feingehackte Gewürzgurken, 1 EL Kapern und 3 EL feingehackte Petersilie zufügen. Kurz vor dem Servieren 2 mittelgroße rote Bete, gekocht und in 2 cm große Stücke geschnitten, zufügen. Ersetzen Sie die Speckwürfel durch gewürfelten luftgetrockneten Schinken oder durch Salami. Oder Sie lassen auch die Frühlingszwiebeln weg. Entkernen und enthäuten Sie statt dessen je 1 kleine rote und grüne Paprika (s. S. 246). Abkühlen lassen, schälen und in Streifen schneiden. 1 kleine Zwiebel in Ringe schneiden. 2 Tomaten schälen und vierteln. Zusammen mit 60 g schwarzen Oliven und 60 g zerbröckeltem Feta zum Salat geben.

Kartoffel-Erbsen-Curry

750 g Kartoffeln, geschält • 2 TL braune Senfkörner • 2 EL Öl • 2 Zwiebeln, in Ringe geschnitten • 2 Knoblauchzehen, zerdrückt • 2 TL geriebener Ingwer • 1 TL Safran • Salz und Pfeffer • 1/2 TL Chilipulver • 1 TL gemahlener Kümmel • 1 TL Garam Masala • 125 ml Wasser • 100 g frische oder tiefgekühlte Erbsen • 2 EL gehackte frische Minze

Ergibt 4 Portionen

KARTOFFELN in 2 cm große Würfel schneiden. Senfkörner in einer großen trockenen Pfanne erhitzen, bis sie aufplatzen. Öl, Zwiebeln, Knoblauch und Ingwer zufügen; unter Rühren weich dünsten. Safran, Salz, Pfeffer, Chilipulver, Kümmel, Garam Masala und Kartoffeln zufügen.

RÜHREN, bis die Kartoffeln von der Gewürzmischung überzogen sind. Wasser zugeben; zugedeckt 15–20 Minuten garen; dabei gelegentlich rühren.

ERBSEN zufügen und rühren; zugedeckt 3–5 Minuten garen, bis die Kartoffeln weich sind und die Flüssigkeit aufgesogen ist. Minze untermischen. Nach Belieben mit glatter Petersilie garnieren.

HINWEIS: Garam Masala ist eine indische Gewürzmischung aus Kardamom, Zimt, Kümmel, Pfeffer, Nelken und Muskat.

Rösti

6 mittelgroße Kartoffeln (750 g)
• Salz und Pfeffer• 60 g Butter
Ergibt 4 Portionen

KARTOFFELN in einen großen Topf mit kochendem Wasser geben und darin garen. Abgießen, abtropfen lassen und schälen. Zugedeckt über Nacht kühl stellen.
KARTOFFELN reiben, mit Salz und Pfeffer abschmecken. 40 g Butter in einer mittelgroßen gußeisernen Pfanne erhitzen; wenn die Butter schäumt, Kartoffeln zufügen und fest andrücken. Bei mittlerer bis schwacher Hitze 15–20 Minuten braten, bis die Unterseite goldbraun und knusprig ist. Nicht anbrennen lassen. Pfanne ab und zu rütteln, damit die Rösti nicht festbacken.
GROSSEN Teller über die Pfanne legen und Rösti auf den Teller stürzen. Restliche Butter erhitzen, Rösti wieder in die Pfanne gleiten lassen und weitere 15–20 Minuten braten, bis die Unterseite knusprig und goldbraun ist. In Stücke schneiden und sofort servieren. Nach Geschmack grünen Salat und Kirschtomaten dazu reichen.

Fischsuppe

750 ml Fischfond • 250 g grätenfreie Fischfilets, ohne Haut und in mundgerechte Stücke geschnitten • 250 g Jakobsmuscheln, gesäubert • 1 EL Butter • 2 Scheiben Frühstücksspeck, gehackt • 1 Zwiebel, feingehackt • 1 Selleriestange, feingehackt • 2–3 mittelgroße Kartoffeln, geschält und in Würfel geschnitten • 2 Tomaten, enthäutet, von den Samenkernen befreit und feingehackt • Salz und frisch gemahlener schwarzer Pfeffer • etwa 170 g Krebsfleisch aus der Dose, mit Saft • 250 ml Sahne • 1 EL Stärke • 3 EL feingehackte Petersilie

Ergibt 4–6 Portionen

FISCHFOND in einem großen Topf erhitzen, Fisch und Muscheln darin garen; 1 weitere Minute köcheln lassen. Abgießen und Flüssigkeit auffangen. Fisch und Muscheln abkühlen lassen. Flüssigkeit wieder in den Topf füllen.

BUTTER in einer Pfanne erhitzen, Speck, Zwiebel und Sellerie zufügen. Unter Rühren 5 Minuten schmoren, bis die Zwiebel weich ist.

KARTOFFELN und Tomaten in den Fischfond geben, zum Kochen bringen, Hitze reduzieren und zugedeckt 20 Minuten köcheln lassen, bis die Kartoffeln weich sind. Speckmischung, Salz, Pfeffer und das Krebsfleisch mit Saft in den Topf geben. Sahne mit Stärke verrühren und unterziehen. Langsam aufkochen und köcheln lassen, bis die Suppe leicht eingedickt ist. Petersilie zufügen und servieren.

HINWEIS: Suppe erst kurz vor dem Servieren kochen. Anstelle der Jakobsmuscheln können auch rohe Garnelen verwendet werden.

Frittata

3 EL Olivenöl • 3–4 Knoblauchzehen, zerdrückt • 1 rote Chilischote, feingehackt • 1 weiße Zwiebel, in dünne Ringe geschnitten • 4 Scheiben Frühstücksspeck, in Würfel geschnitten • 2 Kartoffeln, gekocht, geschält und in dünne Scheiben geschnitten • 250 g grüne Erbsen, gekocht • Salz und frisch gemahlener schwarzer Pfeffer • 1/2 TL Muskat • 8 Eier, leicht verquirlt • 1/2 Tasse frisch geriebener Parmesan • 1/2 Tasse frisch geriebener Gruyère oder Cheddar

Ergibt 4–6 Portionen

ÖL in einer mittelgroßen gußeisernen Pfanne erhitzen. Knoblauch, Chilischote, Zwiebel und Speck zufügen und 5 Minuten braten, bis der Speck angebraten ist.

KARTOFFELN zufügen und flach drücken, Erbsen darüber streuen, mit Salz, Pfeffer und Muskat würzen. Eier darüber gießen und bei schwacher Hitze 10–15 Minuten stocken lassen.

BEIDE KÄSESORTEN darüber streuen. Unter den vorgeheizten Grill geben, bis der Käse schmilzt und leicht gebräunt ist. Frittata in Stücke schneiden und sofort servieren. Mit einem Oreganozweig garnieren.

HINWEIS: Wenn Sie die Frittata zu lange braten, wird sie trocken. Dieses Gericht kann warm oder kalt serviert werden. Es eignet sich sehr gut für ein Picknick oder als Teil eines Vorspeisentellers.

Kartoffeln Dauphinois

600 g Kartoffeln, geschält und in dünne Scheiben geschnitten • 300 ml Milch • Salz und frisch gemahlener schwarzer Pfeffer • 160 ml Sahne • 1/2 TL Muskat • 180 g Gruyère oder Cheddar • 2 EL geriebener Parmesan • 30 g Butter

Ergibt 4 Portionen

GRATINFORM mit einem Durchmesser von 20 cm einfetten. Backofen auf 180 °C vorheizen. Kartoffeln in kaltem Wasser 5 Minuten einweichen. Abgießen. Kartoffelscheiben schichtweise in die Form legen, Milch darüber gießen, salzen und pfeffern. 20 Minuten garen. Flüssigkeit abgießen und Kartoffeln herausnehmen. GRATINFORM auswischen und wieder einfetten. Abgetropfte Kartoffelscheiben in die Form legen, Sahne mit Muskat verrühren und über die Kartoffeln gießen. Käse darüber streuen. Butterflöckchen darauf setzen. Backofentemperatur auf 160 °C reduzieren. Gratin 40 Minuten garen, bis die Kartoffeln weich sind. Sofort servieren. Eventuell mit Kräutern garnieren.

HINWEIS: Die Kartoffeln können schon mehrere Stunden zuvor vorgegart und kurz vor dem Servieren fertiggestellt werden. Wenn die Oberfläche des Gratins zu dunkel wird, mit Alufolie abdecken.

Gnocchi mit Tomatensauce

500 g Kartoffeln • 1 Eigelb • 60 g Parmesan, gerieben • 1/4 TL Salz • frisch gemahlener schwarzer Pfeffer • 1 Tasse Mehl • ***Tomatensauce:*** *425 g geschälte Tomaten aus der Dose • 1 kleine Zwiebel, feingehackt • 1 Selleriestange, feingehackt • 1 kleine Möhre, gewürfelt • 1 TL getrocknetes Basilikum • 1/2 TL getrockneter Thymian • 1 Knoblauchzehe, kleingehackt • 1 TL feiner Zucker • Salz und frisch gemahlener schwarzer Pfeffer*

Ergibt 4 Portionen

KARTOFFELN dämpfen. 10 Minuten abkühlen lassen, schälen und pürieren. 2 Tassen Kartoffeln abmessen und in eine Schüssel geben, Eigelb, Parmesan, Salz und Pfeffer untermischen. Nach und nach Mehl zugeben, bis ein leicht klebriger Teig entsteht. 5 Minuten kneten, dabei bei Bedarf mehr Mehl zufügen, bis ein glatter Teig entsteht.

TEIG in 4 Portionen teilen. Jede Portion auf einer leicht bemehlten Arbeitsfläche zu einer 2 cm dicken Rolle ausrollen. 2,5 cm breite Scheiben abschneiden und zu einem Oval formen. Ovale in der bemehlten Hand gegen eine bemehlte Gabel drücken, damit sie etwas flacher werden und auf einer Seite das Gabelmuster aufweisen. Bis zur Weiterverarbeitung abdecken.

GNOCCHI in einem großen Topf ohne Deckel etwa 2 Minuten kochen, bis sie an die Oberfläche steigen. Abgießen. Gnocchi mit Tomatensauce und zusätzlichem, frisch geriebenem Parmesan servieren.

FÜR DIE SAUCE Tomaten, Zwiebel, Sellerie, Möhre, Basilikum, Thymian, Knoblauch, Zucker, Salz und Pfeffer in einem Topf aufkochen und dann bei mittlerer bis schwacher Hitze unter gelegentlichem Rühren 30 Minuten köcheln lassen. Abkühlen lassen und in der Küchenmaschine pürieren. Vor dem Servieren können auch feingehackte Kräuter zugefügt werden.

HINWEIS: Gnocchi können mehrere Stunden zuvor vorbereitet werden. Sie werden dann in einer Lage auf einer Platte ausgebreitet, abgedeckt und kühl gestellt. Die Gnocchi können auch in eine gefettete Auflaufform gelegt, mit Butterflöckchen und 1 Tasse geriebenem Fontina oder Cheddar und 1/2 Tasse geriebenem Parmesan bestreut und 10 Minuten im Backofen bei 240 °C überbacken werden.

Kleine Kartoffelaufläufe

1 EL Öl • 2 Scheiben Frühstücksspeck, feingehackt • 1 mittelgroße Zwiebel, feingehackt • 1 Knoblauchzehe, zerdrückt • 500 g Rinderhack • 2 EL Mehl • 2 TL Senfpulver • 60 ml fertig gekaufte Tomatensauce • 1 EL Worcestersauce • 500 ml Fleischbrühe • 1/2 TL getrocknete gemischte Kräuter • ***Kartoffelkruste:*** *8 große Kartoffeln, geschält und geviertelt • 125–160 ml Milch oder Sahne • 2 EL Butter • Salz und frisch gemahlener schwarzer Pfeffer, • 2 EL zerlassene Butter*
Ergibt 6 Portionen

ÖL in einer großen gußeisernen Pfanne erhitzen. Speck, Zwiebel und Knoblauch zufügen; bei mittlerer Hitze 3 Minuten unter Rühren dünsten. Hackfleisch zufügen; bei starker Hitze 3 Minuten unter Rühren braten, bis das Fleisch rundum gebräunt ist.

MEHL und Senfpulver zufügen; 1 Minute rühren. Tomatensauce und Worcestersauce, Fleischbrühe und Kräuter zufügen; zum Kochen bringen. Hitze reduzieren; ohne Deckel 5 Minuten köcheln lassen, bis die Masse etwas eingedickt ist, dabei gelegentlich umrühren. Abkühlen lassen und auf sechs 11 cm große Auflaufförmchen verteilen.

FÜR DIE KRUSTE Kartoffeln kochen, dämpfen oder in der Mikrowelle garen. Abgießen und pürieren. Milch oder Sahne, Butter, Salz und Pfeffer zufügen.

KARTOFFELMASSE gleichmäßig auf die Förmchen verteilen. Glattstreichen und Oberfläche mit der Gabel aufrauhen. Die Kartoffelmasse kann auch mit dem Spritzbeutel über das Hackfleisch gespritzt werden. Mit zerlassener Butter bestreichen und im vorgeheizten Backofen bei 180 °C 20–25 Minuten goldbraun backen. Mit glatter Petersilie garnieren.

Colcannon

4 mittelgroße Kartoffeln, geschält • 4 Tassen Chinakohl, in feine Streifen geschnitten • 60 g Butter • 3 Frühlingszwiebeln, feingehackt • 160 ml warme Milch • Salz und frisch gemahlener Pfeffer • 1 EL zerlassene Butter• 2 EL feingehackte Petersilie

Ergibt 4 Portionen

KARTOFFELN kochen, dämpfen oder in der Mikrowelle garen, abgießen und mit einer Gabel zerdrücken, bis sie trocken und mehlig sind.

CHINAKOHL in kochendem Wasser 10 Minuten kochen und abgießen. Butter in einer Pfanne zerlassen, Frühlingszwiebeln zufügen und 1 Minute schmoren. Kohl zufügen und nochmals 1 Minute schmoren.

KARTOFFELN und Kohl in einer Schüssel mischen. So viel warme Milch zufügen, bis ein cremiges Püree entsteht. Salzen und Pfeffern. In eine Servierschüssel füllen, mit zerlassener Butter beträufeln und mit Petersilie bestreuen. Mit geräuchertem Schinken oder Pastrami und Tomatenvierteln servieren.

HINWEIS: Dieses Gericht schmeckt frisch zubereitet am besten.

Kartoffelbällchen

400 g Kartoffeln • 30 g Butter, in Würfeln • 125 ml Wasser • 1/2 Tasse Mehl • 2 Eier, leicht verquirlt • 60 g Schnittlauch, in feine Röllchen geschnitten • 60 g Parmesan, frisch gerieben • Öl zum Fritieren • Paprikapulver

Ergibt 4–6 Portionen

KARTOFFELN kochen, dämpfen oder in der Mikrowelle garen; abgießen, schälen und pürieren. 1 1/2 Tassen zurückbehalten. Warm halten.

BUTTER mit Wasser in einem mittelgroßen Topf verrühren. Bei schwacher Hitze rühren, bis die Butter schmilzt. Nicht kochen. Vom Herd nehmen, gesiebtes Mehl auf einmal zugeben. Mit einem Holzlöffel schlagen, bis ein glatter Teig entsteht. Wieder auf die Herdplatte stellen; rühren, bis die Masse sich als Kloß vom Topfboden löst. Vom Herd nehmen und leicht abkühlen. Mischung in eine kleine Schüssel geben, Eier portionsweise zugeben und jeweils gut verrühren. Masse schlagen, bis sie glänzend und fest ist. Es ist nicht unbedingt notwendig, das gesamte Ei zuzugeben.

KARTOFFELN, Schnittlauch und Parmesan unterrühren. Tiefe Pfanne zur Hälfte mit Öl füllen. Masse teelöffelweise in das mäßig heiße Öl geben. 3 Minuten goldbraun fritieren, bis die Bällchen gar sind. Abtropfen lassen und warm halten. Mit Paprikapulver bestreuen. Mit Zitronenscheiben und Salatblättern garnieren.

HINWEIS: Kurz vor dem Servieren zubereiten. Zur Abwechslung die Bällchen vor dem Fritieren in Mandelblättern wälzen. Leicht andrücken. Oder Kartoffelmasse in einen Spritzbeutel mit einer 1 cm großen Tülle füllen. 5 cm lange Stücke vorsichtig in heißes Öl spritzen und mit einer Schere abschneiden. Jeweils 6–8 Stücke auf einmal fritieren.

Schäferpastete

750 g mageres, gekochtes Lammfleisch • 25 g Butter • 2 mittelgroße Zwiebeln, in dünne Ringe geschnitten • 60 g Mehl • 1/2 TL Senf • 375 ml Hühnerbrühe • 2 EL gehackte frische Minze • 1 EL gehackte frische Petersilie • 1/2 TL gemahlener Pfeffer • Salz • 2 EL Worcestersauce • ***Kartoffelkruste:*** *4 große Kartoffeln, gekocht und püriert • 60–80 ml heiße Milch • 30 g Butter • Salz und Pfeffer*

Ergibt 4–6 Portionen

EINE 2 L FASSENDE Kasserolle mit zerlassener Butter oder Öl auspinseln. Backofen auf 210 °C vorheizen. Fleisch von Fett und Sehnen befreien und in kleine Würfel schneiden oder hacken. Butter in einer großen Pfanne zerlassen. Zwiebeln zugeben und darin glasig dünsten. Mehl und Senf darüber streuen. Nach und nach Hühnerbrühe zugeben und glattrühren. Sauce zum Kochen bringen, Hitze reduzieren und 3 Minuten köcheln lassen.

FLEISCH, Minze, Petersilie, Pfeffer, Salz und Worcestersauce gut unterrühren. Von der Herdplatte nehmen und in die Kasserolle geben.

FÜR die Kartoffelkruste Kartoffeln, Milch, Butter, Salz und Pfeffer mischen. Rühren, bis die Masse glatt und cremig ist. Gleichmäßig über das Fleisch streichen oder spritzen; 40–45 Minuten backen, bis die Kartoffelkruste goldbraun ist. Eventuell mit Minzeblättern garnieren.

Kartoffelkroketten (Grundrezept)

750 g Kartoffeln, geschält und gewürfelt • 2 EL Sahne • 1 Ei, leicht verquirlt • 1/4 TL Muskat • Salz und frisch gemahlener Pfeffer • Mehl zum Bestäuben • 2 Eier, leicht verquirlt • 1 1/2 Tassen Semmelbrösel • Öl zum Fritieren
Ergibt 12 Stück

KARTOFFELN kochen, dämpfen oder in der Mikrowelle garen; abgießen und pürieren. Sahne, Eier, Muskat, Salz und Pfeffer unterrühren. Auf einen flachen Teller streichen, abdecken und mindestens 30 Minuten kühl stellen. Masse in 12 gleich große Portionen teilen. Jede Portion zu einer etwa 7 cm langen Rolle formen. Kroketten in Mehl wälzen; überschüssiges Mehl abschütteln. Erst in verquirltem Ei und dann in Semmelbröseln wälzen, bis die Kroketten gleichmäßig paniert sind; überschüssige Semmelbrösel abschütteln. Abdecken und mindestens 2 Stunden kühl stellen.
ÖL in einem tiefen gußeisernen Topf erhitzen. Kroketten in kleinen Portionen etwa 5 Minuten in heißem Öl goldbraun fritieren. Vorsichtig mit einer Zange aus dem Fett heben, auf Küchenpapier abtropfen lassen und warm halten, bis alle Kroketten fertig sind. Sofort servieren.
HINWEIS: Die Kroketten können schon am Vortag zubereitet und bis zum Gebrauch abgedeckt im Kühlschrank aufbewahrt werden. Erst kurz vor dem Servieren fritieren. Die Kartoffeln nicht in der Küchenmaschine pürieren, weil die Masse dadurch zu fein wird.

Kräuter-Käse-Kroketten

DEM GRUNDREZEPT 2 EL Schnittlauchröllchen, 2 EL feingehackte Petersilie und 100 g in kleine Würfel geschnittenen Camembert oder Cheddar zufügen.

Lachs-Dill-Kroketten

DEM GRUNDREZEPT 2 EL gehackten frischen Dill, 2 TL Zitronensaft und 200 g kleingeschnittenen Räucherlachs zufügen.

Pilz-Zwiebel-Kroketten

1 TASSE feingehackte Pilze, 1 kleine feingehackte Zwiebel und 2 EL feingehackte Petersilie in 20 g Butter dünsten. Zusammen mit 80 g frisch geriebenem Parmesan dem Grundrezept zufügen.

Schinken-Mais-Kroketten

1 KLEINE FEINGEHACKTE ZWIEBEL und 2 Scheiben feingehackten Frühstücksspeck in 20 g Butter dünsten und zusammen mit 250 g Maiskörnern aus der Dose und 1 EL Schnittlauchröllchen dem Grundrezept zufügen.

Hähnchen-Schinken-Kroketten

1 TASSE feingehacktes, gebratenes Hähnchenfleisch, 1/2 Tasse geriebenen Cheddar, 60 g gehackte Petersilie und 2 dünne Scheiben luftgetrockneten Schinken, in dünne Würfel geschnitten, dem Grundrezept zufügen.

Schinken-Zwiebel-Kroketten

6 FEINGEHACKTE Frühlingszwiebeln in 20 g Butter dünsten. Zusammen mit 60 g feingehacktem Schinken, 1/2 TL Senfpulver und 1/2 TL Chilipulver dem Grundrezept zufügen.

Thunfisch-Paprika-Kroketten

JE 1/2 feingehackte rote und grüne Paprika, 1 kleine feingehackte Zwiebel und 1 Knoblauchzehe in 20 g Butter andünsten. Zusammen mit 180 g abgetropftem Thunfisch dem Grundrezept zufügen.

Unten, von links: Kartoffelkroketten (Grundrezept); Kräuter-Käse-Kroketten; Lachs-Dill-Kroketten; Pilz-Zwiebel-Kroketten; Schinken-Mais-Kroketten; Hähnchen-Schinken-Kroketten; Schinken-Zwiebel-Kroketten; Thunfisch-Paprika-Kroketten

Hühnersuppe mit Kartoffeln und Galgant

1 kleine Knolle Galgant oder 6 Scheiben getrockneter Galgant • 2 mittelgroße Kartoffeln • 4 Hähnchenfilets • 500 ml Kokosmilch • 500 ml Wasser • 2 Korianderwurzeln, feingehackt • 2 Zitronengrasstengel, gehackt • 1 TL feingehackte frische Chilischote, nach Geschmack • 4 frische Kaffirblätter • 125 ml Kokoscreme • 2 EL Fischfond • Saft von 1 Limette • 1/2 Tasse frische Korianderblätter

Ergibt 4 Portionen

GALGANT schälen und in dünne Scheiben schneiden. Kartoffeln schälen und würfeln, Hähnchen in dünne Streifen schneiden. Galgant, Kartoffeln, Hähnchen, Kokosmilch, Wasser, Koriander, Zitronengras, Chili und Kaffirblätter in einem großen Topf zum Kochen bringen und bei schwacher Hitze ohne Deckel köcheln lassen, bis Kartoffeln und Hähnchenfleisch gar sind. Kokoscreme einrühren und aufkochen lassen. Vom Herd nehmen und mit Fischfond und Limettensaft abschmekken. Mit Korianderblättern bestreut sofort servieren.

HINWEIS: Galgant (thailändischer Ingwer) und Kaffirblätter (frisch, gefroren oder getrocknet) sind in Asienläden erhältlich. Getrockneter Galgant muß 30 Minuten in kochendem Wasser eingeweicht werden. Kaffirblätter können auch durch frische Zitronenblätter ersetzt werden.

Himmel und Erde

5 mittelgroße runde Äpfel • 2 EL Zitronensaft • 1 EL Olivenöl • 2 mittelgroße Kartoffeln, gewürfelt • 1 mittelgroße Zwiebel, gehackt • 4 Scheiben Frühstücksspeck, gehackt • 2 Knoblauchzehen, zerdrückt • 2 EL feingehackter frischer Salbei • 1 EL Apfelessig • Salz und frisch gemahlener schwarzer Pfeffer • 1 EL Olivenöl

Ergibt 4 Portionen

VON 4 ÄPFELN Deckel abschneiden, Äpfel bis auf einen etwa 6 mm dicken Rand mit einem großen Löffel aushöhlen. Innenseite mit Zitronensaft bepinseln. Den 5. Apfel halbieren, Kerngehäuse entfernen und Apfel in kleine Würfel schneiden. ÖL in einer großen gußeisernen Pfanne erhitzen. Kartoffeln, Zwiebel, Frühstücksspeck, Knoblauch und Apfelwürfel zugeben; bei mittlerer Hitze unter gelegentlichem Rühren etwa 10 Minuten dünsten, bis die Kartoffeln weich und goldbraun sind. Salbei und Essig unterrühren und mit Salz und Pfeffer abschmecken.

MASSE in die vier Äpfel füllen und festdrücken. Die beiseite gelegten Apfeldeckel wieder aufsetzen und Äpfel leicht mit Öl bepinseln; im vorgeheizten Backofen bei 180 °C 20 Minuten backen, bis die Äpfel gerade eben weich sind. Mit Würstchen oder gebratenen Schinkenscheiben servieren. Eventuell mit Minze garnieren.

HINWEIS: Die Äpfel verfärben sich nicht, wenn sie mit Zitronensaft beträufelt werden.

Kartoffeln, Pastinaken und Kürbis mit Nußkruste

2 mittelgroße Kartoffeln (450 g) • 1 mittelgroße Pastinake (250 g) • 200 g Kürbis • 1 EL Butter • 1 EL Mehl • 750 ml Milch • 1/2 TL Muskat • Salz und frisch gemahlener schwarzer Pfeffer • ***Nußkruste:*** *1 Tasse geriebene Semmelbrösel • 100 g geröstete Cashewnüsse, grobgehackt • 1 EL Butter*

Ergibt 4 Portionen

KARTOFFELN, Pastinake und Kürbis schälen; Kürbis in große, Kartoffeln und Pastinake in kleine Stücke schneiden. Gemüse in einem großen Topf mit kochendem Wasser in 8 Minuten gerade eben gar kochen. Abtropfen lassen; gegartes Gemüse in einer tiefen Auflaufform verteilen.

BUTTER bei schwacher Hitze in einem Topf zerlassen, Mehl zufügen und gut rühren; 1 Minute anschwitzen. Vom Herd nehmen und nach und nach die Milch zufügen. Topf wieder auf den Herd stellen, unter ständigem Rühren aufkochen, bis die Masse eindickt; eine weitere Minuten kochen. Mit Muskat, Salz und Pfeffer würzen und Sauce über das Gemüse gießen.

BACKOFEN auf 180 °C vorheizen. Semmelbrösel mit Nüssen vermengen und über das Gemüse streuen. Butterflöckchen darauf setzen und 30 Minuten goldbraun backen. Eventuell mit Kresse garnieren.

Kartoffelpizza mit Zwiebeln und Ziegenkäse

125 l warme Milch • 42 g frische Backhefe oder 2 Beutel (je 7 g) Trockenhefe • $^{1}/_{2}$ TL Zucker • Salz • Kartoffelpüree aus 200 g rohen Kartoffeln • 1 Tasse Mehl • 2 EL feingehackte Petersilie • frisch gemahlener schwarzer Pfeffer • Mehl zum Bestäuben • ***Belag:*** *2 EL Olivenöl • 1 kg rote Zwiebeln, in dünne Ringe geschnitten • 200 g rote Paprika, geröstet und in breite Streifen geschnitten • $^{1}/_{2}$ Tasse schwarze Oliven • 50 g Ziegenkäse, zerbröckelt • frisch gemahlener schwarzer Pfeffer*
Ergibt 4 Portionen

MILCH mit zerbröckelter Hefe, Zucker und einer Prise Salz in einer kleinen Schüssel mischen. Schüssel mit Klarsichtfolie abdecken und Teig an einem warmen Ort 10 Minuten gehen lassen. Kartoffelpüree mit Mehl, Petersilie, Salz, Pfeffer und Hefemischung in einer großen Schüssel zu einem weichen Teig kneten. Auf leicht bemehlter Arbeitsfläche 10 Minuten kneten, bis der Teig elastisch ist. Teig wieder in eine große, saubere, leicht eingefettete Schüssel geben. Schüssel mit Klarsichtfolie abdecken und Teig an einem warmen Ort gehen lassen, bis sich sein Volumen verdoppelt hat (50 Minuten – 1$^{1}/_{2}$ Stunden).
ÖL in einer gußeisernen Pfanne schwach erhitzen. Zwiebeln unter gelegentlichem Rühren zugedeckt 20–30 Minuten glasig dünsten; vom Herd nehmen.
TEIG auf bemehlter Arbeitsfläche etwas flachdrücken und weitere 2 Minuten kneten. Backblech oder 2 Pizzaformen gut einölen. Teig auf das Blech bzw. in die Formen legen und mit Zwiebeln, Paprika, Oliven und Ziegenkäse belegen; mit schwarzem Pfeffer bestreuen. Im vorgeheizten Backofen bei 210 °C 20–25 Minuten backen. Sofort servieren.
HINWEIS: Die Zwiebeln können schon am Vortag gedünstet werden. Dünsten Sie sie bei schwacher Hitze, denn verbrannt schmecken sie bitter.

Ungarisches Kartoffelgulasch

4 große Kartoffeln (1,3 kg) • 1 EL Olivenöl • 30 g Butter • 1 mittelgroße Zwiebel, gehackt • 1 rote und 1 grüne Paprika, grobgewürfelt • 440 g geschälte Tomaten aus der Dose • 250 ml Hühnerbrühe • 2 TL Kümmel • 2 TL Paprikapulver • Salz und frisch gemahlener Pfeffer • ***Croutons:*** *250 ml Öl • 4 Scheiben Weißbrot ohne Kruste, gewürfelt*
Ergibt 4–6 Portionen

KARTOFFELN schälen und grob würfeln. Öl mit Butter in einer großen gußeisernen Pfanne erhitzen, Kartoffeln darin bei mittlerer Hitze unter häufigem Wenden braten, bis die Ränder knusprig sind.

ZWIEBELWÜRFEL und Paprika zugeben und 5 Minuten weitergaren. Tomaten mit Saft, Hühnerbrühe, Kümmel und Paprikapulver zugeben, nach Geschmack würzen. Ohne Deckel etwa 10 Minuten garen, bis die Kartoffeln weich sind. Mit Croutons bestreut servieren.

FÜR DIE CROUTONS Öl in einer Pfanne erhitzen. Brotwürfel bei mittlerer Hitze unter häufigem Wenden 2 Minuten goldbraun und knusprig braten. Auf Küchenpapier abtropfen lassen.

Kartoffelspalten nach Südstaatenart

4 mittelgroße Kartoffeln (900 g) • 1–2 EL Cajun-Gewürz • Pflanzenöl
Ergibt 4 Portionen

BACKOFEN auf 210 °C vorheizen. Kartoffeln in Spalten schneiden. Im Cajun-Gewürz wälzen, bis sie gleichmäßig bedeckt sind.

ÖL 1 cm hoch in eine Backform gießen und im Ofen 5 Minuten erhitzen.

KARTOFFELSPALTEN ins heiße Öl geben und darin schwenken. Unter gelegentlichem Wenden 20 Minuten backen, bis die Kartoffeln goldbraun sind. Auf Küchenpapier abtropfen lassen. Sofort mit Tomatensauce und saurer Sahne servieren.

HINWEIS: Dieses Gericht muß sofort serviert werden. Cajun-Gewürz ist Delikatessengeschäften erhältlich.

Amerikanische Kartoffeln nach Shaker Art

3 mittelgroße Kartoffeln • 250 ml Milch • 50 g Butter • Salz und frisch gemahlener schwarzer Pfeffer • frische Thymianzweige
Ergibt 4 Portionen

KARTOFFELN mit Schale in einem großen Topf mit Wasser gar kochen. Abtropfen und vollständig auskühlen lassen. Pellen und in 1 cm dicke Scheiben schneiden.
KARTOFFELN mit der Milch und der Hälfte der Butter bei schwacher Hitze zum Kochen bringen. Unter regelmäßigem Rütteln der Pfanne 15–20 Minuten kochen, bis die Kartoffelscheiben die Milch aufgesaugt haben. Restliche Butter zufügen und sehr vorsichtig mischen. Abschmecken, mit Thymian bestreuen und sofort servieren. Mit Salatblättern garnieren.
HINWEIS: Dieses Gericht ist eine köstliche Beilage zu gebratener Lammkeule und grünem Gemüse.

Gegenüber: Ungarisches Kartoffelgulasch. Unten: Kartoffelspalten nach Südstaatenart; Amerikanische Kartoffeln nach Shaker Art

Kartoffelküchlein mit Apfelmus

650 g Kartoffeln, fein geraspelt • 1 große Zwiebel, feingehackt • 2 TL Selleriesalz oder Fenchelsamen • 3 EL Mehl • 2 Eier, verquirlt • Salz und Pfeffer • Öl zum Braten • 1 Glas fertig gekauftes Apfelmus
Ergibt 4 Portionen

KARTOFFELN gut ausdrücken. Kartoffeln mit Zwiebeln, Selleriegewürz, Mehl, Eiern und Gewürzen in einer großen Schüssel mischen.
IN EINER GROßEN GUSSEISERNEN PFANNE 2 cm Öl erhitzen. Jeweils 2 gehäufte EL der Masse zu flachen Küchlein formen. Von jeder Seite 3 Minuten goldbraun braten. Eventuell mit Rosmarinzweigen garnieren und sofort mit Apfelmus servieren.
HINWEIS: Wenn die Kartoffelraspel gut ausgedrückt werden, spritzt das Öl beim Braten weniger.

Tandoori-Kartoffeln

6 große Kartoffeln (1,7 kg) • 1/3 Tasse fertige Tandoori-Paste • 2 EL Öl •
***Salat:** 1 Salatgurke • 2 mittelgroße reife Tomaten • 1/2 Tasse Minzeblätter*
• 2 EL Zitronensaft
Ergibt 6 Portionen

BACKOFEN auf 180 °C vorheizen und Auflaufform mit Öl auspinseln. Kartoffeln schälen und vierteln. Tandoori-Paste mit Öl verrühren; Paste über die Kartoffeln streichen. 15 Minuten stehen lassen, damit die Kartoffeln das Aroma aufnehmen können.
KARTOFFELN 1 Stunde unter gelegentlichem Wenden backen, bis sie rotbraun, außen knusprig und innen weich sind.
GURKEN und Tomaten in kleine Stücke schneiden, mit in Streifen geschnittenen Minzeblättchen und Zitronensaft verrühren. Eventuell noch zusätzlich würzen. Kartoffeln mit Salat, Joghurt und eventuell indischem Fladenbrot servieren.
HINWEIS: Die Kartoffeln können schon am Vortag mariniert werden. Tandoori-Paste und indisches Fladenbrot (Naan) erhält man in Asienläden oder in den Spezialitätenabteilungen der Supermärkte.

Kartoffelauflauf

1 kleiner Weißkohl • 2 Lorbeerblätter, zerbröckelt • 4 große Kartoffeln, in Scheiben geschnitten • 6 Scheiben Frühstücksspeck, gehackt • 250 g mageres Hackfleisch • 180 g frisch geriebene Semmelbrösel • 1 TL Kümmel (nach Geschmack) • 1/2 TL Paprika • Pfeffer • 125 ml Sahne • 2 Eier, verquirlt • 1 EL Mehl • Salz

Ergibt 4 Portionen

KOHL putzen, vierteln und mit Lorbeerblättern 5 Minuten über kochendem Wasser weich dämpfen. Abkühlen lassen und in dünne Streifen schneiden.

BACKOFEN auf 180 °C vorheizen. Auflaufform mit einem Fassungsvermögen von 1,5 l einfetten und eine Schicht Kohl auf den Boden legen. Die Hälfte der Kartoffelscheiben und die Hälfte des Specks darüber geben. Hack mit Semmelbröseln, Kümmel, Paprika und Pfeffer mischen und über dem Speck verteilen. Restlichen Kohl und Speck darüber geben; mit einer Kartoffelschicht abschließen. Sahne mit Eiern, Mehl, Salz und Pfeffer verrühren und darüber gießen.

ZUGEDECKT 50 Minuten bis 1 Stunde backen, bis die Kartoffeln weich und goldbraun sind. Eventuell mit Basilikum garnieren und sofort servieren.

Kartoffelcurry mit Sesam

4 große Kartoffeln (1,3 kg) • 1 EL Öl • 1 TL Kümmel • 1 TL Koriandersamen • 2 TL Senfkörner • 2 EL Sesam • 1/2 TL Safran • 1 TL feingehackte frische Chilischote • Salz und Pfeffer • 2 TL abgeriebene Zitronenschale • 2 EL Zitronensaft • Korianderblätter zum Garnieren

Ergibt 4 Portionen

GEWASCHENE KARTOFFELN in der Schale kochen, dämpfen oder in der Mikrowelle garen. Abkühlen lassen, schälen und in Stücke schneiden. Öl in einer großen gußeisernen Pfanne erhitzen und Kümmel, Koriander und Senfkörner bei mittlerer Hitze unter ständigem Rühren 1 Minute dünsten. Sesam zugeben; unter Rühren 1–2 Minuten goldbraun braten. Safran, Chili, Salz und Pfeffer, Kartoffeln, Zitronenschale und -saft zufügen. Gut verrühren und heiß werden lassen.
MIT SALZ und Pfeffer abschmecken, mit Korianderblättchen garnieren und mit Naturjoghurt, gedämpftem Brokkoli, Spinat und gekochtem Reis servieren.
HINWEIS: Die Kartoffeln können schon am Vortag gekocht werden. Die Gewürze können auch in einer Gewürzmühle oder einem Mörser zerstampft werden, wenn der Geschmack weniger stark sein soll.

Kartoffelauflauf mit Oliven und Hähnchen

4 große Kartoffeln (1,3 kg), geschält • 4 EL Olivenöl • 2 Knoblauchzehen, zerdrückt • 1 große Zwiebel, feingehackt • 120 g Kasseler- oder Schinkenwürfel • 1 Hähnchenbrustfilet, in Würfeln • 440 g geschälte Tomaten aus der Dose, abgetropft • 60 g entsteinte schwarze Oliven • 250 ml Milch • Salz und frisch gemahlener schwarzer Pfeffer • 2 Eier, verquirlt • 1/4 TL Paprikapulver

Ergibt 4–6 Portionen

BACKOFEN auf 180 °C vorheizen. Kartoffeln in einem großen Topf 15–20 Minuten garen. Abgießen, abkühlen lassen und in dicke Scheiben schneiden.

IN EINER GROßEN PFANNE 2 EL Öl erhitzen; Knoblauch und Zwiebel 5 Minuten glasig dünsten. Schinken, Hähnchen, Tomaten und Oliven zufügen und 20 Minuten einkochen lassen. Restliches Öl in einer anderen Pfanne erhitzen, Kartoffeln zufügen und goldbraun braten. Milch zugießen und verrühren; abschmecken.

DIE HÄLFTE der Kartoffeln in einer tiefen Auflaufform (23 cm Ø) verteilen. Fleischmischung und restliche Kartoffeln darauf verteilen. Eier darüber gießen. Mit Paprikapulver bestreuen. 25 Minuten backen. Mit Lorbeerblättern garnieren und servieren.

HINWEIS: Die Kartoffelmasse kann schon am Vortag vorbereitet werden. Vor dem Einschichten in die Form erst auf Raumtemperatur erwärmen lassen.

Unten, von links nach rechts: Kartoffelauflauf mit Oliven und Hähnchen; Kartoffel-Blumenkohl-Bällchen; Kartoffelkuchen

Kartoffel-Blumenkohl-Bällchen

Tomatensauce: *1 EL Olivenöl • 2 TL feingehackter frischer Ingwer • 1 TL feingehackte frische Chilischote • 1/4 TL Kümmel • Salz und frisch gemahlener schwarzer Pfeffer • 440 g geschälte Tomaten aus der Dose • 2 TL Essig* **• *Kartoffel-Blumenkohl-Bällchen:*** *4 mittelgroße Kartoffeln (900 g) • 2 Tassen Blumenkohlröschen • 1/2 Tasse Mehl • 1 EL Zitronensaft • 2 TL Currypulver • 1/2 Tasse feingehackter frischer Koriander • Salz und frisch gemahlener Pfeffer • Öl zum Fritieren*
Ergibt 20–25 Bällchen

FÜR DIE TOMATENSAUCE Öl in einer mittelgroßen Bratpfanne erhitzen; Ingwer, Chili und Kümmel darin bei mittlerer Hitze 1 Minute unter regelmäßigem Rühren andünsten. Salz und Pfeffer, Tomaten mit Saft und Essig zufügen; aufkochen und 10 Minuten köcheln lassen. Mit dem Pürierstab oder in der Küchenmaschine pürieren.
KARTOFFELN und Blumenkohl raspeln; mit Mehl, Zitronensaft, Currypulver, Koriander, Salz und Pfeffer gut mischen.
MASSE eßlöffelweise zu kleinen Bällchen formen. Öl in einer großen gußeisernen Pfanne erhitzen. Jeweils 2–3 Bällchen bei mittlerer Hitze 4 Minuten goldbraun braten und dabei regelmäßig wenden. Auf Küchenpapier abtropfen lassen. Sofort mit Tomatensauce und Salatblättern servieren.

Kartoffelkuchen

650 g Kartoffeln, grob geraspelt • 2 Eier, verquirlt • 1/4 Tasse Mehl, mit etwas Backpulver vermischt • 60 ml saure Sahne • 6 TL körniger Senf • 1 EL Schnittlauchröllchen • Salz und frisch gemahlener Pfeffer • 2 EL Olivenöl
Ergibt 4–6 Portionen

KARTOFFELN gut ausdrücken; mit Eiern, Mehl, saurer Sahne, Senf, Schnittlauch, Salz und Pfeffer verrühren und gut mischen. ÖL in einer gußeisernen Pfanne erhitzen; Pfanne schwenken, damit Boden und Wände gut mit Öl bedeckt sind. Kartoffelmasse in die Pfanne drücken und 5 Minuten goldbraun braten. Mit Hilfe von 2 großen Bratenwendern (einer oben und einer unten) Kuchen umdrehen; oder Kuchen in 4 Stücke schneiden und einzeln umdrehen. Braten, bis beide Seiten fest und goldbraun sind. Mit Salz und Pfeffer würzen.
WARM oder kalt servieren. Kartoffelkuchen in Stücke schneiden und eventuell mit Salatblättern und eßbaren Blüten (z. B. Kapuzinerkresse) servieren.

Lammpastete in Kartoffelkruste

2 EL Öl • 500 g Lammfleisch von der Keule, in Würfel geschnitten • 1 Zwiebel, feingehackt • 1/2 TL Kümmel • 1 TL Zimt • 1 TL Paprikapulver • 60 g Tomatenmark • 250 ml Wasser • Salz und Pfeffer • 2 Tassen Basmati- oder Langkornreis • 4 mittelgroße Kartoffeln (900 g) • 60 ml Öl • 2 EL Butter, zerlassen

Ergibt 6–8 Portionen

Öl in einer Pfanne erhitzen und Fleisch in 2 Portionen bei mittlerer Hitze anbraten. Auf Küchenpapier abtropfen lassen. Zwiebel, Kümmel, Zimt, Paprika und 2 TL Wasser in die Pfanne geben; 5 Minuten unter Rühren dünsten. Fleisch, Tomatenmark und Wasser einrühren und würzen. Zugedeckt bei schwacher Hitze 45 Minuten schmoren.

Reis 8 Minuten garen. Abtropfen und abkühlen lassen. Kartoffeln schälen und in 2 mm dicke Scheiben schneiden. Mit Öl bepinseln. Boden und Wände einer tiefen Bratpfanne (20 cm Ø) mit Kartoffelscheiben auskleiden. Die Hälfte des Reises darüber geben. Fleisch darauf verteilen und restlichen Reis darüber geben. Zerlassene Butter gleichmäßig über dem Reis verteilen. 2 Lagen Küchenpapier über den Reis legen. Mit dicht schließendem Deckel abdecken. Bei starker Hitze 5 Minuten garen, Hitze reduzieren und 35 Minuten weiter garen, dabei Pfanne ab und zu rütteln.

Mit einem Messer um den Rand der Pfanne fahren und Pastete auf eine Platte gleiten lassen. 10 Minuten ruhen lassen. Zum Servieren stürzen und in Stücke schneiden. Eventuell mit Basilikum garnieren.

Samosas mit Kartoffeln und Cashewnüssen

1 EL Olivenöl • 2 TL feingehackter frischer Ingwer • 3 mittelgroße Kartoffeln (700 g), geschält und gewürfelt • 100 g geröstete Cashewnüsse, gehackt • 3 EL Kokosraspel • 3 EL Kokoscreme • 3 EL feingehackte frische Korianderblätter • Salz und frisch gemahlener Pfeffer • 4 Scheiben Blätterteig • Öl zum Fritieren
Ergibt 4 Portionen

ÖL in einer großen gußeisernen Pfanne erhitzen, Ingwer und Kartoffeln darin bei mittlerer Hitze 8 Minuten unter Rühren andünsten. Cashewnüsse, Kokosraspel, Kokoscreme, Koriander, Salz und Pfeffer zugeben. Abkühlen lassen.
BLÄTTERTEIGSCHEIBEN jeweils vierteln. 3 EL der Füllung in die Mitte jeder Blätterteigscheibe geben; Ränder mit Wasser bepinseln. Teigränder fest zusammenpressen. 15 Minuten kühl stellen.
ÖL in einer Pfanne erhitzen; Samosas darin 6 Minuten goldbraun und knusprig braten. Auf Küchenpapier abtropfen lassen und sofort mit einem Dip aus Gurken, Chili und Joghurt servieren. Eventuell mit Chili und Kerbel garnieren.

Kartoffelsuppe

1 EL Öl • 30 g Butter • 1 große Zwiebel, feingehackt • 3 Frühlingszwiebeln, feingehackt • 4 große Kartoffeln (1,3 kg) • 1 l kräftige Hühnerbrühe • 2 Lorbeerblätter • 250 ml saure Sahne • Salz und frisch gemahlener schwarzer Pfeffer • 1 EL Öl • 2 Knoblauchzehen, feingehackt • 2 EL Kümmel

Ergibt 4 Portionen

ÖL und Butter in einer gußeisernen Pfanne erhitzen. Zwiebel und Frühlingszwiebeln bei schwacher Hitze darin 10 Minuten unter regelmäßigem Rühren dünsten.

3 KARTOFFELN schälen und in grobe Würfel schneiden, zu den Zwiebeln geben und zugedeckt 10 Minuten dünsten. Brühe und Lorbeerblätter zufügen. Zugedeckt 10 Minuten köcheln lassen und saure Sahne zufügen. Abkühlen lassen.

SUPPE in 2 Portionen in der Küchenmaschine oder mit dem Pürierstab 2 Minuten glattrühren. Mit Salz und Pfeffer abschmecken.

DIE VIERTE KARTOFFEL schälen und würfeln. Öl und Knoblauch in einer Pfanne erhitzen. Kartoffelwürfel bei starker Hitze darin braun und knusprig braten. Suppe vorsichtig wieder erhitzen und mit den Kartoffelwürfeln und Kümmel garniert servieren.

HINWEIS: Die Suppe kann am Vortag zubereitet, aber noch nicht püriert werden. In einem Topf ohne Deckel 5 Minuten erhitzen (nicht mehr kochen).

Kartoffel-Käse-Brot

3 Tassen Mehl, mit 1 TL Backpulver vermischt • 1/2 TL Salz • 1 TL Natron • 30 g Butter, zerlassen • Kartoffelpüree aus 300 g rohen Kartoffeln • 1 Ei, verquirlt • 125–200 ml Milch • 1 Tasse geriebener Cheddar

Ergibt 4 Portionen

BACKOFEN auf 180 °C vorheizen. Backform (20 cm Ø) mit zerlassener Butter auspinseln. Boden mit Backpapier auslegen. Mehl, Salz und Natron in eine große Schüssel sieben.

BUTTER, Kartoffelpüree, Ei, Milch und Käse gut verrühren. Der Teig sollte sich fest anfühlen.

TEIG in die vorbereitete Form füllen. Oberseite einschneiden. 40–45 Minuten backen und auf ein Kuchengitter stürzen.

WARM mit Butter servieren.

REGISTER

Übersetzung aus dem Englischen und Redaktion:

Pasta-Variationen
Übersetzung: Judith Kunze (für Regine Ermert)
Redaktion: Regine Ermert

Geflügel für jede Gelegenheit
Übersetzung: Katrin Mai (für Kölner Grafik Büro)
Redaktion: Kölner Grafik Büro

Würzige Steaks
Übersetzung: Susanne Lück
Redaktion: Kölner Grafik Büro

Herzhafte Koteletts und Rippchen
Übersetzung: Dagmar Freytag
Redaktion: Regine Ermert

Vegetarische Leckerbissen; Kartoffelgerichte
Übersetzung: Petra Münch
Redaktion: Lesezeichen Verlagsdienste

Originaltitel:
Anne Wilsons Complete Workday Dinner Cookbook

Redaktion und Satz: Regine Ermert

Projektkoordination: Dorit Esser
Herstellung: Ursula Schümer

Druck und Bindung: Sing Cheong Printing Co., Ltd.
Printed in Hong Kong, China

ISBN 3-8290-5835-7

10 9 8 7 6 5 4 3 2 1

Maßeinheiten und Abkürzungen

EL	=	Eßlöffel
TL	=	Teelöffel
TK	=	Tiefkühlkost

Es gelten die üblichen Maße in Gramm und Liter.
Des weiteren wird die Maßeinheit Tasse – mit einem Fassungsvermögen von 250 ml – verwendet.
Die in den Rezepten verwendeten Eier wiegen durchschnittlich 60 g.
Die Dosengrößen sind bei jedem Hersteller verschieden, verwenden Sie daher die Größe, die der im Rezept angegebenen am nächsten kommt.

Die Rezepte in diesem Buch sind bereits in anderer Form bei der Könemann Verlagsgesellschaft mbH erschienen.